Le Développement
de l'Ame

PAR

A.-P. SINNETT

VICE-PRÉSIDENT DE LA SOCIÉTÉ THÉOSOPHIQUE

Traduit de l'anglais

PARIS
PUBLICATIONS THÉOSOPHIQUES
10, RUE SAINT-LAZARE, 10

1902

LE DÉVELOPPEMENT DE L'AME

OUVRAGES DU MÊME AUTEUR

EN TRADUCTION FRANÇAISE

Le Bouddhisme Ésotérique.
Le Monde Occulte.

EN LANGUE ANGLAISE SEULEMENT

Karma; a Novel.
The Rationale of Mesmerism.
Nature's Mysteries.

Le Développement de l'Ame

Une suite au « BOUDDHISME ÉSOTÉRIQUE »

PAR

A.-P. SINNETT

VICE-PRÉSIDENT DE LA SOCIÉTÉ THÉOSOPHIQUE

Traduit de l'Anglais

PARIS
PUBLICATIONS THÉOSOPHIQUES
10, RUE SAINT-LAZARE, 10
--
1902

PRÉFACE DU TRADUCTEUR

En 1890 parut en France la traduction du premier livre de M. A.-P. Sinnett, *le Bouddhisme Ésotérique*. Il ne donnait alors qu'un résumé du processus général de l'évolution et des grandes lois de la Nature. Depuis lors le mouvement des idées théosophiques s'étant considérablement accru, il nous a semblé utile de présenter aux lecteurs de langue française le complément de cet ouvrage.

Le Développement de l'Ame ne s'adresse pas aux débutants dans l'étude de la science ésotérique, il suppose même une certaine connaissance, préalablement acquise, des grands problèmes si passionnants pour ceux qui cherchent la vérité. Nous conseillerons aux lecteurs, non familiarisés avec les doctrines théosophiques, de commencer par en étudier un aperçu général, soit dans *le Bouddhisme Ésotérique* du même auteur, soit dans *la Philosophie Ésotérique de l'Inde* de J.-C. Chatterji, soit dans *la Sagesse Antique* de Mme A. Besant, ou dans quelques-uns des traités élémentaires indiqués à la fin de cet ouvrage.

Nous avons cru devoir ajouter quelques notes pour préciser certaines citations employées par l'auteur et encore pour donner quelques explications complémentaires à l'exposé si magistral des différents stades de l'évolution humaine dans « le système auquel nous appartenons ». En ce faisant, nous nous sommes inspiré des documents les plus récents et les plus autorisés ; mais si cependant quelque erreur s'y était glissée, nous en prenons toute la responsabilité.

Paris, Juin 1902.

PRÉFACE

La manière dont le public ordinaire et les étudiants de l'école à laquelle j'appartiens considèrent les destinées de l'âme humaine, sont séparées par un gouffre qui s'élargit d'années en années. « L'enseignement classique », comme l'appelle M. Balfour, est stationnaire ; mais la connaissance des conditions d'existence dans les mondes hyperphysiques de la Nature s'est développée singulièrement, depuis une quinzaine d'années, chez ceux qui ont puisé aux bonnes sources, et elle s'agrandit avec une rapidité croissante.

Dès le début de l'enseignement théosophique, on nous a dit que quelques philosophes, qui se tiennent à l'écart des foules pour certaines raisons personnelles, étaient arrivés à la connaissance de choses considérées jusqu'ici comme inconnaissables ; que cette connaissance pouvait être acquise par ceux qui voudraient suivre certaines méthodes spéciales ; que les personnes, possesseurs des qualités préalables nécessaires, pourraient arriver à cette connaissance beaucoup plus rapidement encore. Ce renseignement n'a pas été perdu pour ceux qui les premiers ont su apprécier la valeur de la Théosophie. Beaucoup d'entre eux sont entrés sur le sentier du progrès, et quelques-uns sont assez avancés déjà pour s'assurer par eux-mêmes de certains mystères regardés jusqu'ici comme au-dessus de l'entendement humain. En sorte que bien des enseignements de la première heure considérés comme des exposés « ex cathedra » — très conformes à la raison peut-être, mais échappant à toute vérification — sont aujourd'hui du domaine de l'observation personnelle pour plusieurs étudiants qui nous sont connus. La source des premiers enseignements n'est pas tarie ; nous sommes, au contraire, en position de les justifier par des témoignages concordants, et des informations détaillées provenant de certaines personnes qui ont déjà parcouru partiellement le chemin du vrai développement spirituel. Certains lieux de la nature, que les perceptions humaines ordinaires ne peuvent atteindre, sont aujourd'hui du domaine de l'observation scientifique positive pour ceux qui ont su profiter de ces enseignements. Maintenant que bien des choses jadis ignorées nous sont connues, nous voyons avec peine l'attitude mentale de ces incrédules qui nient, en les raillant, ces facultés dont quelques-uns parmi nous se servent quotidiennement pour l'étude, — qu'il s'agisse de philosophie ou de certaines conditions de la vie généralement inconnues. Cet au-delà dont, selon le dicton, nul n'est revenu, est pour eux parfaitement accessible, ils y vont et en retournent en toute liberté ; et ceci ne fait aucune allusion aux « communications » que peuvent faire assez souvent ceux des humains que la mort a jetés dans l'autre monde.

Les explications que nous donnons dans le présent volume, au sujet des principes qui gouvernent le développement de l'âme, sont basées sur cette source d'informations, et représentent le développement progressif des enseignements fondamentaux donnés dans *Esoteric Buddhism* (1).

Ceux de nos lecteurs qui ne connaissent que la métaphysique ordinaire — non théosophique, — regarderont probablement notre exposé comme un fruit de la spéculation intellectuelle pure et simple ; il n'en est rien pourtant, et, ils le reconnaîtront plus tard ; tout ce qui est donné ici est le résultat strict d'observations attentives faites par des représentants vivants de notre humanité incarnée. Le corps physique n'est pas une prison, comme on le supposait jadis ; on peut développer d'autres sens que les sens connus, et explorer bien des départements de la nature inexistants pour les sens ordinaires.

Sans ces enseignements, il serait impossible de rendre compte des possibilités de développement de l'âme humaine ; je dirai plus, pour présenter ce sujet, pour faire admettre simplement qu'il n'est pas une folie et qu'il peut être traité devant des gens sensés, il nous faut d'abord combler le gouffre signalé au début, pour que ceux qui essayeront de nous comprendre possèdent, ne fût-ce qu'à titre d'hypothèse, ces notions générales sur le monde hyperphysique que l'on a enseignées, ces dernières années, aux étudiants de la Théosophie. Le processus de développement présenté

---

(1) Le Bouddhisme ésotérique. Traduction française par C. Lemaître.

par les âmes humaines est le résultat d'une élaboration aussi soigneuse, aussi longuement préparée, que le processus physique qui transforme la plus simple cellule organique en le corps d'un animal supérieur.

L'erreur fondamentale commise au sujet de la nature intérieure de l'homme, — erreur adoptée par plusieurs systèmes religieux, si sublimes et réels qu'ils puissent être dans leur essence spirituelle, — c'est de dire que l'âme humaine passe par deux phases seulement : l'existence physique que nous connaissons sur cette terre, et la vie d'outre-tombe, vie de félicité ou de malheur éternels selon l'emploi fait de cette courte vie terrestre, ou selon les préférences de la prédestination.

Lorsque nous commençons à comprendre les phases au cours desquelles la nature produit l'évolution, nous voyons d'incommensurables périodes dévolues à la conscience comme champ d'individualisation, et de prodigieuses possibilités de développement, et la civilisation actuelle est bien plus éloignée des sommets futurs qu'elle ne l'est des humanités naissantes dont la géologie nous a conservé les traces.

L'enseignement occulte nous dévoile un horizon de progrès sans fin ; il nous montre dans chaque être une individualité se conservant à travers une multiplicité d'existences variées ; et tout ce travail s'effectue par des cycles immenses au cours desquels nous revenons de temps en temps sur le plan physique recueillant, à chaque spire du courant, les expériences qui contribuent à la formation de l'entité permanente et réelle qui constitue l'âme individuelle.

Cette âme est le centre d'identité immuable durant le processus tout entier; et c'est l'expansion de sa conscience, de ses facultés et de sa grandeur morale que ce livre a pour but de traiter, autant que le permettent nos connaissances actuelles. Et celles-ci sont déjà si étendues — malgré que les bornes de l'inconnu reculent toujours davantage — que, pour pouvoir décrire la manière dont ce développement s'accomplit, il nous faudra souvent faire précéder l'idée principale de nombreuses explications préalables. C'est pour cela que nous nous sommes égarés, parfois, dans des champs d'investigation occulte paraissant tout d'abord sortir du sujet ; ces digressions sont non seulement nécessaires, mais elles ont aussi pour but de montrer qu'une étude du développement de l'âme est une tâche dont la grandeur dépasse toute expression.

LE DÉVELOPPEMENT DE L'AME

CHAPITRE PREMIER

INTRODUCTION

L'enseignement théosophique s'est développé, dans ces douze dernières années, au point de constituer aujourd'hui un vaste exposé bien coordonné comprenant l'évolution humaine, les conditions d'existence qui attendent l'humanité sur les plans hyperphysiques de la nature, et les méthodes qui permettent d'acquérir des facultés, un savoir et des occasions de rendre service, dépassant de beaucoup les possibilités ordinaires de l'humanité actuelle. Il apparaît comme le système philosophique le plus avancé auquel la pensée ait pu atteindre jusqu'ici.

Considéré au seul titre d'hypothèse, il attire fortement l'attention, en offrant une explication plausible de bien des phénomènes que toute autre théorie laisse à l'état d'énigmes douloureuses autant qu'insolubles. Mais, comme il s'appuie en outre sur une science positive des conditions dans lesquelles la conscience humaine peut fonctionner hors et indépendamment du corps, il ne peut que faire un puissant appel à toute intelligence avancée. Tout savant, digne de ce nom, attacherait aux recherches spirituelles une importance dépassant celle de ses propres travaux, s'il croyait que les découvertes faites dans cette voie puissent être définitivement prouvées. Malheureusement les plus patients investigateurs de la Nature, en Occident, sont persuadés que les problèmes relatifs aux lois et propriétés de la matière sont seuls susceptibles d'une solution définie ; si donc, on pouvait leur démontrer que les problèmes concernant les lois et propriétés de la conscience peuvent être résolus aussi explicitement que ceux de la matière, beaucoup d'explorateurs dirigeraient leurs recherches vers ce domaine qu'ils croient encore inconnu.

Il est vrai que ces études sont choses fort délicates. La matière et les forces subtiles qui la pénètrent sont uniformes et constantes dans leur activité ; lorsqu'on leur a arraché une fois leur secret, à une même question posée on obtient toujours une même réponse si souvent que la question soit posée. La vérité peut être difficile à atteindre, mais, lorsqu'on l'a trouvée, elle ne se voile plus. D'autre part, jusqu'à ces dernières années, rien n'avait pu être établi d'une façon indiscutable au sujet des lois et des propriétés de la conscience considérée comme séparée de son véhicule physique. Quant à la métaphysique, si tant est qu'on puisse considérer comme une science l'ensemble des spéculations vagues qui portent ce titre, elle s'est plutôt occupée de la pensée elle-même que de la conscience comme entité pensante.

Nous ne pouvons présenter au public un ensemble de faits et de phénomènes probants et définir clairement à leur aide la conscience extracorporelle, ou plutôt ceux d'entre nous qui peuvent vérifier ces phénomènes et ces faits ne peuvent les livrer à l'examen du public. Un composé chimique, si instable et si difficile à manier qu'il soit, est le même entre les mains de tous les expérimentateurs. Un être humain anormal, doué de facultés spirituelles qui lui permettent de vivre et de fonctionner consciemment hors du corps, est un être humain, avec tous ses droits d'humain, et doué généralement d'une sensibilité extrême à la souffrance. Il peut rendre d'inappréciables services au monde en révélant les lois qui régissent la conscience en fonction hors de son corps physique, mais il ne peut pas plus servir à briser le roc de l'incrédulité générale qu'un violon ne peut être employé à creuser le sol en guise de bêche. Le mieux pour tous, dans ce cas, c'est de s'en rapporter aux observateurs sérieux qui ont analysé avec soin les enseignements et les pouvoirs de ces êtres anormaux.

Neuf fois sur dix, on se refuse à croire à ces témoignages de seconde main ; pourtant il est des hommes plus avisés, leur nombre grossit insensiblement ; ils forment une minorité mieux éclairée dont l'opinion gagne chaque jour du terrain, et ceux qui résistent à la poussée croissante de la foi en un monde invisible et dans lequel la conscience humaine peut se manifester sans le secours des sens physiques peuvent être considérés comme faisant partie de l'arrière-garde de l'humanité pensante. Il y a sans doute loin de la simple acceptation d'un monde éthéré à la compréhension claire et scientifique que la Théosophie nous donne des lois qui régissent l'évolution de la conscience désincorporée, mais il n'en est pas moins vrai de dire qu'un esprit logique admettra que, s'il existe un monde invisible, il doit faire partie intégrante de la Nature et qu'il doit être soumis à ses lois. Ce monde doit aussi avoir ses phénomènes, et les lois qui régissent ces phénomènes doivent former une science que l'avenir permettra de découvrir. A défaut d'autre, cette raison suffirait pour savoir gré aux écrivains théosophiques d'avoir essayé de coordonner sous une forme scientifique l'ensemble des preuves qui nous envahissent de toutes parts au sujet de ce monde invisible. On dira peut-être que leur labeur ne constitue qu'une simple hypothèse ; mais la science s'est-elle perfectionnée par un autre procédé? N'accumule-t-elle pas d'abord, un peu au hasard, des faits incohérents, pour les examiner ensuite et les étudier longuement, puis chercher des hypothèses qui puissent les expliquer et établir des relations entre eux ? Ces hypothèses sont, plus tard, sujettes à revision, lorsque de nouvelles expériences exigent qu'on les modifie ou qu'on les rejette. Mais ces modifications ne se présentent point dans l'enseignement théosophique, car cet enseignement ne construit pas d'hypothèses analogues à celles de la science ; il donne du monde hyperphysique la seule théorie compréhensible qui ait jamais été offerte au monde, et il la donne sous une forme qui peut être vraiment qualifiée de scientifique. Il s'appuie sans cesse sur des faits hyperphysiques susceptibles de contrôle, il interprète les lois et conditions qui régissent le développement de l'âme humaine, et nulle personne réfléchie, élevant son idéal au-dessus de l'horizon matériel, ne pourrait être assez peu raisonnable pour se désintéresser de cette étude.

Existe-t-il une science comparable à celle qui met à même d'apprécier correctement des potentialités spirituelles résidant dans les éléments permanents et impérissables de notre être ? La Théosophie porte son regard au delà des limites de l'existence physique et nous enseigne que la vie de l'Au-delà est l'effet des causes produites pendant la vie d'ici-bas ; et bien que la science occulte fût la dernière à prétendre que les fautes ou erreurs d'une vie limitée aient des conséquences infinies, elle ne nous en assure pas moins que tout résultat important de l'avenir, soit en bien, soit en mal, est la conséquence d'une cause précédente qui lui correspond.

Ni notre volonté, ni les efforts de notre intelligence ne sont nécessaires à la nature pour réaliser le plan général qu'elle a conçu ; mais en ce qui regarde sa destinée personnelle, chaque homme doit choisir, en connaissance de cause, le rôle qu'il veut jouer dans les hautes régions de ce plan, et le premier pas à faire, s'il veut commencer à marcher, c'est d'essayer de comprendre. Il ne peut toujours marcher à la dérive, uniquement préoccupé des choses matérielles.

Ses yeux ne peuvent s'ouvrir dans ces régions élevées que par la connaissance des règnes des sphères et des mondes hyperphysiques.

L'enseignement ésotérique expose la base des choses en tout ce qui concerne ces hauts états de conscience, et ceux qui, après avoir pris la peine de comprendre l'enseignement, cherchent ensuite à le contrôler et à le vérifier à l'aide de tous les moyens dont ils disposent le savent bien. Mais c'est là justement ce que l'élément intellectuel contemporain n'a pas encore essayé. Quelques-unes seules des intelligences dirigeantes ont proclamé l'importance des investigations psychiques, et moins nombreux encore sont ceux dont le discernement a su voir que l'enseignement ésotérique théosophique laisse bien loin derrière lui les découvertes prématurées des étudiants insuffisamment expérimentés de la psychologie. Ces découvertes, il les connaît comme il connaît et explique les énigmes les plus insolubles de l'existence humaine et les plus obscures traditions religieuses.

Ces quelques intelligences sont encore assez nombreuses si nous les séparons de la multitude des indifférents. Après tout, le mouvement théosophique a pris racine dans presque tous les pays du monde civilisé. Sa littérature est traduite dans presque toutes les langues, et l'Europe et l'Amérique comptent des groupes importants composés d'hommes, d'une très haute culture intellectuelle, dévoués aux études théosophiques, ardemment convaincus qu'elles ouvrent une voie de recherche qui mène à la connaissance de l'avenir spirituel de l'humanité. Cela montre combien il est regrettable et étonnant à la fois que ces groupes soient si réduits quand il existe à notre époque un si grand nombre de gens cultivés.

Quoi qu'il en soit, et qu'il soit compris complètement ou non, l'enseignement que la théosophie porte au monde n'en constitue pas moins une révélation, une révélation descendant du plan spirituel, provenant de la connaissance que la conscience peut acquérir sur ce plan, une révélation qui par la force irrésistible de la nécessité sera reconnue par tous dans le futur, quelque rares que soient maintenant ceux qui profitent de l'avantage d'avoir été les premiers à l'accepter.

La direction sous laquelle j'ai commencé à exposer ces sujets, il y a dix ans, n'a jamais cessé de m'influencer depuis, et les informations qui servirent de base à mon « *Bouddhisme ésotérique* » se sont étendues et complétées de bien des façons, et je vais leur adjoindre aujourd'hui les importantes additions contenues dans le présent volume. Depuis la publication du *Bouddhisme ésotérique*, il a paru une quantité d'écrits théosophiques émanant d'autres interprètes de cette même science spirituelle, quelques-uns de ces écrits suivent exactement la direction que j'ai moi-même reçue ; dans d'autres, certaines idées subtiles y sont exprimées différemment ; d'autres encore donnent des interprétations qui paraissent en contradiction avec les miennes. Mais ces conceptions différentes dans l'interprétation de l'enseignement occulte ne portent que sur d'abstraits problèmes de cosmologie, et sur des points de science naturelle qui sortent des bornes de l'exactitude possible à notre plan physique; elles ne peuvent en conséquence diminuer en rien la valeur d'ensemble de la révélation théosophique. Des différences d'opinion aussi minimes, sur la meilleure manière d'exposer dans le langage courant des idées d'ordre souvent fort obscur, devraient être plutôt favorablement appréciées et servir de stimulant à l'activité des esprits adonnés à ces recherches. Au sujet des possibilités de l'évolution spirituelle individuelle, l'enseignement théosophique n'offre aucune ambiguïté, et l'on ne trouve aucun dissentiment réel parmi les interprètes sérieux de la grande doctrine.

Le but que je me propose en écrivant cet ouvrage, est d'exposer clairement ces principes essentiels et d'ajouter aux explications données dans le *Bouddhisme ésotérique* les amplifications que de récentes informations me mettent à même de fournir. — Dans l'exposé complet des lois qui régissent l'ensemble de l'évolution humaine, depuis les premières manifestations de l'esprit sur le plan matériel jusqu'aux sommets atteints par l'individualité humaine divinisée, les étudiants sérieux pourront trouver les méthodes et principes qui règlent le progrès individuel.

Mais la littérature théosophique n'est pas uniquement pour ceux qu'une intuition déjà éveillée met en état d'apprécier rapidement les moyens d'arriver au développement spirituel ; elle doit viser tout autant à faire germer dans la pensée scientifique et religieuse de notre époque les grandes idées qui activeront les progrès ultérieurs de notre race. — A un moment quelconque de sa carrière immortelle, l'être humain qui ne voudra pas être laissé en arrière de la vague évolutive devra commencer à s'unir volontairement, comme individu, avec le mouvement général en avant. Il lui suffira, pour commencer, de se rendre compte en gros de ce qu'il doit faire ; mais l'esprit humain peut atteindre à une culture préparatoire très importante, même avant que l'élan spirituel devienne un mobile suffisant d'action intelligente. Or les aperçus de la vie et de la nature que la théosophie nous dévoile, sont justement les meilleurs instruments de cette culture ; c'est pour cela que les explications contenues dans ce livre ne s'adresseront pas à un nombre limité de lecteurs.

Un système qui admettrait que l'humanité actuelle soit le digne couronnement des efforts que la Nature a faits jusqu'ici, manquerait de cohésion et de logique. La justice ne saurait exister si, après avoir traversé le panorama varié de l'existence terrestre, nous la quittions pour entrer dans des mondes de béatitude ou de souffrance définitives et éternelles. Il nous faut entrevoir, ne serait-ce que vaguement, un avenir inconnu où les causes créées et les effets produits seront plus en rapport les uns avec les autres que ne le serait la seule séparation dans l'Au-delà des brebis et des boucs de l'humanité. — Bien des gens peuvent, sans le savoir, entrer dans le sentier de l'évolution supérieure, en faisant résolument tous leurs efforts pour réaliser en cette vie l'idéal qui leur semble le mieux approprié pour mettre leur âme en accord avec la Conscience divine. Aussi certains étudiants des lois qui régissent la vie supérieure, sachant qu'il est plus aisé de développer l'intelligence que la moralité, préféreraient rencontrer chez leurs frères un peu plus d'enthousiasme pour la morale que de soif pour la connaissance spirituelle. — Il n'en est pas moins vrai qu'il faudra tôt ou tard acquérir cette connaissance ; et à ceux qui consacrent leur vie à un idéal élevé sans se rendre compte intellectuellement que le désintéressement et l'élévation morale produisent dans la suite de grands résultats, la nature offrira dans un futur stade de progrès les circonstances les plus favorables à l'acquisition du savoir.

Et tandis que l'élévation morale amène à sa suite des occasions de s'instruire, d'autre part, pour certains esprits d'un type que je crois très répandu, rien ne peut engager davantage à cultiver les hautes qualités morales que la compréhension des lois harmonieuses et sages qui gouvernent l'évolution humaine, et que la doctrine ésotérique nous révèle. On pourrait soutenir avec raison qu'un esprit réfléchi croirait difficilement qu'il appartient à un monde où triomphent les principes de la justice et de la bonté ; et il serait plus difficile encore de pousser cet esprit à s'opposer au triomphe apparent du mal, car il ne voit qu'un enchevêtrement de souffrances imméritées, de basse injustice ; il entend gronder autour de lui les clameurs de la cruauté, et nulle philosophie n'en donne une explication ; on s'en rapporte aveuglément à une volonté divine dont les desseins sont incompréhensibles. Ce triste tableau fait dire aux observateurs sérieux que tout est au pire dans le pire des mondes, et que la non-existence serait bien préférable à l'existence dans les conditions où elle nous est offerte.

Une conception de la vie humaine plus large et plus éclairée est la première nécessité de l'époque ; et cette conception, c'est la révélation théosophique qui nous l'apporte. Je laisse pour l'instant de côté le vaste sujet de la cosmogonie ésotérique et vais m'efforcer de démontrer la portée de cette révélation sur les problèmes de la vie individuelle, car nous nous trouvons en face des phénomènes constatés par notre propre génération et, pour la première fois, dans l'histoire de la spéculation métaphysique, nous sommes à même de traiter comme à livre ouvert de l'activité de la nature sur les plans supérieurs et des possibilités de la conscience spirituelle.

Je vais d'abord réfuter les objections qui s'élèveront certainement dans l'esprit du lecteur lorsque je présenterai, comme choses positivement connues, certains mystères regardés jusqu'ici comme impénétrables. Dès le début, l'enseignement théosophique a présenté aux étudiants cette idée que, chez quelques hommes exceptionnels, l'évolution humaine avait devancé de beaucoup le stade habituel à l'humanité ordinaire. Certains d'entre nous sont entrés en relation plus ou moins intime avec quelques-uns de ces êtres, et il en est résulté l'enseignement théosophique. Maintenant que celui-ci a atteint le développement que lui connaissent tous les théosophes instruits, il constitue, comme je l'ai dit, une interprétation logique de la vie et de la nature, une interprétation qui mérite l'attention et le respect. Ce volume, par exemple, présente au lecteur non théosophe une conception de la constitution spirituelle et des destinées de l'homme, qui mérite bien d'être examinée, indépendamment de l'autorité sur laquelle elle se base. Sa valeur se trouve en elle-même, en ce sens que seule elle peut offrir une solution raisonnable à bien des problèmes humains que nul système philosophique ou religieux n'a pu résoudre. Mais, pour celui qui peut les comprendre, elle présente, en outre, des garanties de la plus haute importance, et il n'est que juste d'en dire plus long sur ce point à ceux de mes lecteurs qui seront en état d'apprécier ce sujet.

Une partie de l'enseignement reçu par les théosophes actuels dit que, dans certaines conditions préparatoires déterminées, des personnes en cours d'évolution normale peuvent, par des efforts bien dirigés vers ce but, éveiller en elles des facultés internes qui leur permettent de connaître et de communiquer, par la clairvoyance, avec les Adeptes instructeurs. — Nous examinerons plus loin ces procédés de développement ; il suffit pour l'instant d'en faire mention. Un nombre considérable d'étudiants en théosophie sont devenus capables de profiter des avantages indiqués, et tous ceux qui savent les progrès accomplis, au cours du siècle dernier, par l'étude des choses hyperphysiques reconnaîtront qu'il n'y a là rien de surprenant ni de difficile à admettre. Et toute question d'expériences mise à part, l'existence des Adeptes, c'est-à-dire d'êtres arrivés à un degré de développement spirituel très supérieur à celui de l'humanité ordinaire, ne peut guère être mise en doute par les penseurs sérieux. Réalisons, — quelque mal compris qu'il soit — ce fait fondamental de l'évolution spirituelle, c'est-à-dire le fait que l'entité spirituelle, ou ego permanent de tout être humain, grandit à travers bien des vies successives, et, dès lors, le progrès rapide de quelques êtres distançant la masse commune nous semblera une possibilité toute naturelle. Le passé nous offre l'exemple d'un certain nombre d'êtres parvenus à un degré de spiritualité sublime inaccessible à la majorité des hommes ; la réflexion nous fait comprendre qu'en dehors de ces grands chefs spirituels dont la lumière a ébloui le monde, il a dû s'en trouver d'autres dont la vie s'est accomplie dans des conditions plus obscures ; et quand nous savons la façon dont opère l'influence spirituelle sur les sphères supérieures de la nature, nous ne sommes plus surpris de voir que l'action de ceux qui ont atteint un grand avancement spirituel s'opère par des voies qui ne mettent pas ces êtres en relation physique directe avec les masses moins développées de l'humanité. La réclusion des Adeptes n'est qu'une réclusion physique ; elle leur permet de déployer sur d'autres plans une activité plus grande que s'ils partageaient le tourbillon de la vie commune. Cette réclusion n'en est pas une, d'ailleurs, pour ceux de leurs disciples — quel que soit le lieu où ces derniers puissent habiter — qui développent leur conscience sur ces mêmes plans supérieurs.

Le témoignage direct de ces élèves est mis à la portée de beaucoup d'étudiants sérieux de la Théosophie et s'est tellement multiplié, que douter aujourd'hui encore de l'existence d'une fraternité d'Adeptes nous semble absurde. — Un témoignage qui repose sur l'usage de facultés anormales peut, comme tout autre, être soumis au contrôle, et il demande même une vérification plus rigoureuse, parce qu'un facteur nouveau intervient : la possibilité d'erreurs dans l'observation. Mais cette possibilité peut être évitée. — Supposez, par exemple, qu'un ami auquel vous accordez toute votre confiance vous dise qu'à telle heure et à tel endroit il a rencontré un ami commun ; vous le croirez. Mais, s'il vous dit qu'à telle heure et à tel endroit, étant lui-même « hors de son corps » et fonctionnant sur la région de la

Nature appelée le « plan astral », il a vu telle ou telle personne, — vous ne serez plus aussi sûr que cela soit vrai, car il serait possible que votre ami eût été victime d'une illusion, et, tout évidente que puisse être sa bonne foi, son récit aura besoin d'être contrôlé. Supposons maintenant qu'un autre ami, que vous avez de bonnes raisons de croire doué, lui aussi, de facultés anormales, vienne vous dire : « Oui, j'étais là en même temps ; ce que dit notre ami est vrai ; j'ai vu aussi un tel et un tel. » Les témoignages simultanés de ces deux observateurs auront beaucoup plus de valeur qu'ils n'en auraient isolément. Si nous admettons encore que, au lieu d'être deux, ces observateurs soient trois ou quatre, et que leur témoignage ne se limite pas à la circonstance indiquée, mais qu'il affirme des rapports très fréquents avec la ou les personnes désignées, l'existence de ces personnes deviendra alors aussi certain pour vous que si ces faits s'étaient passés sur le plan physique.

Telle est la situation pour bien des théosophes actuels en Europe, et surtout dans l'Inde où l'on rencontre un plus grand nombre d'élèves capables, hors de leur corps, de rendre visite à ces Adeptes qui sont leurs maîtres. Pour ces théosophes, la véracité de ces assertions ne se fonde plus seulement sur les témoignages des premiers pionniers du mouvement théosophique, et, bien que ces témoignages aient été surabondamment prouvés, nous allons nous appuyer maintenant sur un autre genre de preuves.

Je crois bon d'ajouter à ces éclaircissements un exposé que j'ai fait dans une réunion de la *London Lodge* de la Société théosophique en avril 1894. J'y parle du début de mes études théosophiques dans l'Inde, vers 1880, et j'y explique comment à mesure que je m'intéressais à ces questions, je fis la connaissance d'autres personnes s'en occupant également. Deux d'entre elles, des natifs de l'Inde, hommes sérieux et de haute spiritualité me dirent, quelque temps après que je les eus connus, qu'elles connaissaient « les Maîtres » sur le plan astral, c'est-à-dire dans cet état de conscience hyperphysique ignoré de millions de matérialistes, mais bien connu d'un grand nombre de mystiques.

Un troisième hindou, dont je fis la connaissance, après avoir connu les Maîtres sur le plan astral, prit la résolution d'aller les trouver dans leur corps physique, — fût-ce au péril de sa vie. Il franchit la frontière du Thibet, et, guidé par la vision astrale, il réussit. Il vit dans leur corps physique ceux qu'il avait, comme d'autres étudiants, aperçus d'abord en vision ; il les reconnut et revint raconter le succès de son expédition. Pendant ce temps, je reçus, — en apparence de certains Mahatmas, — une longue série de lettres, qui me parvinrent dans les conditions particulières que j'ai décrites dans mes livres ; elles contenaient une quantité d'enseignements, que j'ai été à même de publier en temps voulu, et dans lesquels bien des gens ont trouvé une explication de la nature humaine et de l'Univers qu'aucune autre religion ou philosophie précédemment connues ne leur avaient donnée.

Parmi les révélations faites, l'une des plus importantes est celle que les chemins de l'initiation sont toujours ouverts à ceux qui sont aptes à y marcher ; que les « Maîtres », malgré leur réclusion, ne sont pas inaccessibles aux personnes chez lesquelles certaines facultés intérieures sont mûres pour le développement. Cette découverte encouragea bien des personnes à faire les efforts nécessaires ; et dans ce nombre se trouvaient des Européens que je connais ; elles ont appris à transférer leur conscience sur le plan astral, à circuler librement dans cette sphère de la nature, à obtenir accès auprès des Maîtres, et enfin à retrouver, comme condisciples sur le plan astral, des amis qu'elles connaissaient dans leur corps charnel. L'un de ces Européens, qui avait commencé à se développer depuis la formation de la Société théosophique, entra, le premier, en relation consciente avec les Mahatmas tandis qu'il travaillait pour la Théosophie au quartier général de la Société à Adyar, dans l'Inde. Un autre obtint le même privilège ici en Europe, alors qu'il connaissait à peine les personnes qui s'occupaient de l'organisation de la Société théosophique dans l'Inde. Depuis un an ou deux, et dans mon cercle intime d'amis, plusieurs Européens et une personne d'origine orientale ont, à des degrés divers, acquis les facultés de conscience sur le plan astral et de clairvoyance à l'état normal. C'est ainsi qu'il leur est permis quelquefois de converser avec quelques-uns de ces Mahatmas, ou de les voir même, lorsque ces grands Êtres ou quelques-uns de leurs disciples se rendaient astralement au milieu de nous.

Donc nous avons ici, non plus un ou deux mais un grand nombre de témoins de la vérité. Je vais les désigner par des lettres de l'alphabet, pour exposer plus clairement la concordance de leurs témoignages (1).

A..., dans son corps physique, alla au Thibet il y a quelques années. C... D... et E... l'ont vu auprès des Maîtres lorsqu'ils s'y trouvaient eux-mêmes dans leur corps astral.

---

(1) Le nombre de mes témoins ayant considérablement augmenté depuis 1894, les lettres ne représenteront pas toujours les mêmes personnes qu'elles désignaient alors.

B... est « mort », en ce qui concerne le corps dans lequel je l'ai connu. Comme il était disciple régulier, ses expériences *post-mortem* n'ont pas suivi la marche ordinaire. C... l'a connu lorsqu'il habitait l'Inde ; il le voit de temps en temps en corps astral avec les Maîtres.

C... est un disciple avancé. Il se sent aussi chez lui sur le plan astral, et il a un souvenir aussi précis des choses qui lui sont arrivées, que s'il les avait observées la veille, dans son corps charnel. Sur le plan astral, il voit constamment D..., E..., F..., qui tous le connaissent et se connaissent mutuellement sur notre plan d'existence ; une fois revenus à leur condition normale, ils s'entretiennent de ce qui se passait lorsqu'ils étaient avec les Maîtres, et sont bien, en tous points *eux-mêmes* dans leurs relations mutuelles sur le plan supérieur.

D... a, plus récemment, acquis les mêmes privilèges ; et non seulement il possède des facultés identiques à celles de C... mais il jouit de la vision astrale et dévakhanique à l'état de veille (c'est-à-dire étant réveillé sur le plan physique). Ceci se comprendra mieux dans la suite, lorsque le lecteur, encore peu au courant des termes employés, aura parcouru les chapitres suivants.

E... — Tout ce qui vient d'être relaté sur C... et D... s'applique aussi bien à E... ; C... et E... se connaissaient sur le plan astral avant de se lier sur le plan physique. E... a été en relations libres et illimitées avec les Maîtres depuis plusieurs années, mais il n'acquit ce privilège — fruit d'incarnations antérieures — qu'au début de l'activité théosophique. Contrairement à C... et D..., cependant, E..., quoique Européen, atteignit ce développement avant d'avoir été en contact avec la Société théosophique. Ceci est important à cause de l'hypothèse quelquefois émise « d'influences hypnotiques ». E... connaît d'autres Maîtres que ceux dont parle la littérature théosophique ; il les voit sur le plan astral, (D... les y voit aussi), tantôt dans leur corps, tantôt dégagés de leur corps. Il entretient aussi des relations amicales sur cet autre plan avec F... G... et H...

F... n'en est pas encore là ; mais il connaît aussi les Maîtres sur le plan astral et y voit constamment D... E... et H...

G... commence seulement à être conscient sur le plan astral, et son cas n'a pas besoin d'être décrit plus longuement.

H... est à même d'être souvent présent aux réunions des Maîtres avec leurs élèves sur le plan astral ; il s'en souvient encore imparfaitement, mais peut cependant corroborer les dires de C..., D... et F... au sujet de ces entretiens.

Quant aux raisons pour lesquelles ces grands « Maîtres de Sagesse » ont gardé une réclusion qui dissimule jusqu'à leur existence, malgré le progrès accompli en Occident dans ces derniers siècles, je trouverais prématuré de m'en expliquer à cette période de mon récit. Mais je veux citer, à cause de leur rapport direct avec ce sujet, quelques lignes d'un vieux traité d'alchimie du xviie siècle, écrit par un vrai philosophe occultiste bien que, selon l'usage, il déguisât ce titre sous celui d'alchimiste. Dans son *Lumen de Lumine* Eugène Philalèthes, faisant clairement allusion à ceux que nous nommons aujourd'hui Adeptes ou Mahatmas, s'exprime ainsi : « Le sophiste les blâme, parce qu'ils ne paraissent pas dans le monde, et en conclut que leur société n'existe pas parce qu'il n'en est pas membre. Aucun lecteur ne considérera avec impartialité les raisons qui les portent à se cacher et à ne pas paraître en scène lorsque tous les sots leur crient : « Entrez ». On ne désire leur présence que dans un but profane... Combien y a-t-il de gens dans le monde qui étudient la Nature pour connaître Dieu ? Ils étudieront les moyens de grossir leur bourse, et non ceux qui pourraient développer leur âme ou même profiter réellement à leur corps. Il est juste de les laisser à eux-mêmes et à leur ignorance. Peut-être le néant de leurs espérances les corrigera-t-il ; mais tant qu'ils continueront ainsi, ni Dieu ni les hommes de bien ne les aideront. »

En réalité, ce ne sont pas tant les Mahatmas qui se tiennent à l'écart ; c'est plutôt l'humanité moderne qui s'est rendue sourde à leur enseignement, si bien qu'à la fin elle a presque oublié leur existence. Ainsi que l'écrit cet infatigable traducteur des néo-platoniciens, Thomas Taylor dans sa préface aux Hymnes orphiques : « La sagesse, but de toute vraie philosophie, et considérée comme recherche des causes et principes des choses, florissait dans toute sa perfection parmi les Égyptiens d'abord, puis plus tard en Grèce. La littérature aimable fut cultivée par les Romains ; et la philosophie moderne s'adonne à la recherche expérimentale qu'elle pousse et accumule sans ordre... L'investigation moderne ne s'élève pas au delà de ce qui parle aux sens et dédaigne tout ce qui ne tend pas, d'une façon ou d'une autre, à accroître la richesse, à obtenir une puérile admiration, ou à procurer des jouissances matérielles plus raffinées. »

C'est cette caractéristique marquée de l'esprit moderne qui fait que la plupart des existences de nos jours sont fermées à l'enseignement spirituel le plus élevé ; mais ce n'est heureusement pas toujours le cas. Même en cette dernière décade du xixe siècle, les Mahatmas sont tout aussi accessibles aux hommes qui peuvent profiter de leurs enseignements qu'ils l'étaient dans ces temps passés dont parle Thomas Taylor, ces temps où tous les hommes savaient que le portail des « Mystères » pouvait être franchi par tous ceux qui étaient prêts à un sacrifice temporel immédiat, pour avancer rapidement vers une haute évolution spirituelle. Ces portails sont toujours ouverts, bien que le monde occidental s'en soit rarement approché ; et les théosophes qui y ont accès, et qui sont guidés par la grande loi gouvernant tout vrai progrès occulte, ont appris dès les premiers pas que ce progrès ne doit jamais être entrepris par le néophyte dans le seul but d'obtenir, pour lui seul, l'élévation spirituelle. Même dans les stades les plus élevés, le progrès désiré ne peut être motivé que par le ferme désir de favoriser le développement spirituel de l'humanité entière ; et ceux qui font leurs premiers pas sur le « Sentier », avec la notion bien nette de son but, sont tenus d'affirmer, de toutes leurs forces, combien sont importantes les découvertes qu'ils ont faites au sujet du degré élevé que les Mahatmas occupent sur l'échelle de l'évolution spirituelle de l'humanité.

C'est seulement en apprenant à apprécier suffisamment les attributions et les pouvoirs de ces Frères Aînés, que la généralité des humains pourra entrevoir l'avenir qui l'attend et les possibilités qui, dans l'évolution spirituelle, accompagnent le rang qu'ils ont conquis actuellement dans la Nature. La recherche de ces possibilités est la tâche principale de ceux qui méritent d'être appelés étudiants théosophes.

Leur deuxième effort dans la voie du progrès sera de chercher à réaliser dans leur vie journalière, dans leurs pensées et leurs habitudes, l'idéal sublime que la Théosophie propose à nos aspirations. Pour bien diriger cet effort, il nous faut comprendre le système dont nous faisons partie et le but vers lequel il tend ; car nous ne pouvons donner tous nos efforts et viser vers les plus sublimes objets, sans savoir jusqu'à quel point la conscience peut être développée sur ces hautes régions de la Nature, jusqu'à présent voilées à la vision ordinaire. L'imagination même ne peut nous servir à comprendre ces plans supérieurs, et nous avons besoin des descriptions de ceux qui sont en état d'y fonctionner librement. Si étrange qu'elle paraisse au premier abord, la vaste cosmologie de l'enseignement occulte doit être saisie dans ses grandes lignes avant que le vrai caractère de l'évolution spirituelle qui nous attend puisse être intégralement compris. Mais il n'est pas nécessaire de l'examiner au début de notre étude. Nous commencerons à entrevoir l'avenir qui s'offre à nous lorsque nous serons persuadé que l'homme n'est pas simplement un produit de la Nature, flottant à la dérive sur le torrent de l'évolution, mais qu'il est, pour ainsi dire, porté par ce torrent vers un vaste océan qu'il ne franchira que par des efforts conscients et personnels. Alors, avec quelque connaissance des vents et des courants, c'est-à-dire avec quelque compréhension des plans supérieurs de la Nature, tels que nous les décrivent ceux qui les connaissent, nous en saurons assez pour juger des moyens par lesquels l'homme peut hâter son ascension vers des stades plus élevés.

La chimie ou l'astronomie peuvent être maintenant bien comprises par des hommes qui, de prime abord, n'auraient pas su arracher de secrets à la nature ; il en est de même de la science occulte. La compréhension des immenses empires régis par les lois et phénomènes hyperphysiques nous devient relativement aisée si nous voulons profiter de la direction appropriée qui nous est offerte, puisque aujourd'hui ce savoir est en possession de ceux dont la spiritualité fut assez puissante pour nous en frayer le chemin. Au temps actuel, les personnes dénuées de tous dons psychiques peuvent néanmoins acquérir une connaissance réelle et suffisante de ces empires de la Nature, réservée, il y a peu d'années encore, aux seuls initiés. Les étudiants de la littérature occulte du moyen âge, littérature obscure au point d'effrayer la raison, pourront seuls estimer à sa juste valeur la lumineuse clarté jetée à présent sur ces mêmes sujets.

Dans la dernière moitié de ce siècle des faits groupés en désordre, mais très nombreux, ont absolument établi, pour les observateurs dont le bon sens n'est pas obscurci par la plus illogique prévention, cette vérité, que la matière animée n'embrasse et ne résume pas à elle seule toute la conscience intelligente de l'univers. Les savants qui s'occupent spécialement d'investigations dans le domaine de la Nature ont toujours repoussé ces faits, avec un peu d'irritation semble-t-il, parce qu'ils ne se prêtent guère à la corrélation ou à l'expérimentation systématique. Ces faits nouveaux sont pour ainsi dire tombés des nues d'une manière inintelligible, au lieu de découler naturellement des connaissances antérieures. Au premier abord, leur réalité même était suspectée. Personne n'y pouvait rien comprendre. Ceux-là mêmes qui en garantissaient l'authenticité expliquaient leur origine par des hypothèses si peu acceptables qu'elles offensaient, en quelque sorte, cette génération matérialiste. Soit qu'il fût question de magnétisme psychique ou de médiumnité spirite, ces faits n'en demeuraient pas moins en constant désaccord avec la science ordinaire et prenaient leur place trop hâtivement pour infliger un démenti à ses principes. Mais, si mal accueillis qu'ils fussent, de toutes parts s'imposa leur évidence par des expériences ou des incidents surpassant les faits reconnus par la science physique. La littérature spirite, composée principalement de récits d'observations et d'expériences normales, s'étendit dans des proportions énormes ; et les documents rassemblés sur le magnétisme étaient déjà considérables avant qu'il eût pris la position nouvelle qui l'a réhabilité dans l'opinion publique, en représentant à nouveau quelques-unes de ses conclusions sous un autre nom. D'autres recherches psychiques d'un caractère indépendant, laissant de côté le spiritisme, le magnétisme et leurs hypothèses, ont aussi accumulé leurs preuves, et la situation est telle aujourd'hui que l'ignorance ou la plus incurable stupidité pourraient seules faire nier les conclusions évidentes démontrant l'existence des conditions hyper-physiques de la matière, de la force et de la conscience. Ces conclusions peuvent n'être pas assez précises pour servir de base à une théorie de la vie extra-corporelle ; mais elles doivent convaincre le chercheur le plus superficiel que nous sommes enveloppés, en quelque sorte, d'un monde extra-corporel et vivant. Et lorsque nous voyons que certains êtres possèdent, à un degré différent, la capacité de percevoir les phénomènes des plans hyper-physiques, nous devrions en conclure la possibilité pour quelques personnes de les connaître assez complètement pour pouvoir en saisir le sens vrai et rattacher ces phénomènes à une règle fixe de la Nature.

Nous pouvons supposer maintenant qu'à l'aide d'une direction appropriée, il est possible aux personnes incapables par elles-mêmes d'observer les phénomènes occultes, de donner à ces études une tournure intelligente. Nous étudierons, tout d'abord, les exposés qui prétendent résumer les phénomènes aussi variés qu'étranges du psychisme, du magnétisme et des investigations spirituelles (ainsi que de bien d'autres encore). Nous vérifierons les méthodes par lesquelles on dit avoir obtenu ces informations, en examinant toute l'expérimentation accumulée par la vision anormale ; puis nous pourrons contrôler l'exposé lui-même en considérant d'une façon générale : 1° s'il s'accorde avec la raison ; 2° comment il s'applique aux énigmes et aux exigences de la vie ; 3° comment il peut s'harmoniser avec la sympathie qui règne dans l'œuvre de la nature (dans les limites où l'observation nous en est accessible). Finalement, nous considérerons comment cette donnée interprète les incidents isolés et inexplicables en soi que nous remarquons en si grand nombre.

L'exposé que je viens d'imaginer ici est contenu dans la littérature théosophique récemment parue. Si nous acceptons ces données après les avoir vu triompher d'un contrôle bien légitime, elles nous offrent un aspect de la Nature, de l'univers, de la vie humaine et de l'existence future qui déchire le voile du symbolisme religieux et éclaire la foi par une conception exacte.

L'enseignement théosophique relatif au progrès spirituel mérite certainement la considération des penseurs modernes, ne fût-ce que pour cette raison : qu'il ramène ce processus transcendental à l'opération uniforme de la cause et de l'effet. Peut-être même l'enseignement religieux a-t-il seulement *semblé* dédaigner la cause et l'effet en attribuant les conditions de l'après-vie à une faveur ou une condamnation arbitraires. Les étudiants éclairés peuvent aussi facilement discerner la vraie théosophie déguisée sous le symbolisme de la religion, que les plus intelligents interprètes de la doctrine religieuse discerneront l'esprit religieux dans l'enseignement sublime de la science occulte. Mais en tous cas la religion populaire dégénérée est disposée à envisager la destinée de l'homme à sa mort comme soumise à un traitement qui, miséricordieux ou sévère, est déterminé par des causes presque indépendantes de lui-même ; tout esprit rationnel considérera ce résultat comme un pur caprice, parce qu'il s'écarte de la loi de cause et d'effet qui régit invariablement tous les plans de la Nature observés jusqu'ici. La Théosophie au contraire, dans cette question du progrès de l'humanité, personnifie avec force la doctrine de la conservation de l'énergie. Elle considère nos expériences futures et consécutives comme le résultat logique et inévitable de nos actes et de nos états d'esprit antérieurs. L'injustice, les irrégularités apparentes de la vie proviennent d'illusions causées par le point de vue étroit qui nous fait apprécier ces irrégularités ou cette injustice. Mais la science spirituelle nous révèle que la vie humaine s'étend bien en deçà et au delà de la période donnée d'une manifestation physique ; elle s'étend extrêmement loin. En résumé, les conditions et les événements qui se déroulent dans chacune de nos existences successives sont tous produits par des causes antérieures.

Nous approfondirons plus tard cette sublime révélation qu'on trouve à la racine de toute conception vraiment scientifique de l'existence, et nous allons d'abord considérer quelques principes généraux sur les potentialités du progrès humain.

Nous approfondirons plus tard cette sublime révélation, qu'on trouve à la racine de toute conception vraiment scientifique de l'existence, et nous allons d'abord considérer quelques principes généraux sur les potentialités du progrès humain.

En partant de ce fait établi que certains êtres sont doués d'un organisme plus sensitif que d'autres, et sans oublier que ces facultés elles-mêmes sont produites par des causes antérieures, nous arrivons à cette hypothèse plausible que l'homme, par des efforts appropriés, peut développer les aptitudes latentes en son organisme, et, par suite, observer un nombre de phénomènes physiques plus considérable que ceux que lui dévoilent ses cinq sens. Ceci admis, n'en viendrons-nous pas à considérer l'évolution humaine comme la résultante de deux lignes de force, l'une procédant pour ainsi dire de la Nature, représentant l'impulsion évolutive normale, l'autre générée par la volition spontanée de l'individu, et qui représenterait le Principe divin sommeillant en lui?

Cette idée représente la vraie tonique de toute opinion scientifique sur l'évolution spirituelle de l'humanité. Tout homme qui désire s'élever dans la hiérarchie de la Nature et réaliser le plus haut développement possible doit unir sa volonté aux tendances évolutives de la race entière. La simple logique de ce raisonnement nous frappera, si nous réfléchissons à la profonde signification de certaines phrases usitées dans les religions, phrases si souvent citées et si mal comprises. Prenons par exemple cette maxime familière : « C'est en Dieu que nous vivons, que nous évoluons, et que notre être existe. » On peut dire de cette maxime — en la respectant comme il convient — que le contraire en est le corollaire. En effet, Dieu — l'esprit ou l'influence de Dieu — vit *en nous*, quoique sous bien des rapports nous soyons fort peu divins. Mais pour que cet axiome devienne une vérité vitale, il faut que nous ayons atteint un degré d'élévation qui permette à Dieu d'habiter en nous. Lorsqu'un homme a su se rendre digne de servir de demeure à Dieu, sa volonté est devenue par cela même une force plus active qu'elle ne l'est chez les autres hommes; il est inspiré plus fortement par cette Volonté qui, dans sa perfection, est la cause reconnue de toutes choses, et le principe qui guide la nature et l'évolution.

Qui ne reconnaîtrait l'absurdité d'attribuer la même destinée évolutive à l'homme en qui Dieu peut résider, et à celui qui n'est encore qu'un simple animal humain, uniquement occupé de soi ?

La religion conventionnelle s'appuie sur cette douce croyance, que le pire des pécheurs se purifiera, d'une façon quelconque, dans l'autre monde; elle se soucie peu de la manière dont se réalisera ce paradoxe et du système qui amènera des causes opposées à produire des effets semblables. Mais la science occulte, comprenant la patience de la Nature aussi bien que son invariabilité, sait que, dans une personnalité future, cet homme, encore plongé dans l'animalité, retrouvera les occasions qu'il a jusqu'à présent dédaignées, et pourra s'efforcer de devenir, lui aussi, un temple de conscience spirituelle. S'il a manqué les premières occasions, elles pourront se représenter et nous verrons plus tard sous quelles conditions. Le point important est de savoir qu'à un moment donné de sa carrière, et s'il veut atteindre les sphères supérieures de l'évolution, but suprême de notre humanité actuelle, l'homme doit prendre en main sa propre évolution en s'unissant consciemment à un rayon puissant et adéquat de l'Esprit Universel. Cet aperçu succinct nous suggère encore d'autres pensées. Il est aujourd'hui reconnu par la science que l'immobilité ne peut exister dans la Nature ; il faut que sous une forme ou une autre le changement se produise, soit progressif, soit rétrograde. L'immobilité ne se rencontre pas plus dans les cycles astronomiques que dans les réactions chimiques ou les conditions métaphysiques. Il est possible qu'un homme, à la fin de sa vie, semble n'avoir pas fait de progrès dans la conquête de la Nature. Mais, à tout prendre, une vie est un intervalle bien court dans l'éternité, ou même dans ces cycles de durée incommensurable dont s'occupe la science occulte; il est vrai qu'à l'encontre des religions modernes, cette science ne juge pas à propos d'aborder souvent des sujet aussi abstraits, pour les limitations de l'esprit humain, que ne le sont l'infini et l'éternité.

L'homme, comme entité éternelle, possède une destinée d'ensemble dont ses diverses personnalités physiques ne sont que des chaînons; il serait donc absurde de le supposer immobile au milieu de l'évolution générale. Il doit avancer ou rétrograder, comme tous les êtres, comme toutes les choses dans la Nature. Il est inutile d'envisager les périodes rétrogrades que nous avons pu traverser avant d'en arriver au rang que nous occupons actuellement. Les forces automatiques et puissantes de l'évolution nous ont poussés en avant; peut-être s'en est-il suivi quelques souffrances pour ceux qui essayèrent de s'opposer au grand Pouvoir dirigeant le mouvement, mais, au sens général, il n'y a pas eu recul. Et depuis les premiers âges, où elle traversait les règnes inférieurs de la Nature dans les plus humbles états de conscience, l'âme néanmoins n'a jamais cessé de s'élever. C'est par un processus graduel d'existences éthérées qui précédèrent notre vie matérielle, que l'homme est arrivé à réaliser son type actuel de développement, et à pouvoir se dire en pleine connaissance de cause : « Je veux à présent harmoniser ma conscience et ma volonté avec cette Conscience divine supérieure dont je suis le reflet matériel ; illuminé et inspiré par elle, je m'élèverai sans cesse dans la voie du progrès ». Mais il peut aussi raisonner autrement, trouvant l'effort trop pénible, trop dur peut-être à notre époque ; alors la conscience humaine, produit de l'évolution naturelle, s'unira à la matière et à ses limitations, au lieu de s'harmoniser avec l'esprit et ses potentialités. Au point tournant de l'évolution, quelle qu'en soit l'époque, une chance de progrès ultérieur (potentialité de l'état de conscience déjà acquis) sera offerte à tout homme : celle de préparer son soi intérieur à recevoir l'Influx divin. Il va de soi que celui qui n'en profitera pas pour s'élever consciemment dans l'évolution n'aura plus alors d'autre alternative qu'une descente vers la matérialité dont il est inutile de décrire toutes les péripéties. Mais si nous portons nos regards plus avant, si nous considérons de haut les destinées futures de l'humanité (si mal comprises en général), la vérité que nous venons d'énoncer acquiert une immense signification.

Nous avons déjà parcouru la moitié du grand processus évolutif des facultés humaines ; jusqu'à ce point nous avons été guidés, soutenus. Mais à présent il nous faut reconnaître notre voie, y marcher seuls, comprendre ce que nous avons à accomplir, et être bien résolus à remplir les intentions divines.

Nous ne pourrons plus invoquer actuellement l'ignorance de la route à suivre, du développement intérieur à acquérir, ou des avantages inhérents au rang que nous devons atteindre dans la Nature. L'ensemble du système d'évolution, dévoilé dans la littérature théosophique est assez complet pour rendre l'exposé de nos destinées futures aussi intelligible que l'est l'histoire des temps passés. Nous sommes parvenus, comme je viens de l'expliquer, à la moitié du grand « Manvantara » ou période dans laquelle doit s'accomplir cette partie de notre évolution spirituelle. Le temps que nous y avons déjà employé — tant sur cette planète que sur d'autres — peut s'évaluer en millions d'années; et des millions d'années s'écouleront encore avant que la grande famille humaine ait achevé son évolution. L'occultisme en effet nous apprend que cette évolution normale, livrée à ses propres forces, ne s'effectuera pas avant ce laps de temps énorme; car il nous faudra d'abord accomplir la tâche immense de mettre nos volontés en harmonie complète avec les desseins de la Divinité; puis, lorsque ce premier travail nous aura suffisamment élevés, nous devrons assimiler toutes les connaissances mises alors à notre portée. Plus tard, nous en dirons davantage sur les circonstances qui rendent cette évolution aussi longue; mais, qu'elle soit dirigée par l'interminable processus de la Nature, ou hâtée par notre intervention, il est certain que dans cette seconde moitié du Manvantara, nul progrès ne pourra être fait sans qu'une parfaite compréhension du but à atteindre ne vienne inspirer chaque effort. C'est là l'idée principale avec laquelle on doit envisager les futures destinées humaines. La nature des connaissances que l'on peut acquérir éventuellement formera le sujet d'un autre chapitre.

CHAPITRE II

SCIENCE OCCULTE ET RELIGION

Celui qui entreprend sérieusement de comprendre l'enseignement théosophique sur le développement de l'âme, ne doit pas se faire l'illusion de le supposer hostile à toute religion ou basé sur quelque système de philosophie athéiste. Loin de mériter ce reproche, la Théosophie, au contraire, a rendu sympathiques aux idées essentiellement religieuses ceux de ses adhérents qui, répugnant à la façon dont certains dogmes ecclésiastiques déguisent la religion, avaient abordé la Théosophie avec un esprit agnostique et même purement athéiste. La science occulte nous représente clairement le but auquel doit tendre l'humanité. On nous objectera peut-être que la foi religieuse le fait aussi, quelque variées que soient les croyances dont elle s'accompagne, car elle nous promet toujours la félicité spirituelle en récompense d'une vie pieuse et irréprochable. Mais ceci n'est pas un but « clairement défini », parce que les saintes Écritures ne nous ont jamais expliqué exactement les conditions de cette existence supérieure. La donnée théosophique, au contraire, nous décrit d'abord les conditions de l'existence spirituelle engendrées par une vie pieuse et irréprochable, puis aussi certaines conditions supérieures encore, accessibles à ceux qui uniront à une vie absolument pure la connaissance adéquate du but et des possibilités de l'existence humaine. Ceux-là dont la vie aura été guidée par cette science lumineuse pourront s'harmoniser avec les principes divins qui gouvernent l'évolution du monde, et s'élever dans la conquête de la création jusqu'à ces sphères qui, comparées à l'empire de notre humanité, peuvent vraiment être appelées le Royaume divin.

Avant d'aller plus loin, je voudrais dire quelques mots de l'erreur dans laquelle tombent souvent ceux qui commencent l'étude de l'enseignement théosophique et de ses tendances éthiques. Ils croient que la Théosophie se borne simplement à répéter les anciens enseignements chrétiens sous une forme nouvelle et dépouillée de l'ancienne phraséologie ecclésiastique.

Malgré l'apparence de précision méticuleuse qui distingue les formules anthropomorphiques des Églises modernes, en étudiant la pensée contemporaine qui se dégage des ouvrages philosophiques, on y discerne cette conviction : qu'il est impossible actuellement de rien présager sur les conditions de l'Au-delà.

Shakespeare regarde le « pays d'où nul voyageur n'est revenu » comme voilé d'une impénétrable obscurité ; et pourtant, il nous présente en même temps un voyageur qui en revient. Tennyson, dans la *Voice of Faith*, ne nous donne pas d'information plus précise sur notre avenir que celle contenue dans : « l'avertissement vaguement compris » concluant à un « espoir caché ». Les principaux scientistes et physiciens modernes repoussent énergiquement toute théorie basée sur la constatation de faits positifs ayant eu lieu dans des conditions de conscience extra-corporelles. Le résultat des enseignements du Christianisme, son œuvre pendant ces 18 siècles, a été de convaincre ses plus intelligents adeptes que, s'il y a beaucoup à espérer en suivant ses voies, il n'y a rien de plus à *apprendre.* On peut raisonnablement conjecturer qu'une intelligence, une conscience hyperphysique quelconque, gouverne l'univers ; mais il est impossible d'arriver à une connaissance exacte, telle que celle, par exemple, que nous possédons de la constitution moléculaire de la matière, ou de la rotation des planètes.

Samuel Laing, en résumant ses conclusions dans *Modern Thought* (1), parle ainsi : « Autant que peuvent le faire présumer notre science et notre expérience, la vie individuelle comme personnalité consciente est en rapport indissoluble avec un organe matériel : le cerveau... Qu'adviendra-t-il de cette personnalité lorsque le cerveau se sera dissous ? Nulle voix ne nous répond de la tombe. C'est le mystère des mystères. »

Les auteurs de « *The Unseen Universe* » (2), tout en nous présentant dans leur œuvre entière l'hypothèse d'un monde invisible et d'une voie pouvant relier le connu à l'inconnu, considèrent jusqu'à présent cette voie comme « fermée par un mur portant cet écriteau : *Aucun chemin ne conduit ici.* »

Au résumé, disent-ils plus loin, « l'invisible peut être une vaste sphère d'influence, mais, par sa nature même, il échappe à toute analyse. C'est pourquoi,

(1) *Modern Science and Modern Thought.* Londres, Chapman and Hall, 1885-1898.
(2) *The Unseen Universe* or Physical Speculations on a Future State, par B. Steward et P. G. Tait. 1894.

toute autre information nous étant refusée, il faut nous en tenir à celle que le Christianisme nous donne concernant l'influence que cet univers invisible exerce sur nous ». Quant au sort futur des méchants, « il est douteux qu'aucune école théologique ait jamais pu nous éclairer sur les mystérieuses régions qui leur sont réservées ».

L'enseignement théosophique, au contraire, s'appuie sur cette déclaration rassurante qu'une connaissance très étendue de ces sujets est accessible et a été acquise, et qu'elle est aussi précise et certaine que celle de la composition des molécules ou du mouvement des planètes : je veux parler des conditions hyperphysiques de la conscience humaine, des lois naturelles régissant le transfert de cette conscience d'un plan de la Nature à l'autre, et des conditions d'existence de certains êtres, les uns supérieurs, les autres inférieurs à l'humanité qui peuple notre terre. Mais en observant l'influence pratique de cette science spirituelle sur les actes journaliers de la vie usuelle, en comparant son éthique avec celle de la religion aux aspirations ardentes, quoique plus vagues, nous les trouvons identiques sous bien des rapports. Les étudiants en Théosophie n'en sont pas surpris parce qu'ils ont déjà compris que toute religion vraiment digne de ce nom a pris sa source dans la science spirituelle de son époque. En effet, les religions fondées par les grands instructeurs et prophètes de l'humanité, et destinées à être enseignées aux foules, sont toutes des résumés, plus ou moins voilés par le symbolisme, de la connaissance scientifique des lois spirituelles de l'Univers, telle que la possédaient alors les initiés de la sagesse ésotérique.

La similitude des éthiques religieuse et théosophique

2.

ne diminue nullement l'importance de la direction spirituelle que nous offre aujourd'hui la doctrine théosophique. En effet, l'acquisition de cette science spirituelle devient, à un moment donné de l'évolution, une condition *sine qua non* de progrès, si l'on veut pousser ce progrès évolutif à sa limite extrême.

Une vie irréprochable nous conduira à la félicité future, comme nous l'enseignent avec raison toutes les religions; les aspirations religieuses qui l'auront guidée donneront même une caractéristique particulière à l'existence subjective qui s'ensuivra. Mais cette vie ne nous procurera que le bonheur, et encore ne sera-t-il pas éternel. Pour s'élever sur l'échelle de la Nature au-dessus des conditions transitoires auxquelles sont sujettes toutes les consciences humaines, incarnées ou désincarnées, nous devons faire certains efforts spéciaux qui ne peuvent s'accomplir qu'au moyen de la connaissance des lois spirituelles et supérieures de la Nature.

Ces dernières phrases paraîtront vagues jusqu'au moment où elles seront éclaircies par la découverte des facultés spirituelles encore latentes dans l'humanité et dont la Nature favorisera l'épanouissement. Cette découverte fut faite par quelques représentants avancés de l'humanité, comme il en exista en tous temps depuis l'origine du monde.

Lorsque les Églises et les sectes — avec leurs centaines de croyances diverses — nous présentent chacune un exposé défini des destinées humaines semblant provenir de la matérialisation grossière de quelque allégorie, ou d'une conception obscure et anthropomorphique des principes gouvernant l'univers, l'enseignement théosophique ne peut que s'élever contre ces erreurs. Mais le sentiment et l'instinct religieux

qui les accompagnent sont tellement identiques à
ceux dont s'inspire la Théosophie, que la supposer hostile à ces religions serait méconnaître absolument la
situation où elle se place.

Il est malheureusement vrai qu'un sentiment réel
et religieux s'allie souvent à une certaine bigoterie sec-
taire. Qu'un membre de l'Église anglicane, un catho-
lique romain, un baptiste ou un musulman croie que
sa religion seule contient toute la vérité et que les
autres sont erronées, nous le tiendrons pour très inin-
telligent, pour ne pas dire plus. S'il va plus loin (ce
qui est fréquent), s'il est persuadé que hors sa propre
Foi il n'est pas de salut, il nous apparaît alors comme
une *reductio ad absurdum* de folie religieuse. Et cependant, si faible que soit son entendement spirituel,
cet homme peut allier sa folie à beaucoup de sentiment
religieux. Il se fait une conception, spéciale pour lui,
de la Divinité qu'il adore, un code du bien et du mal,
certainement au-dessus des simples impulsions de
l'égoïsme et de l'intérêt propre ; il peut orienter sa vie
d'après ce principe que les destinées futures de l'âme
ont une importance plus grande que les jouissances
éphémères de la vie terrestre. Alors ce commencement
de spiritualité, allié à une intelligence plus développée,
pourra, avec le temps, le mettre sur la voie de la véritable connaissance.

Mais la meilleure préparation d'esprit à la réception
de la lumière suprême de l'enseignement théosophique
serait un sentiment religieux d'une nature plus subtile
et plus vive. Les religions pratiquées actuellement
sont peu propres à le développer dans les âmes. Pourtant on constate avec surprise qu'un grand nombre de
leurs fidèles sont plus avancés, ont même développé
une spiritualité intelligente bien supérieure à celle

que leurs croyances pouvaient faire espérer. Leur mentalité en progression a pénétré les religions européennes, les a adoucies sans en changer la forme extérieure ; en d'autres termes ces fidèles, grâce à leur culture intellectuelle croissante, à leurs aspirations spirituelles sincères, ont su voiler d'un sentiment exquis les laideurs de cette doctrine primitive à laquelle ils restent cependant attachés. Si on leur objecte : « Votre doctrine enseigne telle et telle chose », ils répondent : « Pas du tout ; une personne intelligente n'interprète pas ainsi ce dogme ; il signifie en substance ceci ou cela. » Et là-dessus, ils interprètent un dogme grossier quelconque en l'élevant à un degré de subtilité qui rend toute controverse inutile.

Cette méthode d'interpréter les religions exotériques ou populaires peut être approuvée ou blâmée suivant les cas. Aidera-t-elle, retardera-t-elle la transformation des religions du monde en un idéal plus élevé ? C'est une question difficile à résoudre. Quoi qu'il en soit, l'état d'esprit de ceux qui cherchent à sublimiser pour leur usage les doctrines exotériques, décèle une disposition particulière à l'assimilation de la vraie connaissance spirituelle ; et leur ardente ferveur, cause initiale de leur développement intérieur, les aidera à appliquer aux conditions morales de la vie les enseignements de la haute sagesse, c'est ce que la Théosophie cherche avant tout à nous inculquer.

On ne condamnera jamais trop énergiquement, au nom de la Théosophie elle-même, la façon dont l'ont dénaturée ceux qui la représentent, aux yeux du monde, comme une philosophie iconoclaste nécessairement hostile à la religion. Autant vaudrait dire que l'enseignement des mathématiques est hostile à l'astronomie. Les mathématiques ont pu parfois contribuer à détruire quelque croyance populaire relative à l'astronomie, et cela pour le plus grand bien de l'astronomie. De même la Théosophie peut se trouver en mesure de discréditer certaine croyance religieuse, ou plutôt certaine croyance greffée sur la religion, et la religion alors s'en trouverait débarrassée à son avantage. En somme, la Théosophie occupe en face de la religion une position analogue à celle des mathématiques en regard de l'astronomie ; cette relation est celle de l'abstrait vis-à-vis du concret. Les réalités pures et froides des mathématiques nous conduisent à admirer le sublime panorama des cieux, dont la beauté émeut nos âmes.

Ainsi en est-il des vérités théosophiques, si scientifiques et abstraites soient-elles, lorsqu'on les a bien comprises. Elles nous conduisent, par la conscience spirituelle, vers des hauteurs où nous éprouvons les plus sublimes émotions, et nous amènent jusqu'à la contemplation de ces vérités qui font pâlir toutes les joies humaines. Les étudiants éclairés en Théosophie, considèrent même dédaigneusement tous les objets ordinaires de convoitise humaine, lorsqu'ils les comparent aux expériences vécues de leur développement intérieur.

Pour employer une phrase banale par sa fréquence, mais qui exprime une vérité qu'on ne devrait pas oublier, j'ajouterai que la Théosophie est l'essence de toute religion digne de ce nom. Elle est, comme l'indique son nom, la science des choses divines. La vénération des fidèles pour leur foi les détourne souvent de la pensée qu'elle soit inspirée par une science cachée.

Pourtant en ce qui concerne Dieu et ses rapports avec les hommes, l'enseignement exotérique des religions ne nous fournit sur ces mystères que des données fort incomplètes, et qui par elles-mêmes ne peuvent satisfaire que des intelligences très bornées. Il doit y avoir une bien prodigieuse complexité, si je puis m'exprimer ainsi, dans l'organisation spirituelle de la nature, pour que des déclarations si arides — quoique poétiques — concernant l'omnipotence, l'omniscience, le Ciel et la vie éternelle ne suffisent pas à l'expliquer. En étudiant le champ déjà plus restreint des sciences physiques, on remarquera que certains axiomes généralisés ne sont, pour ainsi dire, qu'une substitution exotérique remplaçant des exposés qui ne seraient compris qu'après une étude plus approfondie. Par exemple, pour les populations occidentales, le soleil est un vaste globe situé au centre de notre système planétaire ; il répand une vive lumière, produit de la chaleur, génère la croissance organique, cause l'alternance des saisons, etc. D'autres conceptions populaires plus anthropomorphes regardent le soleil comme une divinité consciente d'où dépendent manifestement la vie et la conservation de notre univers. Mais derrière ces conceptions bornées se trouvent des horizons d'une extrême complexité que l'intelligence populaire n'essaye pas de pénétrer. Comment le soleil fait-il croître une plante ? En lui dispensant la lumière et la chaleur. Mais cet énoncé ne nous avance guère. Nous pouvons, il est vrai, ramener les éléments physiques en question à leur simplicité moléculaire primitive; nous les discernons alors sinon à l'œil nu, du moins avec les yeux de l'intelligence. La chaleur met ces molécules en mouvement ; mais ceci ne suffit pas à expliquer la croissance organique. De plus, si nous voulons regarder le fond des choses : comment la chaleur solaire nous parvient-elle ? — Elle rayonne du soleil ! — Ceci encore n'explique rien ; par quel intermédiaire nous arrive son influence? C'est ici que la science devient ésotérique.

La science populaire — la religion populaire pourrions-nous dire — se contente de cet énoncé rudimentaire : le soleil émet de la chaleur. Mais la science ésotérique veut le justifier et le développer ; elle se met alors à étudier l'éther lumineux. L'éther, ce merveilleux intermédiaire des influences physiques qui ne peut être vu, ni ressenti, ni soumis à l'examen d'aucun instrument, vient d'être découvert par un prodige de la science qui, sortant de ses habitudes de prudente réserve, a déjà affirmé quelques principes bien définis à son sujet. Comment alors « l'émission », dans son expression ordinaire, peut-elle se relier avec la chaleur et la lumière du soleil. Ce phénomène est dû à des états, des conditions spéciales de l'éther. Que le soleil agisse d'abord sur l'éther, qu'il donne lieu ensuite aux manifestations qui nous entourent ; c'est là un fait indiscutable. Mais alors que la donnée exotérique, concernant l'émission de la lumière et de la chaleur, est aussi vraie que peut l'être tout exposé exotérique, — et cet exposé exprime ici une idée aussi rapprochée que possible de la vérité, — c'est, en réalité, une donnée qui ne peut satisfaire les esprits plus avancés et plus scientifiques.

En supposant que la chaîne des causes et des effets qui régissent l'action solaire dans la vie organique soit bien connue des savants, nous dirions que la physique solaire occupe vis-à-vis de l'idée populaire dont nous parlions plus haut, la même position que la Théosophie vis-à-vis des croyances religieuses généralement répandues.

Cette analogie s'applique d'autant mieux à notre sujet, que pour bien expliquer la physique solaire on est contraint de rechercher et d'étudier un intermédiaire qui ne tombe pas sous nos sens ; ainsi en est-il encore de l'étude de la science spirituelle, qui exige un champ d'observation placé en dehors de toute conception exotérique. Sans poursuivre aussi loin cette étude, ceux qui se sentent attirés vers la littérature orientale peuvent y glaner de nombreux renseignements, instructifs et très suggestifs. Elle est fort obscure dans certaines de ses parties, mais, lorsqu'on en connaît l'interprétation, on peut souvent constater que cette signification a dû être présente à la pensée de l'écrivain. Une compilation faite dans ce but, dans l'une ou l'autre partie de l'ancienne littérature orientale, nous donnera certainement un exposé du grand processus évolutif de la Nature, de l'origine du système solaire, et du développement successif des planètes correspondantes ; elle nous montrera également le passage du souffle de vie dans les règnes végétal et animal, et en dernier lieu l'évolution du règne humain à travers une série de races puissantes. Mais il ressortira clairement de ce travail que la science contenue dans les écritures orientales n'a pu être acquise que par des êtres capables de diriger leurs observations vers des plans de la Nature impénétrables à la perception de nos sens ordinaires. La connaissance de ces plans supérieurs acquise, soit par d'anciens voyants, il y a quelques milliers d'années, soit tout récemment par des voyants contemporains, a dû résulter nécessairement de la façon dont ils ont su exercer certaines facultés hyper-sensuelles.

Nous reconnaissons volontiers que cette connaissance de la Nature, où la Théosophie a puisé une morale si élevée, n'aurait jamais pu être obtenue par la seule étude des phénomènes tels qu'ils s'offrent à l'observation scientifique. Le don de clairvoyance, et même celui de la plus haute clairvoyance spirituelle ont dû contribuer à la tâche longue et ardue d'élever le mental humain jusqu'à la compréhension des grands desseins de la Nature à laquelle il appartient ; la grande tâche qui nous incombe est donc de cultiver en nous les mêmes facultés, si nous désirons nous familiariser avec ces aspects de la Nature dont le contact a développé la science spirituelle chez les voyants.

Nous n'entendons pas dire par là qu'aucun progrès dans la science spirituelle n'est possible, sans avoir préalablement développé les pouvoirs qui nous rendent conscients sur les plans supérieurs de la Nature. Ceci équivaudrait à dire qu'il faut répudier toute notion d'astronomie avant d'avoir pu construire notre propre observatoire, ou d'avoir assimilé toutes les autres sciences subsidiaires. Dans l'étude des diverses connaissances de l'esprit humain, chacun de nous s'en rapporte très souvent, et dans la plus large mesure, aux recherches faites par d'autres ; et la majeure partie de l'humanité devra, pendant longtemps encore, s'en tenir aux découvertes de quelques-uns, sur la science des choses spirituelles. Mais moyennant quelques sages précautions ils pourront le faire avec confiance, dans ce cas comme dans l'autre. Sans doute, au début, la situation ne laisse pas d'être embarrassante, surtout en ce qui concerne l'investigation psychique ; on sait, d'autre part, que tout observateur est surveillé et contrôlé par beaucoup d'autres ; si, en outre, quelque nouvelle conclusion d'un observateur indépendant est ratifiée par la science contemporaine, tout le monde s'empressera d'accepter cette sanction. La science spirituelle ne dispose pas actuellement d'une Société

Royale (1) pour sanctionner ses nouvelles découvertes, ou plutôt il en existe une, comme le savent quelques-uns d'entre nous, composée de Maîtres en science spirituelle ; et si l'accès nous en était donné, elle ferait autorité en ces matières, autant et plus que l'élite de la science contemporaine. C'est à cette source d'information, nous l'avons déjà dit, qu'est puisée la révélation théosophique actuelle. Mais, pour certaines raisons qu'une patiente investigation seule saura faire apprécier, ce foyer d'initiation spirituelle ne peut être, dès à présent, ouvert à tous les chercheurs ; aussi ne saurait-on s'inspirer de son autorité pour guider ceux qui débutent dans l'étude de l'occultisme.

Une conviction bien nette de l'existence de ces Maîtres et de l'influence rayonnante qu'ils envoient sur notre humanité sera d'un grand secours aux travailleurs sérieux. Mais on peut pousser assez loin l'étude de la Théosophie avant qu'il soit nécessaire d'approfondir ce sujet.

Quittons maintenant cette question, et cherchons les moyens dont nous pouvons disposer pour pénétrer dans le domaine spirituel, sans être, pour cela, doués de ces facultés spéciales donnant la perception des régions hyper-sensuelles, et sans l'aide d'instructeurs en qui nous puissions avoir toute confiance. En première ligne, notre raison peut envisager les données exposées par la science occulte en les rapportant à la vie usuelle. Puis nous les comparerons à la conception idéale de justice qui doit inspirer l'Être qui régit l'univers. Nous étudierons ensuite avec soin les merveilleuses analogies de la Nature, visibles quel-

---

(1) La Société Royale de Londres correspond à peu de chose près à notre Académie des Sciences. (N. d. T.).

quefois, mais le plus souvent voilées, et que nous découvrons par inductions ; nous verrons comment elles entretiennent l'harmonie entre les différentes régions de la Nature. Enfin, et pour rentrer dans notre sujet, nous comparerons les données occultes aux conceptions fondamentales de cette religion traditionnelle qui nous tient au cœur, et nous verrons si elles se contredisent entre elles, ou, au contraire, si la science occulte peut en confirmer, en éclairer les traditions primitives.

Or, non seulement cette science est en complète harmonie avec l'idée religieuse, mais encore elle s'allie à la religion même, en redonnant à plusieurs de ses dogmes leur sublime interprétation. Ces dogmes, graduellement compromis par une génération matérialiste, interprétés au pied de la lettre, depuis de longs siècles, dans les églises et les congrégations, étaient devenus une pierre d'achoppement pour les uns, une nourriture indigeste pour ceux qui les absorbaient avec la foi aveugle, les acceptaient littéralement et se refusaient de les soumettre au jugement de leur raison.

Prenons un seul dogme comme exemple : (car les envisager tous à la lumière de l'occultisme demanderait un volume), celui de la Victime Expiatoire qui fait depuis longtemps partie intégrante de la doctrine chrétienne. Cette conception d'un Dieu vengeur assouvissant sa colère sur un innocent, pour pardonner ensuite, sa vengeance apaisée, aux véritables coupables, est, outre son absurdité, une insulte à la Divinité et une offense à la justice. La théologie moderne épurée voudrait bien modifier ce dogme en l'idéalisant quelque peu, mais elle le fait encore accepter sous cette forme, aux âmes trop humbles pour s'en révolter. La science occulte nous offre la signification réelle de ce dogme mystique. Le drame de la Passion se représente pour chaque âme humaine atteignant à la perfection spirituelle. C'est l'allégorie de l'évolution de l'âme ; c'est le seul processus par lequel la Rédemption est possible; pour le comprendre clairement, il faut connaître la théorie occulte du Soi supérieur et du soi inférieur. Nous allons en donner un aperçu qui sera développé dans la suite. Le Soi supérieur est la partie spirituelle, immortelle et impérissable de l'homme. Le but réel de la vie physique avec ses expériences multiples, vise à l'évolution de ce Soi, au complet épanouissement de sa conscience. Le Soi supérieur est la vraie Divinité qui s'incarne, unissant, pendant chaque vie physique, sa conscience à celle du soi inférieur, l'homme tel que nous le voyons, faible et enclin au mal, reflet du Soi supérieur sur le plan matériel. C'est uniquement par le crucifiement, par le douloureux sacrifice de ses désirs et de son égoïsme personnel sur le plan de la manifestation incarnée, que le Soi supérieur peut élever la personnalité jusqu'au plan de la véritable évolution spirituelle, et la racheter ainsi du péché et de la douleur. En d'autres termes, le soi inférieur, la conscience ordinaire à l'état de veille, doit se soumettre au Soi supérieur, c'est-à-dire à l'enseignement Divin compris dans les plus sublimes aspirations du Christ en nous. Ainsi s'accomplit, sans la moindre injustice, le mystère de la Rédemption.

On expliquerait de même l'histoire d'Adam et d'Ève, de l'Eden, de la côte d'Adam, de la tentation et de la chute. La science occulte nous enseigne que ce n'est qu'un mystérieux symbole destiné à voiler quelques-uns des principaux stades évolutifs de l'humanité. Il révèle comment notre humanité d'aujourd'hui, séparée en deux sexes, descendit d'une humanité primitive d'un type plutôt astral que physique, qui précéda notre race actuelle dans le grand processus de descente de l'esprit dans la matière.

Mais je m'éloigne de mon but, qui n'est pas précisément d'établir la corrélation existant entre la science occulte et les dogmes religieux exotériques, dès qu'on les dégage des fables qui les assimilent à des contes de nourrice ou des Sagas de l'Islande (1), pour les interpréter dans leur vrai sens spirituel. La parfaite harmonie de la science occulte avec les plus nobles aspirations et les plus vives émotions religieuses est un fait acquis pour celui qui en a poussé l'étude assez loin. Elle fait plus que nous dévoiler certains curieux mystères de la Nature, plus qu'explorer les merveilleux domaines de la science.

Elle est vraiment la science des sciences, sans laquelle nulle autre n'est complète ; elle est aussi la religion suprême, car elle seule met l'âme humaine en possession du grand héritage, auquel les autres religions n'ont pu que la préparer.

(1) Les Sagas sont des légendes religieuses ou récits poétiques composés par des bardes Islandais ou Scandinaves (N. du T.)

CHAPITRE III

LA RÉINCARNATION

Pour étudier avec fruit les enseignements de la doctrine ésotérique, l'étudiant devra avant tout se persuader que la croissance et le développement de l'âme humaine ne peuvent s'effectuer que par une succession de vies physiques, séparées entre elles par des périodes correspondantes de repos spirituel. L'ensemble de ces procédés naturels est ce qu'on appelle la Réincarnation.

Il est vrai que ce sujet est inséparable des autres branches de la science à laquelle il appartient ; et qu'il est souvent nécessaire, pour bien saisir les conceptions fondamentales de la doctrine ésotérique, d'en avoir déjà embrassé l'ensemble, et constaté la parfaite harmonie.

L'enseignement ésotérique ne ressemble pas, sous ce rapport, à la géométrie d'Euclide dont il faut apprendre seulement une petite quantité à la fois et la bien assimiler pour la retenir. Les deux sciences ont ceci de commun que, pour en comprendre les dernières propositions, il faut d'abord avoir bien saisi celles qui précèdent. Mais dans l'enseignement occulte, pour en arriver là, il est souvent nécessaire d'anticiper beaucoup et de comprendre combien les premières notions sont indispensables à la conception des hautes idées spirituelles qui seront exposées dans la suite. Si alors l'étudiant reprend à nouveau tout l'enseignement, il commencera peut-être à en voir les principes fondamentaux sous un jour nouveau et pourra alors les adopter comme convictions permanentes ; il y trouvera ainsi une base solide pour édifier ses futures connaissances.

Mais, nous demandera-t-on tout d'abord, la Réincarnation peut-elle être prouvée ? Nous devons reconnaître que cette doctrine, qui résume l'évolution humaine tout entière, ne peut se prouver aussi positivement qu'une nouvelle découverte dans les sciences physiques. Nous allons cependant démontrer que toute croyance opposée serait anti-philosophique. En effet, la Réincarnation seule peut expliquer rationnellement les phénomènes de la vie (ceux du moins que nous percevons), et sans son intervention, la conception du monde dans ses conditions actuelles serait inspirée, non par la bonté et la sagesse, mais par la malveillance et l'injustice. Elle seule peut faire comprendre qu'un homme soit un Newton et qu'un autre ne soit qu'un pauvre ignorant. D'autre part, bien que la plupart des hommes (par des raisons clairement expliquées dans l'enseignement ésotérique) aient oublié leurs existences antérieures, quelques êtres, parvenus à un certain développement spirituel, s'en souviennent, non pas vaguement comme à travers un brouillard, mais avec une entière précision, et même avec certains détails qu'une mémoire peu exercée ne conserverait certainement pas des premières années de son existence terrestre. Ces considérations, jointes à d'autres, seront reprises plus tard. Je désire surtout attirer l'attention sur ce fait que la Réincarnation, en l'absence de preuves tangibles (au sens absolu du mot) est néanmoins presque établie par le raisonnement. Tout homme intelligent qui en aura bien saisi l'esprit, et qui en observera longuement l'application dans les diverses phases de l'existence, tant corporelles que spirituelles, l'admettra aussi aisément que la science admet la théorie ondulatoire de la lumière. Cette théorie n'est plus discutée aujourd'hui ; elle seule, en effet, peut expliquer les faits constatés. La Réincarnation remplit le même rôle dans le domaine de la science spirituelle : c'est la seule théorie qui puisse expliquer tous les faits et elle est lumineuse dans son véritable aspect scientifique ; c'est-à-dire qu'elle s'harmonise avec les uniformités de la Nature, qui, sans son intervention, nous paraîtraient impitoyablement violées par les lois qui gouvernent l'évolution humaine. Aussi les esprits cultivés cesseront-ils de discuter la Réincarnation, jusqu'à ce que la plupart des hommes, par le développement des facultés supérieures, en soient arrivés à discerner la chaîne de leurs vies successives aussi clairement que nous identifions, chaque matin, le soleil levant.

Le premier pas à faire dans l'étude de la Réincarnation est de prendre connaissance des opinions qui la préconisent comme seule explication possible du processus évolutif de l'âme. Nous possédons sur ce sujet de nombreux écrits, et les étudiants de la philosophie orientale y reconnaîtront généralement un résumé de l'enseignement des maîtres les plus savants de cette philosophie. On y voit d'abord qu'il faut écarter de la doctrine ésotérique de la Réincarnation bien des croyances populaires qui s'y sont glissées au cours des âges : celle par exemple de la transmigration des âmes humaines dans des corps d'animaux. Cette idée a pu faire partie d'une doctrine très rudimentaire, mais on ne pourrait l'admettre que pour symboliser la dégradation morale produite par une mauvaise vie ou pour voiler l'enseignement véritable. La seule théorie que nous soutenions absolument est celle d'une constante progression dans les réincarnations successives. Quels que soient les états d'existence qu'elle ait traversés pour atteindre le stade humain, ce niveau une fois atteint, l'âme ne le quitte plus et continue à y progresser.

Pour exposer la donnée occulte de la Réincarnation, il faut l'envisager à ce point de l'évolution où l'âme, déjà parvenue au stade humain, se trouve dans les conditions d'existence qui nous sont familières. D'après cette donnée, lorsqu'un homme meurt, — c'est-à-dire perd son état de conscience sur le plan physique, — cette conscience entre, tout d'abord, dans des conditions d'existence spirituelles ou relativement spirituelles d'une très longue durée et d'une importance considérable. Sous certaines conditions, elle pourra, sans doute, conserver ses rapports avec la conscience de ceux qui sont encore vivants, ainsi que le confirment les nombreuses expériences des spirites. Mais, d'autre part, l'âme peut aussi passer à des états beaucoup trop élevés pour lui permettre de communiquer, du moins au sens où on l'entend généralement, avec les amis qu'elle a laissés sur terre. On voit par ces considérations que la Réincarnation ne discute qu'un seul point des diverses conceptions relatives à la vie spirituelle : celui de la durée éternelle qu'on lui attribue ; parce qu'elle nous fait entrevoir, dans la suite des temps, un type humain tellement perfectionné, sous le double rapport du corps physique et de l'âme, qu'il paraît inadmissible que notre humanité actuelle, encore si imparfaite, soit destinée à une existence éternelle qui en perpétuerait les imperfections.

Cette doctrine ne conclut pourtant pas à un effacement rapide de la personnalité ; l'existence spirituelle qui suit la délivrance de l'âme peut au contraire se prolonger pendant un laps de temps considérable, lorsqu'elle s'est trouvée vivement et profondément impressionnée par ses expériences terrestres. Mais, dans l'esprit de la philosophie ésotérique, les causes limitées ne sauraient produire que des effets limités et les expériences terrestres recueillies par l'homme, du berceau à la tombe, ne sont jamais que des causes finies, générées par les actes, pensées et émotions d'une seule existence. Donc, en accordant même à ces énergies subjectives une très grande puissance, un temps viendra, suivant notre doctrine, où elles se dissoudront, pour ainsi dire, dans l'essence même de la vie. L'âme, dans sa vraie nature spirituelle et immuable, s'est alors assimilée toutes les connaissances et les émotions générées dans sa dernière existence ; elle redevient un centre pur et incolore de conscience abstraite ; et c'est en cette qualité que, sollicitée par les affinités de sa nature, elle cherche un autre véhicule pour y exprimer à nouveau ses facultés latentes. Elle le trouve dans une forme humaine embryonnaire qu'elle ne choisit pas consciemment, mais qui lui est attribuée sous l'empire de la même loi naturelle et logique qui, dans la formation d'une plante, sait attirer et agréger les molécules de matières nécessaires à son œuvre.

Résumons en quelques mots cette légère esquisse de la Réincarnation.

Prenons une âme incarnée et suivons-la dans ses expériences terrestres, développant toutes les réminiscences, les affections, les associations de pensées diverses qui constituent sa personnalité (personnalité distincte, bien entendu, du corps physique qui lui sert de véhicule). Après la mort, nous voyons cette âme jouir d'une existence spirituelle (pendant une période si longue, qu'elle ne peut se comparer à aucune existence terrestre). Puis elle revient à une nouvelle existence terrestre, pour y faire d'autres expériences, développer de nouvelles capacités intellectuelles et entreprendre, peut-être, ce progrès moral si important qui ne s'acquiert que dans les tentations, les luttes et les victoires intérieures de notre vie terrestre.

Toutefois, pour bien envisager la doctrine de la Réincarnation, il ne faut pas perdre de vue son complément essentiel, cette loi que la philosophie orientale appelle la loi du Karma (1) et qui ramène l'âme vers la terre à l'expiration de son repos spirituel. Cette loi, s'inspirant du discernement inhérent à la Nature, n'agit pas au hasard comme, par exemple, la pluie lorsqu'elle arrose indistinctement la grève ou la mer, le désert et les plaines fertiles.

Ce n'est pas à l'aventure qu'elle choisit la forme terrestre que doit habiter l'âme prête à la Réincarnation; elle lui attribue selon son mérite celle qui réunit absolument toutes les conditions nécessaires à la libre expression de son Karma. Les capacités intellectuelles de cet instrument de l'âme, ses caractéristiques particulières, donnent lieu à des conditions spéciales d'entourage, à bien des joies ou des douleurs; toutes ces

---

(1) Cette loi est aussi appelée loi de Causalité.

circonstances, et bien d'autres encore, sont déterminée par le Karma de l'âme qui se réincarne, ou, pour parler d'une façon plus scientifique, de l'Ego qui se réincarne. Le phénomène de l'hérédité n'offre ici rien d'embarrassant. La ressemblance frappante observée entre un père et son fils n'est pas toujours imputable à l'hérédité ; elle est la résultante des qualités manifestées par le fils dont le Karma exigeait ce véhicule spécial, que seule l'organisation physique du père choisi était en état de fournir.

Nous voyons bien souvent des cas où les forces et les pouvoirs de la Nature agissent par un intermédiaire ; et c'est par la loi d'assimilation que la Réincarnation et le Karma se concilient avec l'hérédité (1).

Cet exposé de la Réincarnation telle que le conçoit la philosophie orientale répondra par avance aux nombreuses objections de ceux qui n'en possèdent qu'une idée fausse ou incomplète. On prétend souvent, par exemple, que si nous avons vécu plusieurs fois sur cette terre, nous en aurions conservé le souvenir. Cette objection s'appliquerait à toute théorie autre que celle que je viens de démontrer ; car il est de toute impossibilité pour l'âme qui se réincarne de rapporter sur terre des souvenirs qui doivent être complètement évanouis, dissipés et oubliés dans tous leurs détails, avant qu'elle soit apte à se réincarner. On pourrait alléguer (et le fait s'est présenté bien souvent) certains exemples de sujets spécialement organisés qui auraient conservé le souvenir d'une vie précédente ne remontant pas à une époque très éloignée. Nous nous contenterons de faire

---

(1) Voir *Doctrine secrète*, 1er vol., p. 213 et 214 les intéressantes découvertes du philosophe embryologiste allemand, le professeur Weissmann. N. d. T.

observer que dans tous les règnes de la Nature les lois relatives au progrès normal des êtres sont souvent outrepassées par quelques individualités exceptionnelles.

Dans notre race la moyenne de la vie humaine est de soixante-dix années ; mais cette règle n'est-elle pas bien souvent enfreinte ? Il est donc convenable qu'il en soit de même dans les régions spirituelles, et que quelques âmes en sortent prématurément pour revenir, avant l'heure, à la vie terrestre. Nous présumons, en outre, que sur les plans supérieurs, l'âme libérée est peut-être sujette à des accidents analogues à ceux qui, sur le plan physique, nous ravissent parfois subitement l'existence. Les cas de réincarnation prématurée sont rares et sont alors causés par des complications karmiques dont la recherche nous entraînerait trop loin. Le point important à retenir est, qu'au cours normal des choses, l'Ego doit avoir perdu tout souvenir de sa vie antérieure pour être prêt à entrer dans une vie nouvelle.

C'est d'ailleurs ce qu'on pourrait souhaiter de plus désirable au progrès de l'âme, s'il n'y avait d'autre raison ; car la vie serait insupportable à l'homme, aux stades inférieurs de son évolution, s'il avait sans cesse devant les yeux l'interminable série d'existences insignifiantes qu'il a dû traverser avant qu'un certain développement spirituel lui ait montré la voie du progrès. De plus, les expériences recueillies après chaque vie ne porteraient pas autant de fruits, si les leçons n'en avaient été apprises, pour ainsi dire, une à une. Mais, avant tout, la cause principale de l'oubli des existences passées vient de cette sage prévoyance de la Nature qui nous permet de recueillir, dans des états de conscience appropriés, le maximum des jouissances générées par nos aspirations spirituelles ici-bas. Il ne serait pas juste que l'âme gardât la mémoire du passé avant d'avoir développé des facultés supérieures à celles que possède actuellement l'humanité. Les souvenirs sont généralement tristes, souvent voilés de vagues regrets. Pour admettre qu'un homme se souvienne de quelque bonheur évanoui d'une vie passée, il faudrait supposer une de ces deux choses : ou il a quitté le Ciel trop tôt, et par cela même s'est trouvé injustement privé du complément de joie spirituelle qui lui était dû ; ou bien ses nouvelles conditions d'existence sont dues à un mauvais karma, c'est-à-dire à des fautes commises dans la vie précédente ; il est alors doublement puni, s'il conserve le déchirant souvenir des bonheurs perdus.

J'essaye ici de justifier cette loi, mais je dois dire, en terminant, qu'il ne nous est pas toujours loisible de le faire complètement ; et si un esprit critique incline encore à douter de la sagesse de la Nature qui nous abreuve aux sources du Léthé avant de nous faire « glisser d'état en état », nous lui répondrons que, dans l'étude de ces mystères, la première chose à faire est de trouver *ce qui est*, laissant à un ordre de connaissance supérieure le soin d'approfondir *pourquoi il en est ainsi*.

D'ailleurs, le seul fait d'avoir oublié nos existences antérieures, associé à cette loi miséricordieuse qui permet à l'âme, après chaque étape terrestre, de s'épanouir dans les régions spirituelles et d'y jouir d'une longue période de repos et de félicité, ne peut nous faire repousser la doctrine de la Réincarnation, si elle se recommande par des arguments d'un ordre différent.

Je désire, maintenant, insister sur un argument qui, bien qu'un peu abstrait, est d'une grande importance :

« *Ex nihilo nihil fit* ». Cet axiome a droit à notre respect aussi bien dans le domaine de l'intelligence que dans celui de la vie physique. L'âme humaine est une entité véritable, même lorsqu'elle est séparée du corps auquel elle s'associe durant la vie; tout observateur exempt de préjugés en trouvera aisément la preuve et indépendamment des grands enseignements de la religion. Elle nous est fournie par les expériences spirites, en dépit des fraudes, des supercheries qui souvent s'y glissent, et quoique les expériences les plus sérieuses ne puissent en aucun cas justifier les théories trop hâtivement émises par les spirites. De nos jours, l'ignorance voulue de ces expériences pourrait seule aveugler la généralité des hommes sur ce fait important à signaler, que des intelligences ayant habité des corps physiques peuvent, dans certains cas, se manifester tout en fonctionnant activement sur un autre plan de la nature.

Reconnaître ce fait, prouvé par les expériences en question, équivaudrait simplement à ajouter foi à cette notion de l'astronomie que la terre est ronde; mais cette certitude élémentaire ne laisserait pas d'embarrasser encore bien des gens; ceux-là mêmes qu'embarrasserait la démonstration de la forme sphérique de notre globe. Le temps viendra pourtant où ceux qui allèguent la fraude dans *tous* les phénomènes spirites, pour se dispenser d'en admettre un seul, seront considérés, par la génération future, comme nous regarderions aujourd'hui ceux qui soutiendraient que la terre est plate. Je ne m'étendrai pas plus longtemps sur les expériences spirites et sur leur valeur réelle, mais parmi les nombreux arguments se rattachant à mon sujet, si je me suis étendu sur celui-ci, c'est qu'il m'a paru s'adresser particulièrement à ceux qui, par leur foi religieuse ou par l'étude des expériences spirites, ont acquis la conviction que l'âme est une entité distincte du corps.

Ceci posé, d'où vient l'âme qu'on voit éclore chez l'enfant? Puisqu'elle est indépendante de son corps, elle a dû l'être dès son origine. Elle n'est pas sortie de rien ; mais sa nature est si essentiellement spirituelle que nous sentons bien qu'après la désintégration du corps, elle s'envolera vers les régions supérieures N'est-il donc pas évident qu'elle a dû sortir de ces régions pour venir se manifester sur le plan physique? « Mais, » pourrait-on objecter, « l'âme de l'enfant est d'une nature bien différente de celle que nous observons, lorsqu'elle quitte le corps usé d'un homme âgé. Nous voulons bien la reconnaître comme entité lorsqu'elle s'incarne chez l'enfant, mais elle semble une entité nouvellement créée. Ce n'est qu'un centre de potentialités, une conscience capable d'apprendre, d'acquérir de l'expérience, de devenir un homme, mais ce n'est *certainement pas* une âme humaine entraînée dès avant sa naissance. » Nous allons répondre à cette objection. Dans l'intérêt de notre argumentation, il nous faut établir : premièrement que l'âme est une entité permanente, qui existait avant sa vie physique, et qui demeurera également après. L'existence matérielle de l'homme, telle que nous l'observons, ressemble à une perle attachée au fil de la vie. Lorsque nous nous rendons compte que les deux extrémités de ce fil s'enfoncent dans l'obscurité, nous comprenons que le processus de la naissance est, après tout, l'incarnation d'une âme émergeant de l'état spirituel pour se manifester comme entité physique et, cela fait, nous somme bien près de reconnaître le côté scientifique qui caractérise l'ensemble de notre doctrine.

Deuxièmement, il nous faut démontrer que cette absence de mentalité chez l'enfant, ce caractère effacé de l'âme entrant en incarnation, sont bien des conditions inhérentes à cette doctrine. En effet, les états de conscience spéciaux traversés par l'âme, les connaissances qu'elle a acquises, les émotions qu'elle a ressenties, toutes ces choses ont vibré à leur maximum d'intensité pendant la vie spirituelle et sont épuisées avant que la Réincarnation ne vienne, une fois de plus, rappeler l'âme à la terre. Elle ne peut donc être, comme entité réincarnante, qu'un centre de potentialités, un foyer de conscience apte à recueillir de nouvelles connaissances, à formuler de nouvelles pensées, aussitôt que son instrument, c'est-à-dire le corps que ses affinités karmiques lui ont fourni, sera assez développé pour qu'elle puisse s'y exprimer librement.

Envisagé par l'occultiste avec les yeux de l'esprit, ce processus de l'évolution humaine apparaît aussi intelligible, aussi logique et remplit aussi bien son but que les cycles de destinée qui gouvernent la chute des gouttes d'eau tombant des nuages sur la terre. Celles-ci se réunissent pour former des fleuves et vont ensuite se perdre dans l'océan ; puis, aspirées de nouveau par l'atmosphère, elles retombent encore sur terre, réincarnations de gouttes d'eau qui tombèrent, il y a des centaines ou des millions d'années, et peut-être même dans d'autres conditions.

Quittons ces considérations subtiles qui nous aident à découvrir le principe de la Réincarnation, et tournons nos regards vers le monde qui nous entoure ; nous y trouverons l'argument le plus décisif en faveur de cette doctrine. Si nous admettions l'hypothèse d'une seule vie terrestre pour chaque âme, y aurait-il de plus cruelle injustice que l'inégalité des conditions de cette vie? Le contraste frappant existant entre le pauvre et le riche s'augmente encore d'innombrables différences dans l'organisation physique et la santé des êtres; il est non moins terrible en ce qui concerne leur entourage moral.

Certains membres de la grande famille humaine naissent forts et robustes, doués des plus brillantes facultés intellectuelles. Préservés du mal dès leur plus tendre enfance, élevés dans la pureté et l'innocence, ils vivent heureux. Pareille au cours tranquille d'un fleuve, dirigée vers un but bienfaisant et utile, cette vie pure les conduit naturellement, après la mort, à une vie spirituelle dont les jouissances seront en rapport avec l'épanouissement complet de leurs plus nobles aspirations. En regard de ces privilégiés, nous voyons d'autres hommes naître infirmes, estropiés, sujets à de douloureuses maladies ou plongés dans la misère. D'autres encore, nourris dans le vice, élevés à l'école du crime, sont des fléaux vivants pour leurs compagnons, et périssent victimes de la justice humaine qu'ils ont violée.

Certains défenseurs maladroits de la théorie d'une seule existence prétendent, avec aussi peu de sensibilité que de bon sens, que les résultats se trouvent à peu près égalisés par le fait seul du soulagement qu'éprouvent ces malheureux, dans les rares instants où leur sort s'améliore un peu. Les expressions me manquent pour qualifier cette basse et absurde conception. La somme de bonheur ou de bien-être terrestre est, pour chacun d'entre nous, aussi variable que l'étendue des lacs, ou la longueur des fleuves; les conditions d'existence diffèrent si largement dans leur nature qu'elles ne pourraient jamais se compenser là-haut, comme on le suppose parfois. En effet, poser en principe que les malheureux sur terre jouiront, par cela même dans les Cieux d'une félicité supérieure à celle des heureux de ce monde, c'est affirmer l'iniquité de la Providence sur les plans supérieurs comme sur le plan physique. Car les personnes lésées seraient alors celles qui se verraient arbitrairement frustrées d'une éternité bienheureuse, au prix de quelques jouissances terrestres transitoires.

Pour bien se rendre compte de l'ordre, de la justice et de l'harmonie qui président aux destinées humaines, il faudrait contempler la longue série d'existences terrestres qui contribuent à former l'âme individuelle. Non-seulement nous rendrions alors pleine justice à la sagesse qui gouverne le monde, mais nous verrions encore avec quelle précision infaillible l'évolution humaine se trouve guidée par la loi naturelle. Les actions des hommes, qu'elles soient bonnes ou mauvaises, sont toutes complexes ; tantôt empreintes de spiritualité, parfois, au contraire, tout à fait matérielles ; ces dernières doivent récolter leurs fruits dans l'incarnation suivante. Leur extrême diversité suffit à nous expliquer celle, non moins grande, des conditions de la vie humaine ; elles ne sont pas le jouet d'un hasard aveugle, ou le résultat d'un accident de naissance — expression absurde qui dénote bien l'ignorance générale en ces matières. — Il n'y a pas d' « accident », il y a l'acte suprême de la divine Justice qui guide l'évolution.

Nous connaissons l'exactitude absolue de la loi qui régit les affinités moléculaires, elle nous a souvent frappés d'étonnement par la complexité de ses aspects ; mais les lois naturelles primordiales du monde moral, dans leur force intensifiée, opèrent avec une précision qui défie celle d'aucune réaction chimique.

Le milieu dans lequel nous naissons est le produit mathématique de causes que nous avons librement générées dans des vies antérieures. Il devient donc évident que les causes que nous créons aujourd'hui — causes générées par notre volonté, si entravée soit-elle par notre entourage — détermineront fatalement les conditions d'existence qui nous échoiront dans l'incarnation suivante.

N'oublions pas que cet entourage ne réunit pas seulement les conditions morales nécessaires à l'âme réincarnée ; il lui dispense encore le bonheur ou le malheur généré par son Karma, et lui permet l'expression du progrès intellectuel et psychique qu'elle a déjà réalisé ; parce que dans les régions où s'accomplit ce progrès, comme dans celles où agit la grande loi morale, jamais l'effort ne reste stérile. L'homme qui aura consacré sa vie à l'étude d'une science ou d'un art spécial ne retrouvera certainement pas, lors d'une prochaine incarnation, ces mêmes connaissances *spécialisées* au point où il les a laissées ; elles lui seraient d'ailleurs vraisemblablement inutiles dans sa nouvelle situation ; mais ces connaissances se manifesteront néanmoins par des dispositions remarquables pour la science ou l'art précédemment étudié. N'avons-nous pas souvent observé combien est grande entre les hommes la différence d'aptitude pour les langues étrangères ? Les uns en apprendront une douzaine avec plus de facilité que d'autres n'en apprendraient une seule. « C'est un don de naissance », dira le critique vulgaire, heureux d'incriminer la nature en attribuant à un accident l'effet merveilleusement adapté d'une loi naturelle. Il jugera sans doute de même les exemples frappants de talents prémonitoires : des enfants faisant preuve d'un véritable génie musical à un âge où leurs camarades moins « doués » peuvent à peine reconnaître une mélodie. C'est qu'il ne s'agit pas ici d'un don, mais d'un talent déjà acquis et fidèlement conservé par les affinités karmiques de l'Ego individuel.

Ces considérations amèneront le lecteur à reconnaître que la doctrine de la Réincarnation explique d'une façon rationnelle les grands problèmes de la vie et de l'évolution humaines; et il se rappellera alors sans surprise qu'elle fut, dès les premiers âges de l'histoire philosophique, regardée par la plupart des peuples comme la clé de toute science spirituelle. Elle était la pierre angulaire du Brahmanisme ; le Bouddhisme l'y trouva plus tard, et l'adopta sans hésiter. Cette considération ne devrait pas être prise à la légère par les penseurs européens trop enclins à juger notre époque, avec les progrès merveilleux réalisés dans les domaines scientifiques et intellectuels, comme méritant seule l'attention et le respect. L'école moderne entreprend seulement de déchiffrer les mystères de la littérature sanscrite, et déjà ce qu'elle y trouve l'étonne prodigieusement. Sans même aborder, pour le moment, une hypothèse quelconque sur l'antiquité de cette littérature, il n'en est pas moins établi, que bien avant les débuts de la philosophie européenne, cette littérature existait très complète et témoignait, de la part de ses auteurs, d'une profonde sagacité dans les problèmes de l'esprit et les spéculations métaphysiques. Prenons comme exemple la *Bhagavad Gita*, cette remarquable œuvre littéraire. Les occultistes prétendent avec les étudiants hindous qu'elle était déjà considérée comme bien ancienne au temps où la Grande-Bretagne n'était qu'une île sauvage, et où ceux qui devaient plus tard la civiliser luttaient encore pour l'existence contre les peuplades guerrières de l'Italie. A mesure que l'allégorie contenue dans ce poème nous apparaît avec toutes ses complexités laborieuses, nous comprenons que les auteurs avaient dû approfondir sérieusement les grands mystères de la vie et de la mort, et qu'ils devaient en outre, être inspirés de la plus pure spiritualité. En ce qui concerne les relations de la limitation incarnée avec la conscience infinie, ils avaient formé des conceptions dont la grandeur n'a été surpassée depuis lors par aucun autre théologien. La magnifique épopée qui fait le fond de cet ouvrage est remarquable, autant par la délicatesse du sentiment poétique que par l'élévation de l'éthique et la complexité du symbolisme. On y reconnaît l'œuvre d'une race qui possédait la plus haute culture intellectuelle. Dans le domaine des spéculations méthaphysiques, les Européens ne sont que des débutants lorsqu'on les compare aux anciens Hindous. Le dogme de la Réincarnation, accepté par les Hindous et nié de nos jours par les Européens, n'est-il pas une preuve éclatante de la régression des connaissances métaphysiques?

Ainsi que j'aurai bientôt l'occasion de le démontrer, à la haute vérité hindoue, la théologie moderne n'a su opposer que son ignorance des anciennes traditions et son absence de sens critique dans l'interprétation de ses propres écritures sacrées. C'est peu de chose lorsqu'il s'agit de justifier la négation du dogme de la Réincarnation et d'imposer cette négation à des esprits qui pensent par eux-mêmes.

J'ai dit que le Bouddhisme avait repris sans hésiter la doctrine brahmanique de la Réincarnation ; mais l'enseignement de Bouddha, dans les principaux points touchant la croissance de l'âme, a été si ridiculement dénaturé par ses commentateurs auxquels manquait l'intuition spirituelle nécessaire à sa réelle interprétation, que je vais faire appel à l'attention de mes lecteurs pour aborder ce sujet dans le véritable esprit des écritures bouddhiques.

Tous ceux qui ont étudié l'Orient savent que ses écrivains se plaisent à jeter sur les vérités philosophiques et religieuses le voile transparent de l'allégorie. Ne serait-ce pas trahir un poète que de le prendre à la lettre au lieu de rechercher le sens profond qu'il a caché sous la fiction? Que penserions-nous d'un homme qui prétendrait interpréter littéralement la magnifique allégorie de la vérité cachée au fond d'un puits? Un tel procédé de critique ne nous paraîtrait-il pas absurde? C'est cependant celui de la plupart des auteurs contemporains qui se sont occupés d'interpréter la littérature hindoue.

Je vais en donner des exemples :

Lorsque la littérature hindoue traite des avatars de Vishnou, elle voile les théories cosmogoniques par des récits d'incarnations divines dans des formes animales. Il en est encore de même lorsqu'elle décrit la mort de Bouddha survenue, dit un des Souttas Pali (1), à la suite d'une indigestion causée par de la « viande de porc desséchée », qui lui fut servie par un certain Kounda, travailleur sur métaux à Pava. Cette interprétation littérale du récit de la mort de Bouddha se retrouve dans tous les épitomes classiques du Bouddhisme que nous a donnés la littérature européenne. Si au lieu de reproduire aussi servilement le texte hindou, les traducteurs s'en fussent référé aux instructeurs bouddhistes contemporains, ceux-ci les auraient remis dans

---

(1) Les «Souttas » sont les évangiles bouddhiques. L'admirable version anglaise du Maha-Paranibbana Soutta est due à la plume de M. Rhys-David : *Sacred Books of the East*, vol. XI.

la bonne voie. Le porc est en Orient, le symbole de la connaissance ésotérique ; il est dérivé du porc avatar de Vishnou, forme dans laquelle ce dieu s'incarna pour retirer la terre des eaux où elle était plongée. Autrement dit (d'après la traduction du *Vishnou-Pourana* par Wilson), l'avatar en question représente allégoriquement la religion rédemptrice. Nous trouvons dans le *Ramayana* une autre version de cette allégorie qui nous montre Brahma prenant la forme d'un porc pour faire surgir la terre du chaos primordial.

C'est ainsi que la chair de porc symbolisa dans les écrits hindous la science ésotérique : la connaissance de Brahma.

Ce fut donc parce qu'il avait voulu pousser trop loin l'instruction ésotérique d'un peuple insuffisamment préparé que mourut Bouddha. Autrement dit, l'œuvre du grand initiateur prit fin le jour où il eut communiqué à ses contemporains le maximum de science qu'il leur était possible de s'assimiler. Tel est le sens véritable de ce récit si mal compris et interprété par les traducteurs européens.

Lorsque l'idée mère est bien comprise, on peut en suivre tous les développements dans les annales pâli, et même dans la traduction de Rhys David, quoiqu'il ne paraisse pas en soupçonner la véritable interprétation. C'est ainsi que Bouddha avant la fête, ordonne que « la viande de porc desséchée » ne soit servie qu'à lui seul, les « Frères, » ses disciples, devant se contenter de gâteaux et de riz ; il ordonne ensuite que « les restes de son repas soient conservés et enterrés, nul autre que lui ne pouvant digérer ce mets, » paroles étranges dans la bouche d'un homme représenté, au sens positif de l'histoire, comme n'ayant pas pu le digérer. Mais la signification véritable est qu'après lui, aucun des « Frères » ne devait reprendre la tâche de livrer au monde les secrets ésotériques.

La doctrine bouddhiste n'eut pas un meilleur sort que les évangiles bouddhistes entre les mains des étudiants distingués qui prirent la peine d'en traduire les écrits pour les répandre dans le monde occidental ; ils auraient pu, par surcroît, nous éclairer sur la science spirituelle que cette doctrine livre avec tant de réserve. Les écrivains européens ont résumé le Bouddhisme en deux théories principales, qui peuvent aller de pair avec la légende du « rôti de porc ». D'après ces traducteurs, le Bouddhisme ne reconnaissait aucune survivance de la conscience humaine après la mort, et en nous conseillant de suivre la voie du Nirvana, il procédait de ce point de vue ultra pessimiste que toute vie consciente ne peut être que misère; de sorte que le plus sage pour nous est de chercher l'extinction de toute conscience dans un sommeil sans rêve, dans l'oubli de toute chose, dans ce Nirvana, que l'on nous dit être identique à l'annihilation absolue.

Ces idées sont exprimées sans équivoque, dans les œuvres de Spence Hardy, Max Muller, Rhys David, Alabaster, Bigandet, Burnouf et autres (1) ; elles sont encore accentuées et ridiculisées par l'américain Dr S. H. Kellogg dans sa caricature de la doctrine bouddhique. Le commentateur allemand Dr Oldenberg se distingue honorablement, en combattant l'idée que Nirvana soit synonyme d'annihilation ; mais, dans sa longue et laborieuse argumentation, il a omis de citer certains passages des Écritures qui eussent victorieu-

---

(1) Lire aussi un exposé très bien fait du Nirvana dans le « Le Bouddhisme » G. de Lafont. — Chamuel, édit. 1895. — Livre III, chap. II.

sement résolu la question. Barth nous dit aussi dans « *Religions of India* qu'il se permet de douter que l'intention du Bouddhisme soit d'enseigner la non survivance de la conscience individuelle d'une incarnation à l'autre ; mais il ajoute que cet Ego si vaguement caractérisé, si faiblement compris ne saurait se comparer à l'âme simple et impérissable de la philosophie sankhya. L'exégèse européenne de la doctrine bouddhique peut donc se résumer par les deux théories précitées : pas de vie future, et annihilation dans le Nirvana.

La conciliation de ces deux erreurs fondamentales n'a pas été facile pour les critiques du Bouddhisme. En effet, si la soi-conscience de l'homme n'existe que pendant sa vie, pourquoi pratiquer le renoncement et les mortifications imposés au candidat du Nirvana, pour en arriver quand même à l'annihilation finale ? D'autre part, l'enseignement bouddhique fait sans cesse allusion au Karma, qui, représentant la somme des mérites et démérites qui détermine les conditions de l'incarnation future, présuppose logiquement une conscience persistante de l'âme, que ces conditions ont pour but de récompenser ou de punir.

Il est vrai qu'on sort de ce dilemme par cette autre conception (due à l'ingéniosité du Dr Rhys David), que le Karma n'accompagne pas l'individualité d'une incarnation à l'autre, mais qu'il donne simplement naissance à une nouvelle individualité étrangère à la précédente et néanmoins chargée de son bon comme de son mauvais Karma, ceci expliquerait la raison altruiste qui pousse l'homme à se sacrifier pour atteindre au Nirvana ; son Karma se trouvant épuisé par l'annihilation, nul n'en sera chargé, et ne renaîtra aux souffrances terrestres. Le promoteur de cette thèse reconnaît combien ce mobile est insuffisant pour guider la conduite des hommes ; néanmoins, il ne paraît pas douter des conclusions premières qui lui ont donné naissance.

Ces diverses méprises paraissent provenir des premiers commentateurs occidentaux du Bouddhisme — entr'autres Burnouf et Spence Hardy — qui oublièrent un point capital. L'œuvre de Bouddha fut plutôt de réformer la religion existante que d'en reviser le code depuis A jusqu'à Z. Il adopta, grosso modo, la foi hindoue et la philosophie brahmanique et en fit la base de l'enseignement le plus élevé qu'il put tirer de cette réserve de sagesse ésotérique (la viande de porc desséchée) et qu'il put mettre à la portée du peuple. « L'âme simple et impérissable de la philosophie sankhya » n'appartient donc pas moins au Bouddhisme qu'à l'ancien Brahmanisme ou à l'Hindouisme plus récent. Avant la venue de Bouddha, la religion orthodoxe avait déjà inculqué au peuple cette croyance que les bons allaient au ciel et les méchants en enfer. Bouddha n'en fit pas le principe fondamental de sa doctrine. Ce n'était pas nécessaire, la théologie hindoue contenait déjà de nombreuses conceptions du ciel et de l'enfer qui attendent l'homme après la mort ; elle enseignait encore qu'après une vie spirituelle de félicité ou de souffrances selon les cas, l'âme devait reprendre une nouvelle incarnation sur terre. La réforme de Bouddha est donc basée sur ces premières assertions ; les écrivains modernes l'ont bien reconnu, sans toutefois y attacher l'importance voulue. Le professeur Sir Monnier Williams, dans son traité de l'Hindouisme, s'exprime ainsi : « Environ cinq siècles avant notre ère parut le réformateur Bouddha et conjointement avec quelques sages brahmanes inspirés par son exemple et celui de ses prédécesseurs, il composa le système orthodoxe proprement dit de la philosophie hindoue. » Quelle en est au juste la teneur ? Sir Monnier Williams en résume ainsi les principaux dogmes : Éternité antérieure et future de l'âme ; — séjours périodiques de l'âme dans des régions de récompense ou de châtiment ; — son retour subséquent à l'existence corporelle. — Dans ces conceptions, Bouddha s'efforça surtout d'enseigner aux hommes qu'au delà de ces conditions physiques et spirituelles d'existence, il existe d'autres possibilités d'évolution humaine, mais si transcendantes que les expressions ordinaires « existence corporelle et existence spirituelle » sont impuissantes à les définir. Bouddha, dans son idéation puissante, ne pouvait concevoir une félicité qui ne fût pas éternelle. La plus heureuse des vies terrestres étant néanmoins périssable et pleine de vicissitudes, il pensait que l'homme doit tout faire pour s'affranchir de l'existence matérielle ; il lui faut donc détruire en soi, au prix des plus grands efforts, tous les désirs physiques et se détacher des séductions de la matière qui, autrement, rappeleraient inévitablement l'âme à la terre, à l'expiration d'une période d'existence spirituelle.

Les sermons et les leçons de Bouddha paraissent principalement consacrés à la contemplation de cet état spirituel et transcendant qu'il nomme Nirvana ; mais il entre peu dans les détails pour la bonne raison qu'aucun des termes employés par l'intelligence humaine n'en sauraient donner une idée exacte. L'homme incarné ne peut être séduit que par des images reflétant la limitation et le sentiment de séparativité qui caractérisent sa propre imagination ; et le Nirvana ne pourrait se décrire que par la négation de tous les objets que nos aspirations individuelles nous font regarder comme désirables. Bouddha eût donc essayé en vain de définir le Nirvana et son entreprise eût été même inutile, puisque cette conception était familière à ses auditeurs hindous.

Revenons maintenant à l'épitome de la Foi hindoue, par Sir Monnier Williams. Ce système n'admet de félicité suprême que dans la perte de la personnalité ; elle doit se fondre dans l'Etre suprême, le seul qui n'est limité ni dans l'action, ni par aucune qualité individuelle, mais qui est l'essence même de la vie, de la pensée et de la félicité. Pour nous autres, habitants du plan physique, ces conditions d'existence paraissent incompréhensibles ; mais elles ne nous autorisent pas à commettre la grossière erreur de les assimiler à l'annihilation. Il n'entre pas dans notre sujet de savoir si Bouddha lui-même réalisait ou non ces conditions ; il nous suffit de savoir qu'il considérait, à coup sûr, le Nirvana comme l'état d'âme le plus enviable qui fût, parce qu'il est aussi le plus élevé dans l'échelle de la Nature. Cette définition que Bouddha donna du Nirvana n'excita aucune contradiction parmi les Hindous ; car avant lui le Brahmanisme définissait déjà le Nirvana comme l'absorption finale dans le Suprême, comme le but le plus glorieux dévolu à l'humanité. Si nos penseurs occidentaux n'apprécient pas la grandeur de cet idéal, il faut en accuser nos habitudes de pensées profondément matérialistes ; en effet, le sens de séparativité, regardé en Orient comme une illusion de l'âme incarnée, est devenu actuellement chez nous le *sine qua non* de toute existence rationnelle. Nous concevons bien un état de conscience spiritualisé à un très haut degré, nous comprendrions encore la jouissance qu'offre une existence exempte de passions grossières ; mais nous nous rendrions plus difficilement compte d'une libération totale des entraves du soi s'exprimant par l'identification absolue avec la Conscience universelle. Cependant, sans essayer de le comprendre, nous admettrons volontiers que quelques hommes, d'une spiritualité exceptionnelle, aient pu professer ce désir, sans avoir pour cela manifesté l'intention d'en arriver à l'extinction totale de leur conscience. En tous cas, pour eux, l'état de conscience le plus élevé embrasse l'état de conscience inférieur, le domine et finit par en triompher.

Si le Bouddha ne fit rien pour détruire ces croyances anciennes relatives à l'évolution normal de l'homme par l'enchaînement de renaissances successives séparées par des périodes de repos spirituels, si d'autre part la philosophie hindoue reconnut toujours le Nirvana comme but final de l'évolution, que vint alors enseigner le Bouddha ? Les sermons, les enseignements de la littérature bouddhiste, traduits pour l'usage des Occidentaux, nous l'apprendraient ; nous allons répondre à cette question en quelques mots. Bouddha vint enseigner à tous la voie du Nirvana qui jusqu'alors s'enseignait ésotériquement. Pourtant la règle de vie qu'il conseille sans cesse dans ses instructions ne constitue pas un code journalier et moral à l'usage des foules, mais plutôt un ensemble de préceptes destinés aux hommes assez développés déjà pour désirer le Nirvana, ou à ceux dont la spiritualité déjà éveillée n'aura besoin que de quelques encouragements pour les conduire au même but. Nous avons la preuve de ceci, non dans les préceptes de Bouddha à ses religieux les « Frères », candidats avérés au Nirvana, mais dans ceux bien différents qu'il jugeait suffisants pour les hommes encore attachés aux idées de séparativité et dont les aspirations spirituelles ne s'élevaient pas au delà de la félicité personnelle goûtée au Paradis. En voici un exemple dans ce passage de la Mahaparinibbana Soutta (1); on en pourrait d'ailleurs citer d'autres, mais celui-là est suffisant pour notre instruction. Ces sentences font partie d'une courte adresse à quelques « chefs de famille » disciples de Bouddha, mais n'ayant pas embrassé la dure discipline des Arhats (c'est-à-dire la candidature au Nirvana dont nous avons déjà parlé). Nous n'y retrouverons pas cette métaphysique nuageuse qui en éloignerait les êtres peu enclins au subtil esprit de sacrifice des aspirations nirvaniques.

Voici ce passage :

« Alors le Béni, s'adressant aux disciples de Pata« ligama, leur dit : « O chefs de famille ! au nombre « de cinq sont les pertes subies par l'homme au juge« ment faux : 1° Il tombera dans la misère par son dé« sordre ; 2° son mauvais renom s'étendra aux alen« tours ; 3° quelque société qu'il fréquente, Brahmes, « nobles, chefs de famille ou Samaras, il n'y entrera « qu'avec embarras et confusion ; 4° l'angoisse l'at« tendra sur son lit de mort ; 5° après sa mort et la « dissolution de son corps, il renaîtra à une vie d'in« fortune et de souffrances.

« O chefs de famille ! au nombre de cinq sont les « avantages qui attendent l'homme au jugement droit : « 1° Il amassera de grandes richesses par son indus« trie ; 2° sa bonne renommée s'étendra au loin ; « 3° quelque société qu'il fréquente, nobles, Brahmes, « chefs de tribu ou membres de l'ordre, il pourra s'y « présenter la tête haute et avec assurance ; 4° il

(1) Dr Rhys-David, *Sacred Books of the East*, vol. XI, p. 16.

« mourra sans angoisse et 5° après la dissolution de
« son corps par la mort, il renaîtra à la félicité dans
« le Ciel. »

On pourra certainement objecter que ce n'est pas là un code parfait de morale même mondaine ; mais s'il était question de juger l'éthique des enseignements de Bouddha, nous pourrions trouver bien d'autres commentaires. La simplicité même de cet appel à l'égoïsme, comme encouragement à bien faire, donne sa valeur à ce simple extrait et montre avec quelle force Bouddha affirmait la persistance de l'âme comme entité individuelle après la mort, non seulement pour la grande majorité de l'humanité en général, mais même pour ceux qui n'ont aucun titre à l'accès du sentier de Nirvana.

Passons maintenant à l'enseignement chrétien, qui a si longtemps privé l'Occident des bienfaits de la Théosophie comparative ; nous le verrons considérer la réincarnation comme sous-entendue ainsi que le fit antérieurement la réforme bouddhique.

Un des passages les plus frappants du Nouveau Testament relatif à l'idée de Réincarnation est celui où Jésus se réfère à la prophétie de Malachie, qui annonce qu'Elyah ou Elie doit revenir sur terre ; elle est contenue dans l'avant-dernier verset de l'Ancien Testament :

« Et voici, je vous enverrai le prophète Elie avant le grand et terrible jour du Seigneur. »

Dans le xi⁰ chap. de saint Matthieu, Jésus y fait allusion en ces termes :

« Qu'êtes-vous donc allés voir ? Un homme vêtu avec des habits précieux ? Voici, ceux qui portent de riches vêtements sont dans les maisons des rois. Pourquoi donc êtes-vous allés ? Pour voir un prophète ? Oui, vous dis-je, et plus qu'un prophète. C'est celui de qui il est écrit : Voici, j'envoie mon messager devant ta face, qui préparera ton chemin devant toi. Je vous le dis en vérité, entre ceux qui sont nés de femme, il n'en a été suscité aucun plus grand que Jean-Baptiste.

« Et si vous voulez le comprendre, il est cet Elie qui devait venir. Que celui qui a des oreilles pour ouïr entende. »

La même idée est exprimée ainsi dans le ixe chap. de saint Marc :

« Et ils l'interrogèrent en disant : Pourquoi les Scribes disent-ils qu'il faut qu'Elie vienne auparavant ?

« Il leur répondit : Il est vrai qu'Elie devait venir premièrement et rétablir toutes choses et qu'il en devait être de lui comme du Fils de l'Homme, duquel il est écrit qu'il faut qu'il souffre beaucoup et qu'il soit méprisé. — Mais je vous dis qu'Elie est déjà venu, comme il est écrit de lui, et qu'ils lui ont fait tout ce qu'ils ont voulu. »

Nous lisons de même dans le viie chapitre de saint Matthieu :

« Et ses disciples l'interrogèrent, disant : Pourquoi donc les Scribes disent-ils qu'il faut qu'Elie vienne premièrement ? Et Jésus leur répondit : Il est vrai qu'Elie devait venir premièrement et rétablir toutes choses. — Mais je vous dis qu'Elie est déjà venu, et ils ne l'ont point reconnu, mais ils lui ont fait tout ce qu'ils ont voulu ; c'est ainsi qu'ils feront aussi souffrir le Fils de l'Homme. — Alors les disciples comprirent que c'était de Jean-Baptiste qu'il leur avait parlé. »

Quelle signification pouvait-on donner à ces paroles, sinon celle que Jean-Baptiste était une Réincarnation du prophète Elie ? Ces mots significatifs : « Que celui qui a des oreilles pour ouïr entende, » marquent bien que cette information s'adressait à ceux qui étaient déjà éclairés, plutôt qu'au peuple en général, qui n'en eût pu comprendre le vrai sens. Il ressort également de cet autre passage, xvi° chap. de saint Matthieu, que Jésus savait que ses auditeurs croyaient à la Réincarnation.

« Etant arrivé sur le territoire de Césarée de Philippe, Jésus interrogea ses disciples en disant : « Qui dit-on qu'est le Fils de l'Homme ? » Ils lui répondirent : « Les uns disent que c'est Jean-Baptiste ; les autres Elie, d'autres Jérémie ou l'un des prophètes. »

Jésus leur fit connaître qu'il n'avait rien de commun avec ces prophètes ; mais cet entretien fait voir que la Réincarnation était une idée familière à ses interlocuteurs, et que, loin de la répudier en principe, il la confirme implicitement en ce qui concerne Jean-Baptiste.

On verra combien cette croyance était répandue parmi les disciples de Jésus par cette citation, (xi° chap. de saint Jean) qui a trait à un aveugle de naissance :

« Comme il passait, il vit un homme aveugle de naissance. Et ses disciples lui demandèrent : « Maître, qui a péché, cet homme ou ses parents, pour qu'il soit ainsi né aveugle ? »

Jésus leur répondit : « Ce n'est point que lui ou ses parents aient péché, mais c'est afin que les œuvres de Dieu soient manifestées en lui. »

Analyser la réponse de Jésus serait une digression inutile ; la question seule est significative pour nous. Cet homme était aveugle-né, et les disciples demandaient si c'était *lui* qui par ses péchés avait mérité ce châtiment ? Ou cette question était absurde, ou évidemment elle signifiait : *avait-il péché dans sa dernière incarnation ?*

Il semble prouvé, d'ailleurs, que seuls les peuples occidentaux contemporains ont perdu tout souvenir de ce dogme si important. La raison en est due au progrès croissant d'une civilisation toute matérielle qui, en étouffant le développement des facultés intérieures de l'homme, a paralysé sa nature spirituelle. Les Théosophes, étudiants de la divine Sagesse, luttent actuellement pour rétablir cette croyance à la Réincarnation ; mais elle a été si longtemps oubliée, chacun s'est fait une conception si personnelle des destinées futures, qu'on n'y renoncera que difficilement en faveur d'une vérité qui paraît gênante. Cette raison paraît suffisante à beaucoup d'hommes pour les amener à nier la Réincarnation. Tout en rejetant la doctrine Bouddhiste, on a omis d'examiner la croyance actuellement acceptée en Occident, croyance qui implique la perpétuation *ad infinitum* des misérables personnalités que tant d'hommes sont condamnés à supporter, ou plutôt, devrais-je dire, celles qu'ils se sont créées à eux-mêmes en employant au mal les chances d'avancement qui leur furent offertes. Ce serait là le plus triste sort imaginable pour la grande majorité de notre race actuelle et ses représentants d'élite feraient preuve d'un idéalisme borné s'ils préféraient la perpétuation indéfinie de leurs personnalités actuelles aux perspectives de progrès infini que nous ouvre la Réincarnation. Je sais bien que quelques penseurs admettent aussi l'hypothèse d'un progrès évolutif se poursuivant dans des régions spirituelles qui n'ont aucun rapport avec notre système planétaire. Cette idée est anti-philosophique et ne devrait pas être perpétuée par une génération qui a pu constater, si elle a des yeux pour voir, combien est intime la liaison entre les plans spirituels de la Nature et celui où se manifeste notre humanité.

De pareilles espérances ne devraient pas être entretenues par ceux que leur culture scientifique élève au-dessus du vulgaire et qui sont au courant des idées que nous venons d'exposer. La croyance naïve qu'une vie vertueuse aura pour récompense un Paradis où nous serons consolés et aidés d'une façon quelconque, peut suffire à une humanité peu développée dont les individus passent d'une vie inintelligente à une autre analogue, remettant à plus tard le commencement de leur évolution supérieure. Mais cette croyance ne saurait contenter ceux qui commencent à comprendre la façon intime dans laquelle s'unissent les différents états d'existence dont se compose un univers aussi complexe que le nôtre. Cette croyance fait du monde terrestre un enfer d'injustice (ainsi que je l'ai déjà dit); elle amoindrit aussi son rôle dans l'évolution humaine, car, d'après l'hypothèse précitée, la partie la plus importante de cette évolution s'accomplirait ailleurs. Nous ne devrions pourtant pas contester à la terre le fruit de ses souffrances. La grande famille humaine, dans son pèlerinage terrestre, a déjà parcouru l'immense distance qui la sépare de l'état sauvage primitif; une évolution plus longue encore l'attend. En douter serait une insulte à la majesté du Principe Divin avec lequel nous devons être en intime relation. C'est en développant en nous la sagesse, la moralité et les potentialités supérieures, c'est en apprenant à connaître la vie par de pénibles épreuves, que nous nous rendrons digne d'habiter, dans l'avenir, les organismes perfectionnés que les forces physiques, en évolution sur le plan matériel, nous auront préparés.

Nous reviendrons tous en ce monde, mais dans des conditions tellement meilleures, qu'en regardant en arrière il nous paraîtra incroyable d'avoir jamais pu considérer la condition actuelle de notre race comme suffisamment perfectionnée pour nous permettre de quitter à jamais la sphère des expériences palingénésiques.

La doctrine de la Réincarnation donnerait encore matière à bien des réflexions. Le sujet prendrait aussitôt une autre tournure si nous venions à considérer qu'à de certains stades d'avancement l'étudiant en occultisme, dont les facultés ont acquis un développement approprié, est capable de retrouver une pleine et entière souvenance de ses vies passées, — souvenir bien plus complet que celui qu'un homme, dans la force de l'âge, conserve de ses années d'enfance. D'autre part, celui qui a rendu ses facultés de clairvoyance susceptibles de s'exercer, aussi bien sur le plan spirituel que sur le plan astral, pourra faire bien plus que se rappeler ses vies passées. Il lui sera possible de se mettre en relation magnétique avec les archives indestructibles où s'enregistrent toutes les expériences terrestres, et pourra ainsi retrouver les vies passées des personnes avec lesquelles il se trouve en rapport. Et de même pour les Adeptes, non seulement la Réincarnation en tant que Loi de l'évolution humaine, mais encore son mode d'action sont une connaissance fondée, avec certitude, sur l'observation personnelle. Mais expliquer cette science avant d'avoir parlé du Soi Supérieur de l'homme, du véritable Ego réincarnateur, serait compromettre l'ordre de notre travail. Je quitte donc ce sujet pour y revenir dans la suite.

CHAPITRE IV

LE SOI SUPÉRIEUR

Une erreur fondamentale de la pensée moderne, relativement à la constitution de l'âme humaine, a été de considérer cette âme comme une entité simple, complète en soi, contenue en soi sur le plan de la Nature auquel elle appartient, de même que l'homme incarné est, ou plutôt paraît être, contenu dans son moi et limité à lui par rapport aux autres êtres semblables qui l'environnent. Nos contemporains — ceux du moins qui sont d'accord avec l'enseignement religieux conventionnel au point d'admettre qu'il existe quelque chose comme une âme? — imaginent cette âme à peu près comme le Djin du vieux conte de fées, ce Djin enfermé pour un temps dans la bouteille que trouva le pêcheur des Mille et Une Nuits; la mort est le processus qui lui permet de sortir de la bouteille pour continuer, dès lors, à vivre conformément à sa nature, — entité complète en soi, désormais affranchie, qui se trouvait précédemment emprisonnée. Lorsque sonne l'heure de la mort, on ouvre la bouteille, et l'âme délivrée peut alors vivre selon sa nature ; c'est une entité complète qui s'est libérée. Or, plus nous étudions la Nature, plus nous la trouvons complexe, même sur le plan physique ; nous constatons également que les lois qui gouvernent ce plan régissent aussi les plans supérieurs d'activité. Si, de plus, nous voulons approfondir les opérations hyperphysiques, nous les voyons s'étendre *ad infinitum;* la première idée qu'on puisse s'en former n'est pas plus adéquate à la vérité que celle que nous nous formerions d'un solide en regardant un seul de ses côtés ; l'esprit ne pourrait saisir tous les attributs de ce solide qu'après avoir ajouté de nouvelles conceptions à son impression première. A ce dernier point de vue, ces impressions, dont il vaut mieux tenir compte, sembleraient avoir donné une idée imparfaite de la vérité; mais elles ouvrent la voie à des conceptions plus complexes, qui, pour cette raison, devront être développées au fur et à mesure que s'étendront nos connaissances.

Ainsi la théorie du développement de l'âme au moyen de la Réincarnation et sous la direction de la Loi karmique, sous cette forme élémentaire que présente à l'esprit l'analyse succincte de l'enseignement ésotérique, nous donne, dès le point de départ, une avance écrasante sur la théorie enfantine de la création de l'âme. Et cependant cette conception qui accepte l'âme comme un fait accompli, sans en rechercher ni en expliquer l'origine, qui la suppose créée à nouveau pour chaque enfant, cette conception, dis-je, est encore un progrès sensible sur l'inconscience complète de tout ce qui est au delà de la sensation physique, et que nous jugeons, avec raison, être l'apanage du règne animal ; le sauvage même cherche à s'élever au delà, quand il assimile son Paradis à une plaine giboyeuse. D'autre part, le matérialisme moderne s'efforce ingénieusement de poétiser sa triste doctrine. Il ignore, il est vrai, qu'en agissant ainsi il démontre, dans sa propre personne, l'un des principes éclairés par la science ésotérique : que le point culminant de l'intelligence physique se trouve au nadir de la conscience spirituelle. Il appréciera éventuellement cet autre principe : le cycle en progressant, entraînera l'évolution au delà de ce point, et l'intelligence physique s'illuminera par l'influx de la perception spirituelle, sans abandonner pour cela aucune de ses acquisitions individuelles. Mais reprenons notre comparaison. Nous avons vu comment l'ignorance de ce qu'est l'âme a été remplacée par la théorie plus éclairée qui la considère comme une entité quoique créée *ex nihilo ;* et combien cette dernière conception s'élève dans l'échelle philosophique en s'harmonisant avec les principes de la Réincarnation et du Karma. C'est par le même procédé que la conception première de l'évolution spirituelle se développe, lorsqu'on examine plus profondément la constitution si complexe de l'âme et les méthodes par lesquelles l'existence terrestre avec son cortège d'épreuves, d'expériences et de chances diverses, est amenée à réagir sur la conscience immortelle et permanente, et contribue ainsi à sa croissance.

L'étude de ces problèmes nous entraînerait insensiblement vers les confins au delà desquels l'investigation spirituelle ne peut se traduire en un langage précis; on doit alors se rappeler que dans des sujets de ce genre il y a des bornes infranchissables ; par exemple, les divers modes de conscience, les attributs de l'Esprit Universel sont intraduisibles en langage humain, parce qu'ils dépassent les pouvoirs d'entendement du cerveau physique. Les métaphysiciens, par leur bizarre phraséologie, voudraient nous faire croire que leur subtilité a su dépasser les ressources ordinaires du langage, mais ils sont le plus souvent aussi incapables de saisir eux-mêmes, que de nous faire comprendre les idées qu'ils ont la prétention d'analyser. L'obscurité du langage n'est pas la profondeur de la pensée.

La science occulte peut s'exprimer aussi dignement en un style clair et précis que par d'obscures formules allégoriques ; on fit pourtant jadis un usage quelque peu excusable de ces symboles obscurs, autant parce que les écrivains étaient obligés au secret partiel, que parce que le fanatisme de cette époque leur interdisait de s'exprimer plus librement. Mais aujourd'hui l'investigation spirituelle s'accompagne de circonstances favorables inconnues aux alchimistes comme aux mystiques du moyen-âge, et ce que nous cherchons avant tout, c'est à faire comprendre le mieux possible ces mystères, voilés jusqu'ici d'une impénétrable obscurité. En poussant plus avant nos découvertes, nous arriverons forcément à un degré où la pensée et l'imagination échapperont à toute description ; il est néanmoins de la plus haute importance de pousser la précision aussi loin que possible. Avec beaucoup de travail et de patience nous pourrons les décrire de façon à faire comprendre à nos lecteurs quelques-uns des procédés servant au développement de l'âme, si invisibles et intangibles qu'ils soient; tout comme on est parvenu à comprendre plusieurs des lois compliquées qui gouvernent les réactions chimiques des molécules, non moins invisibles et intangibles, de la matière.

La loi qui règle l'alternance des vies physiques et spirituelles de l'entité humaine est celle qu'il nous faut tout d'abord soumettre à un examen microscopique plus rigoureux qu'on ne l'a fait encore. Lorsque l'âme est lancée dans le torrent de l'évolution comme être individualisé, elle doit traverser, comme nous venons de le voir, des phases alternatives d'existence physique et d'existence relativement spirituelle. Elle passe d'un plan (c'est-à-dire d'une couche, d'une condition) de la Nature sur l'autre sous l'impulsion de ses affinités karmiques ; l'existence qui lui échoit en partage a été préparée à l'avance par son Karma, quelque peu modifié par les circonstances ; et elle se forme un nouveau Karma suivant le bon ou le mauvais usage qu'elle fait des occasions de progrès qui lui sont offertes. A la conclusion de chaque existence terrestre (après avoir réalisé les expériences que lui offre le plan astral intermédiaire), l'âme est rendue à la vie spirituelle pour y jouir d'un repos paisible, mais aussi pour y absorber en son essence même (comme progrès cosmique) le résultat des expériences recueillies sur terre.

Il n'est guère possible, dans un aperçu aussi superficiel, de former une conception vraiment adéquate de ce processus de la Nature, tout au plus pourrons-nous la suggérer à quelques esprits profonds.

Quelques êtres doués de facultés inusitées — sens psychiques ouvrant à leur état conscient d'autres horizons que ceux de notre plan physique — peuvent, assurément et dans une certaine mesure, entrer en relation avec les plans de conscience hyper-physique. Nos propres expériences, pendant le sommeil, démontrent que tous nous pouvons prendre contact avec un état de conscience indépendant de nos cinq sens physiques ; et les phénomènes du somnambulisme (celui de l'âme et non du corps), de la clairvoyance, soit naturelle, soit provoquée par le magnétisme, n'arrivent-ils pas aux mêmes conclusions, en les accentuant. Nous, c'est-à-dire les âmes qui sont en nous, ne sommes pas, comme il le paraît, tout à fait emprisonnés dans notre vêtement de chair. Nous conservons certes, si je puis m'exprimer ainsi, quelque droit et quelque influence dans cet océan de matière spirituelle d'où nous avons été projeté sur les rives de l'incarnation. Nous ne pouvons raisonnablement comparer ce processus à une alternance d'existences sur les plans physique et spirituel et dépeindre l'âme comme une entité complète glissant tout entière d'un état d'existence à l'autre. Une définition plus correcte tend à considérer l'incarnation comme s'effectuant par une émanation de l'âme qui se manifeste sur le plan physique de la Nature. Pendant ce temps, l'âme elle-même ne quitte pas tout entière la région spirituelle qui est son habitat normal, et c'est cette partie immatérielle de l'âme, résidant à l'état permanent sur le plan spirituel, qui a reçu le nom approprié de Soi Supérieur.

Dans certains écrits théosophiques, ce terme se rapporte à une idée métaphysique très élevée dont nous reparlerons plus tard, et nous verrons qu'il représente alors l'unité spirituelle qui anime tous les centres de conscience humaine. Il n'existe en principe aucune différence entre cette conception élevée et celle que nous venons d'exposer ; mais le terme de « Soi Supérieur » me paraît plus approprié à désigner la conscience spirituelle individualisée dans l'âme ; et pour la clarté de mon ouvrage, je continuerai à l'employer dans ce sens.

L'appréciation de la véritable nature du Soi Supérieur nous aidera à comprendre cette anomalie apparente, qu'une âme humaine déjà très développée soit obligée néanmoins de se réincarner dans le corps d'un petit enfant, véhicule bien impropre à l'expression de ses facultés. Si incompréhensible que paraisse ce fait, on ne peut l'éluder par l'hypothèse que le corps naîtrait d'abord, et que l'âme l'habiterait un peu plus tard ; on doit envisager l'âme et le corps de l'enfant comme unis dès le début. Mais la conception, que je suis en train d exposer, s'harmonise seule avec la propriété des choses et les analogies de la Nature. L'âme qui attend sur le plan spirituel l'heure de sa réincarnation se lie, pour ainsi dire, à l'embryon humain dont la destinée et les attributs physiques paraissent lui offrir le véhicule le plus approprié. Il ne s'agit pas ici d'un choix volontaire et conscient ; les affinités karmiques constituent une ligne de moindre résistance dont l'âme se sert instinctivement, pour émettre une émanation magnétique dans le monde objectif ; elle obéit ainsi au même principe que la racine qui, pour germer, se fraye un passage dans l'endroit où le terrain est le plus léger et y fait pousser le délicat rejeton qui apparaît au ras du sol. Un exemple plus abstrait mais plus juste encore serait celui du courant électrique qui, parmi les conduits les plus appropriés qui puissent l'amener à son but : la terre, choisit, non pas toujours le plus court, mais celui avec lequel il a le plus d'affinité. C'est par un courant magnétique analogue (qui se renforce au fur et à mesure de la croissance de l'enfant) que l'entité psychique pénètre, par degré, son nouveau véhicule.

Cette même idée pourrait s'exprimer différemment. Jusqu'à ce qu'il ait atteint l'âge de sept ans, un jeune enfant (moralement irresponsable et incapable de générer du Karma) est, dit-on, privé du sixième principe. Ce qui revient à dire qu'avant l'âge de sept ans, il y a trop peu de l'âme incarnée dans la conscience, à peine formée, de l'enfant pour permettre le développement d'un sens moral. La conscience ne se manifeste pas encore et le Soi Supérieur ne peut modifier les impulsions de la chair. Si l'enfant vient à mourir, l'âme ira simplement s'implanter ailleurs. Cette considération est très importante dans tous les problèmes concernant la mort des enfants en bas âge et leurs conditions après la mort. Mais ce sujet demanderait une étude spéciale.

Observons maintenant l'enfant s'acheminant vers l'adolescence entouré des conditions les plus favorables. Au fur et à mesure de son développement, la vraie conscience de l'âme pénètre peu à peu dans son nouvel organisme, et lorsque arrive l'âge d'homme, cette âme (c'est-à-dire tout ce que cette âme peut exprimer dans l'état de conscience physique) se trouve à nouveau rétablie, réincarnée sur le plan terrestre.

Mais il y a dans l'âme un quelque chose, en réalité sa partie la plus importante, qui demeure sur le plan spirituel (je me vois obligé d'employer quelque temps encore ces expressions trop matérielles, afin de bien établir mon idée dans l'esprit du lecteur) ; ce quelque chose, c'est l'élément essentiellement spirituel de l'âme, son Soi Supérieur, qui, presque inerte et inconscient durant la vie active de l'homme incarné, éprouve comme un réveil de conscience durant le sommeil ; l'intensité de cette conscience varie certainement et largement selon les individus. Le Soi Supérieur n'est pas seulement la monade spirituelle impérissable et inconsciente, il représente encore dans chaque être humain l'individualité spirituelle. Ainsi que nous le verrons plus clairement dans la suite, la croissance de cette individualité spirituelle est le seul véritable but de la vie ; le Soi Supérieur peut être peu développé chez les uns, plus avancé chez les autres ; mais en tous cas, dès qu'il a atteint un certain développement, il devient conscient sur le plan spirituel dès que l'être, qui le représente ici-bas, est plongé dans un profond sommeil.

Le cerveau des hommes de notre race, à l'état actuel de son développement, n'est pas assez délicatement organisé pour pouvoir, à l'état de veille, garder l'empreinte spirituelle de l'Ego intérieur ; tout au plus le sommeil procure-t-il parfois un bien-être moral. Les soucis, les tentations qui assaillaient l'âme avant la nuit semblent allégés le matin, et si cette impression est très vive, on peut assurément l'attribuer à l'influence de l'Ego Supérieur devenu, pendant le sommeil, plus conscient qu'à l'ordinaire. Les individus dont l'avancement spirituel ou psychique a dépassé la moyenne normale peuvent seuls rapporter le souvenir de la conscience du Soi Supérieur ; et il est indubitable que ce souvenir a été rapporté dans certains cas. Mais à un développement bien inférieur à celui-ci (qui élève déjà l'homme bien au delà de toute attraction physique), il est encore des êtres qui peuvent mener une vie en partie double, et se rappeler parfaitement pendant la veille la vie spirituelle à laquelle ils participaient pendant leur sommeil ou leur trance. Cette faculté nous ramène aux magnifiques découvertes de la médiumnité, car une personne qui possède celle-ci peut, lorsqu'elle se trouve en état de trance *magnétique*, s'entretenir dans sa véritable conscience spirituelle avec un ami encore incarné et complètement éveillé. Il existe aussi d'autres états intermédiaires. Un homme doué de quelques facultés psychiques, mais dont la conscience spirituelle n'est qu'imparfaitement développée, pourrait percevoir son Soi Supérieur, et rapporter au réveil l'impression qu'il a communiqué avec un être étranger à lui-même. Il ne comprend pas qu'il tenait alors l'extrémité opposée de cet arc qui, dans son intégrité, constitue sa propre individualité. On peut aussi supposer que le Soi Supérieur ait émis des idées n'ayant encore jamais germé dans le cerveau physique de cet homme: il y aurait alors, semble-t-il, un échange mutuel d'idées entre le Soi et son incarnation, comme s'il s'était agi de deux personnalités étrangères. Un autre homme encore peut avoir avec son Soi Supérieur des relations bien moins précises et considérer ses avis comme l'expression de ce que l'on appelle la voix de la conscience.

La théorie que nous étudions ici est en harmonie parfaite avec celle qui tient le monde que nous habitons pour un phénomène de l'illusion ; la signification de ce point de vue de la philosophie orientale a été souvent ridiculement dénaturée. Cette doctrine ne prétend pas que le plan matériel, avec ses innombrables attributs, n'ait pas d'existence réelle, mais seulement que la conscience incarnée s'illusionne en y voyant un tout complet, permanent et se suffisant à lui-même. Le monde spirituel est *plus réel* que le nôtre, qui, avec ses conditions matérielles et transitoires, n'en est que l'émanation ; mais en disant que le monde matériel n'est qu'une illusion, il faut se garder de donner à ce mot son sens ordinaire. La conscience supérieure de l'homme en perçoit le phénomène (c'est-à-dire les manifestations de la Nature qui y sont exprimées) tout aussi bien que ceux des plans supérieurs, car le plan physique est aussi nécessaire que les autres à l'équilibre et à l'harmonie du magnifique plan de la Nature. La doctrine du Soi Supérieur nous explique les relations qui existent entre la vie physique et l'état de conscience spirituel ; si nous la comprenons bien, nous ne tomberons pas dans l'erreur grave de restreindre notre champ de conscience aux limites de l'état de conscience inférieur. Le plan élevé de la Nature, où l'Ego permanent prend racine, est d'une importance bien supérieure à celui où fleurissent ses boutons éphémères, qui bientôt se flétrissent et disparaissent, tandis qu'alors la plante rassemble ses énergies pour y faire pousser encore de nouvelles fleurs. Supposons ces fleurs seules visibles à nos sens et la plante prenant racine sur un autre plan invisible et intangible ; des philosophes d'un monde qui présagerait de telles choses en germe sur un autre plan d'existence, ne seraient-ils pas fondés à dire de ces fleurs : ce ne sont pas de vraies plantes, ce n'est qu'un phénomène illusoire ?

La doctrine du Soi Supérieur se recommande aussi par sa correspondance avec celle de l'inspir et de l'expir de Brahma, symbole du phénomène naturel sur l'échelle du macrocosme, et par conséquent applicable à celui du microcosme ; la mort du corps humain correspondant ici à l'inspir.

Le processus karmique de l'âme, comme il est décrit dans la première et simple conception de ses passages successifs du plan de l'esprit au plan de la matière, ne contrarie en rien l'existence permanente du Soi Supérieur sur le plan spirituel. Dans ce large exposé, aucune idée essentielle n'est infirmée par cette théorie plus avancée et mieux élaborée. Examinons, par exemple, un homme qui, ne voyant dans la nature que le plan physique, le seul dont il soit conscient à l'état de veille, espère avant tout conserver la conscience de sa personnalité après la mort. Cette espérance, non sanctionnée par la connaissance spirituelle, est la base première des religions exotériques. On se dit avec une certaine apparence de raison : « Si je ne me souviens pas de ma vie actuelle dans ma prochaine incarnation, c'est que le « moi » n'y a eu aucune part ; donc, il n'y a eu pour ce moi ni immortalité ni survie. » La doctrine ésotérique ne contredit ni ne rebute aucune objection si naturelle. Elle nous répond dans sa plus simple expression : « Vous vous lasserez à la longue de votre personnalité actuelle ; elle se dissipera, vous finirez par la quitter, comme vous en avez autrefois quitté tant d'autres ; mais cette séparation ne se fera pas soudainement. Lorsque après la mort vous passerez sur le plan astral, puis sur le plan mental, vous serez encore vous-mêmes, les phases principales de votre vie vous seront présentes à la mémoire, et si les circonstances vous sont favorables, vous trouverez dans ces régions élevées de la Nature un champ bien autrement vaste que notre plan physique, pour y développer les beaux et nobles sentiments générés pendant l'existence terrestre. Ce n'est qu'après l'épuisement complet des forces engendrées par la vie, lorsque ses divers états de conscience auront vibré jusqu'à la limite du possible, que l'âme, redevenue indifférente aux réminiscences précises, s'abreuvera aux sources du Léthé, en cherchant dans une autre incarnation une personnalité nouvelle. » Voyons à présent comment la théorie du Soi Supérieur modifierait cette donnée. Elle en conserve essentiellement l'idée principale, quoiqu'elle soit exposée sous une forme des plus matérielles.

Il faut considérer que le Soi Supérieur domine l'inférieur ou la personnalité incarnée, à des degrés variables selon es individus ; les personnalités très enracinées dans la conscience physique représentent des âmes dont les éléments karmiques sont en phase ascendante. Pour celles-là, la réunion des deux « Soi » après la mort implique plutôt l'absorption du Soi Supérieur par le Soi Inférieur. Mais, en réalité, lorsque l'âme vient de traverser une période complète de vie terrestre, les éléments karmiques, lors de la réunion des deux « Soi », entrent nécessairement pour une si large part dans son nouvel état conscient qu'ils en déterminent provisoirement la caractéristique. Et cette transfusion de la dernière personnalité dans le Soi Supérieur, la façon dont celui-ci en est en quelque sorte saturé répondent complètement aux désirs que nous pouvons éprouver d'une survivance personnelle après la mort.

Une conception qui nous montrerait le Soi Supérieur réalisant les expériences de ses vies successives nous amènerait logiquement à supposer que, pendant sa longue période d'existence, il a dû progresser sur son plan, tout comme l'intelligence humaine dans le champ restreint de la vie physique. Il semble évident, tout d'abord, que l'Ego a dû commencer par être fort imparfait ; prenons-le, par exemple, au moment de sa formation et au début d'une période cosmique. Cette entité naissante a dû se rattacher à quelque foyer de conscience en activité sur le plan spirituel, germe naissant de son Ego Supérieur. Mais l'Ego Supérieur du sauvage primitif et celui de l'homme déjà spiritualisé de nos races contemporaines représentent deux entités bien différentes ; et ceci encore nous démontre clairement que c'est au moyen des expériences recueillies dans les vies successives que le Soi Supérieur a pu croître et s'avancer vers le sentier de perfection. Sans doute la nature même du pur esprit est immuable, mais l'individualisation de cet esprit peut se produire sous l'influence de divers foyers d'activité et avec plus ou moins de succès. Et comme le processus est loin d'être rapide, on comprendra aisément que le développement des Egos Supérieurs sur leur plan d'existence et pendant un Manvantara planétaire, se poursuive parallèlement à l'évolution des races.

Le Soi Supérieur exprime toujours un état de conscience élevé, si faible et peu intense soit-il au début ; puis lorsqu'il a germé successivement dans plusieurs incarnations, qu'il s'est assimilé toute l'expérience dont il est susceptible, son horizon s'étend, sa connaissance s'épanouit et son individualité s'affirme. Sa croissance normale paraît très lente, semblable ainsi à certaines opérations physiques de la Nature, comme l'accumulation des bancs de sable dans l'océan, ou l'agglomération des parcelles d'un récif de corail ; et cependant, au cours des temps les mers s'emplissent de sable et des îlots de corail surgissent du sein des eaux profondes. Le Soi Supérieur agit ainsi lorsqu'il choisit ses molécules spirituelles dans les innombrables rejetons qui l'ont représenté sur terre. Le plus grand Mahatma ou le Dhyan Chohan le plus élevé est le produit final de ce long processus qui a dû se produire, à une certaine époque, aussi lentement que celui qui, aujourd'hui encore, élève graduellement le Soi Supérieur du sauvage d'Afrique sur l'échelle de la Nature, au moyen d'incarnations en apparence peu profitables.

Il me semble que la théorie du Soi Supérieur ainsi comprise doit satisfaire l'esprit par son côté scientifique, car elle est en harmonie avec cette grandeur qui caractérise même les plus subtiles opérations de la

Nature; nous les symbolisons quelquefois par des allégories fantastiques et théâtrales, mais elles perdent toute trace de ce caractère lorsqu'on les voit sous leur véritable jour. Néanmoins, l'appréciation claire et scientifique de la vérité nous aidera à en discerner les fragments dans les diverses croyances, relatives à l'âme, successivement émises par différents penseurs. Ceux-ci, doués de facultés psychiques, avaient peut-être reçu quelque inspiration vraie, mais n'étant pas pratiquement entraînés dans la science ésotérique, ils furent portés à associer cette inspiration avec leurs idées préconçues, ou à la poétiser suivant le cas. Une école d'occultisme indépendante s'est ainsi groupée autour d'un voyant qui professe, au point de vue du développement de l'âme, la théorie dite des complémentaires, et y attache une grande importance. Selon lui, tout incarné n'est qu'un demi-être humain, l'autre moitié complémentaire est un être de l'autre sexe qui, suppose-t-il, attend sur un autre point du globe le mariage idéal et céleste qui doit les unir un jour. Sous sa forme primitive l'être complémentaire était aussi une personnalité humaine, un contemporain de l'un ou l'autre sexe, avec lequel une union dans cette vie était, après tout, chose possible; mais depuis, cette théorie s'est épurée, et je crois qu'aujourd'hui on considère l'être complémentaire de l'homme ou de la femme comme habitant les Cieux. N'est-ce pas là une image défigurée de la doctrine du Soi Supérieur, moins les détails que nos guides ésotériques nous ont mis à même de recueillir?

Ce n'est que lorsque notre esprit est bien pénétré de la doctrine du Soi Supérieur que nous commençons à comprendre le but de l'existence terrestre, et en quelque sorte à nous adapter au courant de sentiments et d'émotions qui la dominent souvent. La vie, considérée comme complète en elle-même, ne justifie que trop fréquemment le morne désespoir du pessimiste ; et, en vérité, qu'elle soit un tout complet ou une expérience isolée, dans l'évolution d'un être, suivie d'une éternité bienheureuse ou malheureuse, la philosophie pessimiste serait l'inévitable conclusion à laquelle nous pousserait l'observation du phénomène vital tel qu'il se présente à nous. Mais si le développement du Soi Supérieur est le but vers lequel il faut tendre, nous reprenons intérêt à l'existence, et la souffrance peut s'expliquer. Il est impossible actuellement, à la plupart d'entre nous, avec les perceptions ordinaires, de *sentir* l'identité du Soi Supérieur et du Soi inférieur ; mais une conception intellectuelle de cette vérité et de tout ce qu'elle peut implicitement suggérer nous fera entrevoir les hautes possibilités du Soi Supérieur et éclairera vivement le sentier où nous devrons marcher si nous sommes résolus à vivre en subordonnant entièrement le Soi inférieur aux intérêts réels du Soi Supérieur. Si nous exceptons les personnes très spiritualisées déjà dans leur nature terrestre, et douées d'une clairvoyance supérieure, on peut admettre, comme règle générale, que le Soi inférieur doit se résigner à supporter les souffrances de la vie pour le plus grand bien, non d'une *autre* personnalité, mais d'une partie de lui-même, dont il n'aura jamais conscience complète, dans son corps charnel ; mais, par contre, il peut tenir pour assuré que la conscience du Soi Supérieur saura plus tard lui procurer, en compensation de ces peines, une jouissance qui, pour sa vraie individualité, constituera la meilleure des récompenses.

Faut-il rappeler ici l'axiome occulte que : l'intérêt

de la récompense n'est pas le mobile le plus élevé de l'action ? Nous le savons presque tous, mais il nous est néanmoins intéressant d'étudier les moyens qu'emploie la Nature pour compenser des souffrances endurées dans un but de progrès moral.

La solution du problème que nous cherchons est dans la réalisation de ce fait : Le Soi inférieur *n'est pas* conscient du Soi Supérieur, mais le Soi Supérieur *l'est* de son Soi inférieur, et le deviendra d'autant plus que ce dernier comprendra qu'il est de son devoir de vivre pour le Soi Supérieur. Ne perdons pas de vue cette théorie ou ce principe : la conscience des régions ou plans spirituels s'accompagne d'une sensation de joie intense, dont la somme est en proportion directe du développement, de l'épanouissement du Soi Supérieur, et c'est dans ce développement, dans cet épanouissement que se trouve la récompense des efforts réalisés sur terre par le Soi inférieur. Ceci nous paraît être un point important qui doit attirer notre plus sérieuse attention.

La thèse un peu élémentaire qui consiste à assimiler le Soi Supérieur à l'Ange gardien, ainsi que celle trop ambitieuse qui veut l'identifier au Soi Universel, c'est-à-dire à Dieu, sont toutes deux erronées parce qu'elles nous en donnent en général une trop haute idée. Il y a encore parmi les incarnés des êtres humains très avancés, quoi qu'étant bien au-dessous du niveau spirituel des Mahatmas, et dont le Soi Supérieur est certainement un ange gardien des plus élevés, des plus conscients, doué d'une véritable intuition et dont la connaissance se rapproche, par sa nature, de l'omniscience. Mais on se tromperait fort en supposant une grande élévation aux Soi Supérieurs de la plupart d'entre nous. Contrairement à l'opinion générale, ils ne sont guère plus avancés que leurs Soi Inférieurs, au stade actuel de développement ; seulement leurs tendances sont toutes d'ordre purement spirituel. Ainsi le Soi Supérieur d'un homme grossièrement sensuel est indifférent à toute sensualité. Il se trouve, dans une mesure très limitée, en contact avec les sources de la connaissance réelle qu'il possède au même degré qu'un Esprit Planétaire ; mais sur ce plan, qui est le sien propre, sa conscience se trouve, jusqu'à un certain point, imparfaite et endormie. C'est pourquoi ses jouissances, son aptitude à saisir les occasions de progrès que lui offrent ces hautes régions, dépendent alors absolument du Soi inférieur, au début surtout de la période de développement. Il ne peut s'élever sans prendre appui sur son unique soutien, son représentant matériel. Rappelons-nous néanmoins que s'il en est dépendant, il n'est pas inactif, car les *actions* du Soi inférieur contribuant au développement du Soi Supérieur ne s'accomplissent que par la *pensée* ou la suggestion de celui-ci. Nous développerons cette idée en disant que, pour son développement, le Soi Supérieur dépend de la réponse active que lui donne le Soi inférieur, c'est-à-dire des efforts de ce dernier pour obéir à l'influence exercée sur lui. L'initiative de ces actions et réactions réciproques qui conduisent au progrès de l'être est toujours prise par le Soi Supérieur, mais, tout bien considéré, il ne faut pas faire intervenir ici l'omniscience qu'on prétend quelquefois être latente en tout âme humaine. « Votre âme, nous disent certains occultistes, est omnisciente, et pour partager son savoir il vous suffit de vous unir à elle. » Cette doctrine, pour n'être pas fausse en soi, pourrait induire en erreur. On devrait dire plutôt : « Votre âme, c'est-à-dire votre Soi Supérieur, peut, avec le temps et si vous l'y aidez suffisamment, arriver à l'omniscience, ou à quelque chose d'approchant, ce sera l'œuvre de plusieurs existences, à partir de celle où vous aurez vous-même résolument pris l'initiative de cette tâche, » — c'est ici la phase terrestre de l'être que nous considérons. — Mais le Soi Supérieur d'un homme ordinaire de ce monde, dans l'acception ordinaire du mot, n'a certainement pas atteint son parfait développement ; il ne peut en être autrement, car en réfléchissant nous verrons que ce fait corrobore absolument certaines informations acquises depuis quelques années relativement à l'état dévakhanique. Ces recherches furent faites avec l'aide d'une haute autorité, et de quelques-uns de nos étudiants les plus avancés. Le dévakhan (1) n'offre pas à la majorité de ses habitants une connaissance très étendue de la vérité ; ils y trouvent plutôt un sentiment de bonheur infini dont l'intensité paraît proportionnée à l'avancement de l'âme qui l'éprouve, et auquel l'illusion prend une large part. Ce sont pourtant là les Egos Supérieurs des êtres humains actuels, jouissant de leur vie dévakhanique ; et, pour être arrivés à une certaine conscience sur ce plan, il faut même qu'ils aient éprouvé pendant leur vie terrestre des aspirations, des émotions spirituelles déjà très caractérisées.

L'élévation graduelle de ces Egos jusqu'au type réel d'ange gardien peut être considéré (si pour l'instant nous ne regardons pas plus loin) comme le but, la raison d'être de notre existence terrestre. On remarquera combien cette conception est compatible avec la théorie qui attribue toutes les impulsions nobles et élevées de l'homme, quel que soit son avancement spi-

(1) Prononcer : *Dévakane*.

rituel, aux avertissements ou à une direction émanant de son Soi Supérieur. En effet, dans la mesure de son activité les aspirations du Soi Supérieur tendent toutes vers le bien, par leur nature et leurs affinités ; mais on aurait tort de supposer cette activité très supérieure à celle du soi inférieur. Le Soi Supérieur est dans une léthargie qui, au cours des âges, s'augmente par ses retours périodiques et multipliés sur le plan de la matière ; il ne pourra se servir de ses facultés latentes que lorsque son soi inférieur (son autre lui-même sur le plan physique) l'aura réveillé de sa torpeur par un effort conscient, analogue au rebondissement d'une balle lancée d'une grande hauteur sur le sol.

L'ensemble de ces conceptions aura, je l'espère, préparé l'esprit à comprendre de quelle façon les peines méritoires de cette vie trouvent leur récompense. Le Soi Supérieur peut, proportionnellement à l'éveil de ses facultés, embrasser tout le processus que nous avons décrit. D'un coup d'œil rétrospectif, il embrasse simultanément la souffrance endurée et sa récompense, et voit ainsi que les efforts accomplis n'ont pas été perdus. Quand il est très peu développé et par suite incapable d'établir ce rapprochement, il se contente simplement de jouir du résultat des bonnes actions du soi inférieur, sans les analyser comme nous l'avons fait ; mais dans cette hypothèse, l'ego inférieur correspondant, aussi fort peu développé, ne sera troublé d'aucune spéculation métaphysique sur sa vie future. Il s'en rapportera sur ce point aux théories fictives de quelque religion exotérique, et quoique ces espérances ne s'accompliront pas à la lettre, leur essence, cependant, sera réalisée dans la félicité réflexe qu'éprouvera le Soi Supérieur ; c'est en réalité la même individualité, bien qu'il ne sache pas encore s'identifier avec ses diverses personnalités terrestres. Mais lorsque de nombreuses incarnations physiques, avec leurs périodes spirituelles intermédiaires, auront cultivé la conscience du Soi Supérieur jusqu'à le transformer presque en ange gardien, ses relations avec le soi inférieur se modifieront sensiblement. Le véritable Ego commencera non seulement à sentir, mais à penser sur son plan supérieur; de plus en plus, il deviendra le pouvoir conscient, dirigeant, qui contrôle et influence les actions de son soi inférieur, parce qu'il aura reconnu l'avantage de leur commune association. Au point de vue métaphysique cette idée pourrait s'exprimer dans un autre langage pour éviter certaines expressions trop matérielles, mais la signification en serait moins frappante. Nous pourrions par exemple dire que les deux aspects spirituel et physique de l'Ego réagissent l'un sur l'autre et que l'âme manifestée dans le monde phénoménal n'est que le complément illusoire du véritable Ego, et que l'absorption finale de ce dernier dans le Soi Universel est d'autant plus retardée que sa conscience physique est plus attachée au plan de *Maya* (1). Mais je pense rendre mon développement plus intelligible à la plupart de mes lecteurs (encore incarnés sur ce plan de *Maya*) en me servant d'un langage plus en harmonie avec les conditions de la conscience physique.

Il faut comprendre que je ne représente pas ici le Soi Supérieur comme surveillant en tous temps l'inférieur, et toujours en éveil sur les fautes de *son protégé ;* cette idée approche pourtant de la vérité s'il s'agit

---

(1) Maya veut dire : illusion, notre terre est souvent considérée comme le plan de l'illusion. N. D. T.

d'êtres très développés, car la spiritualisation du soi inférieur rend le Supérieur d'autant plus incessamment conscient. Mais je prétends que dans les conditions ordinaires de la vie humaine, il est toujours plus ou moins assoupi sur son plan lorsque le soi inférieur se trouve à l'état de veille ; il ne devient conscient de son rang dans la Nature, de ses relations avec le soi inférieur et des efforts qu'a pu accomplir sa personnalité complémentaire (pour varier nos termes), que lorsque cette personnalité est elle-même endormie sur le plan physique d'un sommeil spontané ou artificiel. Il faut poser ici une clause conditionnelle. Sommeil et réveil sont les termes les plus appropriés aux états alternatifs du Soi Supérieur pendant la vie physique, mais il faut se rappeler que sa conscience ne sommeille que sur le plan supérieur ; l'influence qu'il exerce sur la personnalité incarnée n'en est affaiblie en rien. Ce qu'on appelle la voix de la conscience qui s'impose, et que les êtres mêmes les moins spiritualisés entendent à de rares intervalles, n'est autre que l'influence du Soi Supérieur qui s'affirme ; faible et incomplète encore lorsque le soi inférieur ne vient pas la fortifier, l'augmenter par une action réflexe. Mais en cherchant à comprendre, pour ainsi dire, cette oscillation du centre de conscience entre les plans supérieur et inférieur, il ne faut pas oublier que le Soi Supérieur reste toujours la source des meilleures impulsions du soi inférieur.

L'Ego en état de veille sur le plan physique est, normalement, comme nous l'avons dit, tout à fait inconscient de ses périodes d'existence spirituelle ou hyperphysique ; c'est-à-dire qu'il ignore l'existence de son Soi Supérieur, bien que celui-ci une fois éveillé sur le plan supérieur soit *parfaitement conscient* de sa personnalité inférieure, des efforts qu'elle peut faire, ou de son inaction, selon le cas. Jusqu'à quel point peut-il, avec connaissance de cause, déplorer les insuccès du soi inférieur dans la voie du progrès, ou se désoler de le voir succomber à la tentation ? ceci fera l'objet d'une étude à part. Le Soi Supérieur peut, par suite de ses conditions d'existence, se trouver incapable d'éprouver un sentiment de regret ou d'anxiété. Les insuccès, les fautes du Soi inférieur peuvent se transformer pour lui en un retard dans l'évolution, et avec la patience inaltérable qui le caractérise, il pourra n'en éprouver consciemment aucun dépit. Néanmoins, chaque succès, chaque victoire sur les tentations remportés par le soi inférieur se traduiront toujours par un progrès du Soi Supérieur qui en éprouvera une joie et une félicité dont il aura pleine conscience.

A première vue, ces conceptions paraîtront peu consolantes aux imaginations vives, du moins en ce qui concerne les intérêts de la personnalité. En effet, toutes ces luttes, toutes ces souffrances, elle les endure au profit d'un Être qui lui semble presque un étranger, un maître impitoyable et sans reconnaissance même, qui récolte seul le fruit des labeurs de son esclave incarné. Calme, impassible, dans les régions sereines de l'esprit, le Soi Supérieur n'existe que pour jouir des fruits (s'il y en a) des moissons récoltées ici-bas, mais il reste indifférent lorsque le pauvre travailleur fléchit et tombe épuisé sous un fardeau trop lourd pour ses forces ! Une pareille association serait vraiment bien peu équitable, bien peu satisfaisante si les deux phases de l'Ego étaient deux entités aussi distinctes qu'elles le paraissent à nos perceptions physiques ; mais l'ordre des choses se rétablit aussitôt que nous acquérons la conviction qu'au point de vue spirituel on voit et on sent que la personnalité et le Soi Supérieur ou Individualité n'ont qu'un seul et même centre de conscience fonctionnant alternativement dans l'un et dans l'autre. Mais, dira-t-on, comment obtenir la preuve de cette théorie si importante ? Dans ce royaume de la pensée, que nous explorons ici, il est presque superflu d'ajouter que chacun ne peut chercher cette preuve qu'au fond de sa conscience intérieure, reflet plus ou moins obscurci du Soi Supérieur ; il me semble pourtant que la « logique si satisfaisante » de cette théorie peut lui servir de garantie provisoire. Nous sommes encore en face de l'éternel problème de la vie : les dures épreuves de l'existence, et la nécessité de les concilier, d'une façon quelconque, avec le progrès général de l'humanité vers la perfection, et aussi avec une loi de la Nature qui conduirait au triomphe ultérieur de la Justice. La donnée théosophique nous a permis d'ajouter bien des détails absolument précis aux principes fondamentaux de la doctrine ésotérique, qui déjà avaient excité l'intérêt de nos contemporains. Les manifestations alternantes de l'Ego sur les plans physique et spirituel de la Nature nous conduisent, par un enchaînement logique, à la doctrine du Soi Supérieur que nous avons exposée ; celle-ci à son tour nous amène, par une suite de déductions raisonnables, à un sujet plus élevé encore, celui de *l'évolution* du Soi Supérieur, qui forme l'objet de notre étude actuelle.

Par la connaissance des lois qui gouvernent l'évolution du Soi Supérieur, nous arriverons au but le plus intime de l'étude ésotérique. On ne saurait s'exagérer l'importance de ce sujet qui, s'il est bien compris, aura une influence prépondérante sur notre manière de vivre, notre conduite, et la façon dont nous supporterons dans « notre personnalité inférieure » les épreuves de l'existence terrestre de quelque nature qu'elles soient. Les religions nous assuraient qu'une vie méritoire, en dépit des obstacles rencontrés, nous préparait une récompense après la mort ; cet espoir vague est aujourd'hui remplacé par l'aperçu spécifique, scientifique même de la façon dont ce processus s'accomplit.

Cette méthode s'harmonise d'ailleurs avec toutes les vérités spirituelles qui nous sont parvenues jusqu'ici ; et, en conséquence, il en résultera, pour celui qui l'adopte, un adoucissement considérable pour les pénibles émotions de la vie, et pour ce sentiment du néant de l'existence, sentiment si bien connu de ceux qui cherchent résolument le sentier du développement. La vague promesse d'une absorption finale de la conscience dans la Conscience infinie, en récompense des épreuves de la vie, ne saurait satisfaire l'esprit de l'homme, et encore moins celui de l'occultiste, toujours plus spéculatif et inductif ; ce n'est pas non plus une compensation strictement équitable, étant donnée la longue suite des existences physiques. Quelques personnes très élevées pourront rester indifférentes à la question de compensation, ou, du moins, se croire indifférentes jusqu'au jour où quelque changement subit, les éprouvant d'une façon inattendue, les obligera à constater, en leur for intérieur, combien elles participent encore à la faiblesse humaine. D'ailleurs, ces mêmes personnes ne sauraient souhaiter à l'humanité une aussi triste destinée, faite de labeurs et d'épreuves sans compensation aucune. Que chacun d'entre nous oublie ses propres intérêts, ne songe qu'à son frère, et il conviendra forcément que le problème de la Nature ne sera vraiment résolu que lorsque nous aurons pu attribuer au mérite sa juste récompense.

Bien que, dès le début de la théorie que j'expose, cette récompense soit garantie, il ne s'ensuit pas qu'elle doive être appréciée également. Si le Soi Supérieur était toujours omniscient, comme semblent le croire quelques occultistes, et si le progrès ne consistait que dans les efforts du soi inférieur pour s'élever au point d'être avec lui en relations conscientes, cette personnalité serait souvent déçue dans ses espérances, car dans un grand nombre de cas, leur union ne peut s'accomplir. Chercher à bien vivre sur terre serait donc un effort pénible et stérile, compensé tout au plus par un bon Karma qui porterait ses fruits dans la vie suivante. Celle-ci pourrait alors s'écouler sous la tutelle du Soi Supérieur toujours impassible ; la nouvelle personnalité n'y subirait plus de dures épreuves, mais elle perdrait le souvenir des luttes passées qui, par comparaison, auraient intensifié pour elle les joies de l'existence présente. Sans l'évolution du Soi Supérieur qui profite directement du fruit de ces luttes, cette situation tendrait à justifier l'objection qu'on oppose à la doctrine de la réincarnation, c'est-à-dire l'oubli de la vie précédente. Mais il faut se placer au point de vue des occultistes d'un avancement moyen, qui savent déjà ce qu'il en est ; l'homme, bien qu'incapable en sa conscience physique de *percevoir* la récompense de ses bonnes actions et de son abnégation, saura du moins qu'il est sûr d'en récolter lui-même les fruits lorsqu'il renaîtra à l'existence spirituelle. Dans son corps charnel, il peut être inconscient des émotions, de l'expansion apportées à son Soi Supérieur par ses actes ; mais son Soi Supérieur en sera conscient lorsque du plan spirituel il jettera un regard sur l'ensemble de ses existences. Sans vouloir exagérer ni matérialiser les choses, mais en les adaptant simplement à notre état de conscience actuel, nous pouvons admettre que le Soi Supérieur se dira : « Si, dans l'entourage physique où j'étais incarné, je n'avais pas eu la force de caractère d'agir de telle ou telle façon, je ne jouirais pas aujourd'hui d'un bonheur spirituel aussi intense. » Pour considérer la position sous tous ses aspects, prenons un exemple dans la vie pratique.

Supposons le cas d'un homme parti, dès sa jeunesse, pour chercher fortune à l'étranger. Résolu à amasser le plus d'argent possible, il se refuse toute dépense, toute jouissance inutiles, conservant précieusement son pécule pour l'emporter dans sa patrie. Il ne sait pas au juste dans quelles circonstances il se trouvera lors de son retour, ni quel emploi il pourra faire chez lui de ses économies. Mais l'idée seule de dépenser au milieu des siens le fruit de son labeur est déjà pour lui une compensation suffisante aux travaux, aux sacrifices de sa jeunesse. Ainsi devons-nous concevoir dans un sens bien plus élevé et plus glorieux, le tableau des luttes terrestres et de leur récompense spirituelle non sujette aux risques qui, trop souvent sur terre, brisent dans nos mains la coupe du bonheur. Il faut bien que nous pressentions la récompense que doit remporter l'homme qui a bien rempli son rôle dans le drame de la vie ; sans quoi l'existence ne serait qu'une tragédie sans sanction.

Je n'ai pas cru nécessaire d'envisager ici comme partie intégrante des desseins de la Nature, la possibilité pour nous d'atteindre, même durant cette vie, à quelque chose de plus qu'une conviction purement intellectuelle de la récompense que nos luttes ici bas nous préparent sur le plan spirituel; si les circonstances sont propices, nous pourrons obtenir ce résultat en cherchant, par des efforts conscients et bien dirigés, à comprendre pleinement, dès cette vie, le système que nous venons d'exposer. Cette importante considération ne saurait être passée sous silence dans l'énoncé de notre théorie, et il est bon de prendre note de la possibilité à laquelle je fais allusion. Il peut se rencontrer parfois des êtres qui, n'étant guère au-dessus de la moyenne de notre race humaine, possèdent néanmoins le merveilleux don de clairvoyance spirituelle. Ceux-ci pourront de temps à autre s'élever et prendre contact avec leur Soi Supérieur, puis rapporter dans leur cerveau physique l'empreinte de cette expérience. Ces hommes seront les pionniers de leurs frères moins bien doués, car ils rendront témoignage de la communication possible entre le Soi Supérieur et le soi inférieur. Ce précédent est en outre de nature à encourager les hardis explorateurs du plan supérieur; ceux-ci pourront alors espérer que d'autres aussi, par de sérieux efforts dans la même voie, arriveront à une connaissance anticipée de ce qu'on a regardé jusqu'ici comme l'insoluble et solennelle énigme de la mort.

En exposant ces problèmes, j'ai surtout désiré éviter cette incertitude de la pensée, si vague et si pénible, qui nous envahit lorsque nous nous efforçons d'examiner nos conditions d'existence actuelles au point de vue de cette science métaphysique, qui cherche à se fondre dans l'infini. Je me suis donc confiné de préférence dans des formes de pensée moins élevées que les hauteurs où nous entraîne le plus souvent ce genre de spéculations. Je ferai pourtant remarquer qu'en nous occupant de l'attraction existant entre le soi inférieur et l'Ego, c'est-à dire le Soi Supérieur, nous traitons par cela même des circonstances par lesquelles la véritable individualité (qui est baignée

5.

par les rayons de l'esprit à la façon dont lui-même rayonne sur l'homme incarné) est elle-même attirée par la plus haute des influences, celle du Soi Universel ou Esprit Universel. Au point actuel de notre avancement, nous ne pouvons rien présager sur cette opération ; mais nous en pouvons déduire avec certitude ceci : L'évolution du Soi Supérieur qui dépend du soi inférieur, c'est-à-dire de l'homme lui-même, n'est autre que sa réponse à la mystérieuse émanation du Suprême ; cette évolution est en outre le but final vers lequel tendront, dans un avenir encore lointain, tous les efforts conscients d'une humanité perfectionnée.

CHAPITRE V

LIBRE ARBITRE ET KARMA

L'objet principal de cet ouvrage est de faire connaître les opportunités de progrès spirituel qui s'offrent à l'humanité. La nature de ces opportunités fut la première grande révélation de la science occulte, de même que les perspectives qui s'ouvrent à nous, quand nous les recherchons résolument, forment l'objet des plus sérieux travaux des étudiants en occultisme. Toute la foi, toutes les émotions inspirées par la religion bien comprise, se trouvent en harmonie avec la donnée théosophique dans son exposition de la tâche évolutive qui nous est imposée par les desseins même de l'univers. Nous avons esquissé, dans la grande loi de la Réincarnation, la méthode qu'emploie la Nature pour favoriser ce projet jusqu'à un certain degré; nous avons vu aussi comment le Soi Supérieur de chaque entité humaine, ce centre permanent de conscience, *est* en fait l'Ego, et l'expression finale de tous les efforts réalisés pendant les périodes successives de ses longues luttes dans la vie incarnée. Nous allons maintenant essayer, autant que faire se peut, avec l'état de conscience limité que reflète notre organisme matériel, de comprendre le genre d'existence auquel doit aspirer le Soi Supérieur développé, éclairé par la connaissance et les capacités acquises, s'il veut atteindre aux plus hautes potentialités de sa nature. Nos explications seront corroborées par un coup d'œil rétrospectif dans l'histoire ancienne et celle du moyen âge ; car nous y retrouverons des indices qui prouveront, maintenant que nous avons la clé de leur signification, combien les générations d'alors s'occupaient déjà de ce grand problème. Mais il faudra éclairer encore bien des explications déjà données avant de pouvoir reconnaître à quel point la donnée théosophique est satisfaisante. Il faut mentionner ici quelques points de métaphysique de nature à embarrasser les penseurs accoutumés aux écoles philosophiques européennes, et qui pourraient nuire à l'étude d'une doctrine importante servant de pivot à tous nos arguments. Je veux parler ici de la doctrine qui reconnaît dans la volonté spontanée de l'individu une force capable de diriger son évolution dans la bonne voie.

Bien que la doctrine du fatalisme ne soit adoptée dans sa simplicité élémentaire que par quelques penseurs européens, son idée principale se retrouve dans ces théories de « Nécessité » qui tiennent bien leur place en opposition à celles du « Libre Arbitre ». Les arguments en faveur de chacune de ces théories paraissent souvent si irréfutables qu'on préfère aujourd'hui accepter le paradoxe plutôt que de le discuter. Aussi le conflit du Libre Arbitre et de la Nécessité (1) a-t-il

(1) On pourrait peut-être traduire ici le mot *Necessity* par la *Fatalité* qui, dans la plupart des controverses métaphysiques de nos auteurs contemporains, est opposé au *Libre Arbitre* ou à la *Liberté*.

cessé d'être un thème académique. Il est tombé dans le domaine des écoliers qui s'y exercent l'esprit, absolument comme le mouvement perpétuel et la quadrature du cercle sont aujourd'hui laissés aux jeunes ingénieurs et mathématiciens en herbe.

Tout en raisonnant comme il lui plaît, chacun sent bien en soi-même qu'à chaque phase de sa vie il est libre de choisir entre plusieurs lignes de conduite. Non seulement il le sent, mais en sa qualité d'être raisonnable, s'il croit à une destinée future de l'âme, quelle qu'elle soit, il sentira aussi que les humains doivent avoir leur libre arbitre, sans quoi toute notion de conséquences spirituelles, devant dépendre de notre conduite ici-bas, serait incompatible avec l'œuvre de la justice, considérée comme loi de la Nature. En effet, si la récompense et le châtiment sont distribués aux saints et aux pécheurs, non pour des actes librement exécutés et dont ils sont responsables, mais pour des actes imposés par un pouvoir suprême qui leur dicterait tous les mouvements, toutes les pensées dont ils se croient seuls auteurs, ce pouvoir serait l'expression d'une sarcastique malignité, et non celle de la justice et de la bonté.

D'autre part, la théorie de la Nécessité s'appuie aussi sur un enchaînement de raisonnements logiques. Dans ses grandes lignes, elle s'impose par elle-même. Con-

---

Littré a défini ainsi le mot *Nécessité :* ce qui fait qu'une chose ne peut pas ne pas être. — Nécessité métaphysique, celle qui fait qu'une chose est telle que le contraire est impossible. D'autre part Michelet a défini la *Fatalité :* « la nécessité qui résulte de la nature des choses, » puis il ajoute : « Avec le monde a commencé une guerre qui doit finir avec le monde et pas avant : celle de l'homme contre la nature, de l'esprit contre la matière, de la liberté contre la fatalité. » (Introd. à l'hist. universelle (p. 9.)   N. D. T.

sidérons les êtres nés dans un milieu corrompu, élevés
dans l'ignorance du bien, privés de bons exemples,
grandissant dans une atmosphère de vice et de crime,
exposés à toutes les tentations. Nous comprendrons
aisément que cette éducation même doit les conduire
au vice, comme l'instinct pousse les canards à l'eau, et
que leurs crimes ne seront que le résultat d'influences
morales, aussi puissantes que les forces de l'orage et
de la marée entraînant sur les mers les épaves
flottantes. On peut en dire autant des hommes qui
dévouent leur vie au sacrifice et à la charité active ;
ils doivent en grande partie ces sentiments à l'influence de leur éducation première. Ils peuvent
néanmoins *sentir* (pour en revenir à notre première
théorie) qu'arrivés à l'âge de raison ils ont fait, par
l'exercice de leur propre volonté, un choix délibéré
entre les chances diverses que leur offrait la vie. Parmi
les meilleurs d'entre eux, il en est pourtant beaucoup
qui, par conviction intellectuelle, ont opté pour la
Nécessité comme seule théorie logique de l'existence.
Dans la Nature, on ne peut établir de ligne de démarcation entre les sujets importants qui méritent d'être
régis par ses lois et les choses insignifiantes pouvant
être laissées au hasard. L'attraction terrestre agit sur
le microbe et sur le mastodonte ; l'affinité chimique
qui entretient la cohésion des éléments de l'océan ne
doit pas négliger ceux de la plus petite goutte de rosée.
Ainsi raisonne le métaphysicien de la conduite de
l'être humain. L'homme, au moment de tuer celui qui
l'a offensé, est retenu par les influences qu'impriment
en son esprit son éducation, l'exemple de ses semblables, ses lectures et enfin sa propre réflexion. Mais
les actions insignifiantes, les omissions de sa vie sont
aussi produites par des causes morales agissant dans

sa conscience intérieure. Ainsi, il entreprendra tel voyage parce qu'il aura lu tel livre, et il aura lu ce livre par suite de certaines habitudes acquises par l'étude ; ces dernières seront elles-mêmes dues à d'autres influences antérieures, et ainsi de suite. Ce genre de raisonnement, en tous cas, nous fera saisir ce principe inéluctable. La loi de cause et d'effet régit aussi bien le plan moral que le plan physique de la Nature ; et si cette assertion se trouve contredire positivement celle de la responsabilité humaine, les apôtres de la Nécessité diront sans doute quelquefois : « Tant pis pour le caractère général de l'Univers ! » ou encore : « Cette contradiction est un mystère qui ne sera élucidé que *plus tard*, s'il l'est jamais ! »

Oui, *plus tard*, pour quelques-uns d'entre nous qui ne seront en état de comprendre ces mystères que dans un « plus tard » bien lointain. Mais ce qui pour un homme est le « futur » peut être le « présent » pour son contemporain plus avancé dans l'évolution cosmique. Le penseur conventionnel est trop enclin à voir l'intelligence humaine s'arrêter pour l'attendre sur la route d'un progrès qu'il n'admet, toutefois, comme une possibilité de la Nature, que lorsqu'il aura passé dans d'autres états de conscience. Mais les états de conscience sont tous coexistants, si nous regardons dans leur ensemble les plans de la Nature. Le temps et le changement conduisent simplement au progrès de la connaissance plutôt qu'à un centre quelconque de conscience, localisé sur un point donné de l'espace. Si, par exemple, A. B... — un de nos contemporains — peut arriver, dans un temps déterminé, à un état de conscience qui doit lui donner la clé de certain mystère de notre époque, Y. Z... a dû certainement acquérir le même degré de développement dans les étapes progressives des temps passés. Nous ne sommes pas nécessairement contraints d'attendre aussi longtemps qu'on se l'imagine quelquefois, la révélation de ces choses qui, comme on le pense avec raison, dépassent les limites ordinaires de nos facultés intellectuelles. Ce qui est connu peut quelquefois être communiqué — dans un monde qui possède, dans son état conscient, des voies plus nombreuses que n'en peuvent user la plus grande partie de ses habitants.

Parmi les nombreuses communications de cette nature qui, depuis quelques années, ont si largement ouvert l'esprit de l'étudiant théosophique à la science spirituelle, une des plus intéressantes est, sans conteste, celle qui a trait à cette grande énigme métaphysique : la lutte entre le libre arbitre et la nécessité. J'en veux donner ici la solution occulte, d'abord pour en montrer la réelle valeur, puis aussi parce qu'il est indispensable de la bien comprendre afin qu'aucune fausse conception des partisans de la nécessité n'empêche de reconnaitre complètement cette vérité : que l'homme tient sa destinée future entre ses mains, quoique les arguments exotériques nous le représentent comme enchaîné dans les limitations étroites de son entourage.

Dès le début l'énigme dont nous parlons, considérée en tant que dilemme logique, se trouve résolue lorsque, à son apparente contradiction, nous opposons la loi de Réincarnation. Si l'on veut, en effet, voir dans la vie humaine une opération complète de la Nature, commençant au berceau pour finir à la tombe, on n'arrivera pas à concilier ces deux arguments, dont l'un prouve que le libre arbitre doit nécessairement s'exercer afin que la justice puisse régir les affaires humaines, tandis que l'autre nous démontre que, ne pas admettre la nécessité, c'est violer l'uniformité de la loi de cause et d'effet. Mais en nous souvenant que la justice s'exerce non sur une vie, mais sur une longue série de vies, nous pourrons comprendre sa façon d'opérer, bien qu'à chaque instant de l'existence les actes puissent être produits par une influence prédéterminante. Tout acte peut être (et il l'est) environné comme d'une atmosphère intérieure de conscience, le nuage de la pensée qui l'accompagne. En d'autres termes, il ne faut pas considérer exclusivement l'acte, car il peut se commettre dans des états d'esprit bien différents. La conscience intérieure peut s'y prêter, l'appuyer, ou bien hésiter et en quelque sorte y résister. Or, il est certain que cette conscience intime — voix de la conscience, c'est-à-dire impulsion du Soi Supérieur mélangée aux habitudes de pensée engendrées par la volonté incarnée ou soi inférieur — doit être regardée comme dépendant entièrement du libre arbitre, quand bien même la loi de cause et d'effet devrait, par son influence dominatrice et en dernier ressort, déterminer l'accomplissement de cet acte. Karma, l'un des aspects de cette loi de cause et d'effet sur le plan spirituel, ne peut certainement pas négliger l'esprit dans lequel une action a été commise. L'acte en lui-même est une *conséquence karmique* de la somme totale des influences qui, découlant de la vie précédente, doivent porter sur ce moment précis de l'existence. Et l'accomplissement de cet acte causera nécessairement d'autres conséquences qui se répercuteront dans l'existence suivante. Au moment même de sa projection en objectivité comme cause, il peut être extrêmement modifié par la pensée, la disposition d'esprit ou d'âme qui l'accompagnent; et par là son effet dans l'*existence suivante* s'en trouvera modifié dans la même proportion. En sorte qu'à chaque pas en avant nous épuisons un karma ; celui de causes générées dans notre existence antérieure ; puis, suivant l'esprit avec lequel nous le subissons, et en opposant à chaque instant notre libre arbitre à la nécessité qui nous domine, nous déterminons l'effet karmique de nos actes sur les conditions de bonheur, de bien-être et de chances que nous offrira la vie suivante.

L'effet de cette loi peut se déterminer par l'exemple de quelques cas extrêmes. Supposons d'abord celui d'un homme dont la vie actuelle se trouve dominée par un terrible karma, généré dans sa vie antérieure, et qui non seulement lui amènerait des infortunes et des souffrances, mais encore le contraindrait à enfreindre de nouveau les lois de la Nature. Disons même qu'il est dans la « nécessité de la situation » qu'il viole gravement, non les enseignements élevés de l'éthique, mais les plus élémentaires principes du bien et de la justice. Il ne sentira pas qu'il agit en automate en commettant cet acte, et si cet acte est un crime, pourra-t-on vraiment affirmer qu'il ait agi consciemment ? Il entre alors en jeu une modification dont je parlerai plus loin ; quoique la loi générale de la Nature place nos actes sous la dépendance du karma, elle laisse une certaine latitude à l'exercice des forces considérées comme résultante de l'action. Mais laissons ce sujet pour continuer l'examen de l'acte en question, qui sera censé appartenir à la catégorie de ceux que le karma rend inévitables.

Or, l'homme est au moins libre de cultiver comme il l'entend ses états intérieurs de conscience. Le lecteur m'objectera-t-il ici que, tout autant que les actions commises, ces états intérieurs sont des produits de l'éducation, de l'entraînement, de l'hérédité, enfin de l entourage en général ? Ma réponse sera très simple : Ceci peut être vrai pour un homme n'ayant reçu aucune sorte d'éducation morale, ce premier acheminement vers la lumière théosophique. Un tel homme est, en effet, bien retardé dans l'évolution, mais, même dans ce cas, des chances lui seront offertes plus tard, dans d'autres vies, et elles le mettront au niveau de celui qui, aujourd'hui, est déjà un agent moral.

Revenons à notre exemple. L'homme dont nous parlions se trouve donc poussé par les circonstances à la perpétration d'un crime, mais c'est en pleine liberté qu'il pense à ce crime; car cette liberté fait partie de l'héritage inaliénable auquel il a droit comme tout être humain, qui possède en lui un Soi Supérieur et des potentialités divines de perfection. Admettons d'abord que sa volonté s'associe librement au mauvais karma en devenir. Il désire et prémédite son crime avec ardeur. Satisfait ensuite de sa réussite, il se sent prêt à l'accomplir encore dans des circonstances semblables. Nul remords ne l'agite. Sa carrière karmique se poursuit alors dans toute sa plénitude, et l'effet karmique de son acte sur les événements de sa vie future s'en trouvera terriblement intensifié.

Lorsque commencera cette nouvelle vie, criminelle encore, les souffrances qu'elle amènera inspireront à la conscience une répulsion pour tout événement, et par conséquent pour tout crime, associé à cet état de souffrance. C'est ainsi que le terme final du châtiment karmique recèle en soi le repentir qui commence alors à produire son propre effet karmique. Comprenons par là combien la Nature tend toujours à ramener, dans le droit chemin, ses enfants qui, dans leur aveuglement, s'en éloignent sans cesse. Supposons, d'autre part, que l'homme choisi pour exemple ayant commis son crime, le considère maintenant, par l'effet de son libre arbitre, à la lumière de sa conscience intérieure. Nous voulons admettre qu'il ait déjà fait les premiers pas vers le développement de sa nature morale. Il veut alors refaire sa vie en s'inspirant de pensées et de sentiments plus nobles que ceux qui influencèrent son triste passé. Il rendra ainsi son soi inférieur plus apte à percevoir consciemment les inspirations et les réflexions du Soi Supérieur, dont il n'avait jusqu'ici nulle conscience. Il est possible, cependant, que le funeste héritage transmis par son incarnation antérieure le pousse à un acte criminel, que le métaphysicien moderne regardera comme l'inévitable résultat de l'éducation première, des circonstances, etc. Mais alors, la faute à peine commise, il se trouve envahi par une violente sensation intérieure, car son soi inférieur s'ouvre déjà à l'influence émanant du plan spirituel. Il est épouvanté de son forfait, harcelé par le remords, et cette émotion terrible peut laisser son empreinte sur tous les événements subséquents de sa vie. Dès ce moment, les souffrances qu'il endurera seront peut-être plus violentes que celles qu'il aurait à supporter s'il avait généré du mauvais karma en suivant son ancienne voie de perversité. Malgré tout, dans cette affreuse position, son compte karmique si écrasant se balance, se ferme par cette tribulation même qui, dans les circonstances actuelles, était absolument inévitable et fût devenue pire encore en propageant à travers les temps sa force persistante.

La vie suivante se trouvera modifiée ou non suivant que la mauvaise action aura été perpétrée dans l'un ou l'autre de ces états d'esprit. Le libre arbitre s'est donc exercé ici suivant les conditions et les chances offertes à l'être en question, quoiqu'il fût soumis à la nécessité que lui imposait son passé.

Nous pouvons, de la même façon, *mutatis mutandis*, appliquer la loi que nous étudion aux nécessités karmiques d'une vie méritoire : nous en verrons alors les effets varier suivant qu'un esprit persévérant viendra en aide à ses tendances karmiques ou au contraire les entravera ou les affaiblira. Voyons le cas où la nécessité karmique obligerait une personne quelconque à accomplir une grande œuvre de bienfaisance. Le bon karma de sa vie précédente lui a donné la position influente et opulente nécessaire à la conception et à l'accomplissement de cet acte. Mais peut-être le charme de cette existence luxueuse a-t-il étouffé chez cet individu les sympathies généreuses qui, dans la vie précédente, lui valurent ce bon karma. Il accomplira pourtant l'acte charitable, se doutant peu qu'il agit sous l'impulsion d'une personnalité antérieure, mais avec une certaine hésitation intérieure, comme à contre-cœur. Il réfléchira ensuite que les êtres que sa munificence a comblés n'en étaient peut-être pas très dignes. Il lui semblera qu'il a été vraiment trop bon, et qu'après un tel acte on lui pardonnera bien de songer un peu à lui-même et à ses plaisirs personnels. C'est alors que s'arrête l'influence karmique. Dans l'existence suivante cet homme n'aura plus à accomplir d'autres œuvres de bienfaisance ; il ne possédera plus la puissance, l'influence nécessaires à leur réussite. Tandis que, s'il avait su animer sa vie actuelle, comme la précédente, de nobles émotions; si les circonstances favorables qui lui furent accordées avaient été accompagnées, comme autrefois, d'un persévérant effort spirituel, cet homme eût fait un grand pas dans le sentier de perfection, et son bon karma, accumulé par plusieurs existences successives, eût donné lieu à de très importants résultats.

Entre ces deux cas extrêmes, il y a place pour une infinité d'autres, où la même loi agit dans des conditions de bien ou de mal beaucoup moins caractérisées. Mais quelles qu'en soient les complexités, les résultats seront toujours les mêmes. Nous sommes les héritiers du karma de notre précédente existence (si peu que nous puissions réaliser cet état de choses dans notre conscience physique) et nous sommes les instruments dociles de ses impulsions complexes. Mais nous conservons toujours le libre arbitre qui fut autrefois l'instigateur de ces mêmes impulsions ; nous pouvons l'employer à développer en nous les bonnes ou les mauvaises tendances de notre vie actuelle, et c'est ainsi que se balance le compte karmique de notre vie.

Je prévois les objections qu'on élèvera contre cette doctrine ; les uns la jugeront dangereuse ; d'autres prétendront qu'elle donne trop de poids à la théorie de la nécessité en la dégageant des absurdités évidentes qui la rendaient inacceptable, malgré son aspect logique. Car, dira-t-on, si nos actions nous sont dictées par une force irrésistible, à quoi bon lutter contre elles ? Et en effet une compréhension imparfaite de notre doctrine aurait un effet plutôt démoralisant que bienfaisant. Ce serait là un des nombreux cas où l'exposition des lois occultes est plus nuisible qu'utile. Un surcroît de sagesse et de science entraîne un surcroît de responsabilité, et une vérité occulte à demi comprise peut devenir une propriété périlleuse. Dans notre cas, cependant, l'idée que cette doctrine de la Nécessité dans l'Action et du Libre Arbitre dans l'Esprit doive pousser les hommes au mal et à céder sans lutte à la tentation, cette idée sera aisément réfutée par la considération suivante. Bien que l'acte accompli, quel qu'il soit, ait pu être inévitable, on ne saurait sûrement classer dans cette même catégorie l'action préméditée ; jusqu'à son accomplissement, elle peut toujours être classée parmi celles que nous étions destinés à éviter. Il faudrait un avancement occulte bien supérieur à celui qu'exige la simple appréciation intellectuelle de cette loi, pour nous instruire à l'avance des actes exigés par le karma, et pour les distinguer des vaines suggestions de notre imagination ; et lorsque nous aurons atteint à cette haute faculté prophétique, nous aurons aussi sans doute acquis d'autres dons qui nous rendront aptes à supporter un surcroît de responsabilité et de pouvoir.

Lorsque nous voulons nous élever, détruire le mauvais karma du passé et faire des progrès spirituels, il n'est qu'une manière d'envisager, avec un esprit correct, les événements de la vie : c'est agir toujours avec l'hypothèse que nous sommes libres de nos actions. La nature, pour notre gouverne, soutient cette hypothèse en imprimant bien fortement dans notre conscience ce sentiment que nous sommes libres de nos actions. Et c'est ici qu'intervient la modification dont j'ai parlé quelques pages plus haut.

A notre stade actuel d'évolution, et dans certaines limites, nous ne sommes plus irrévocablement liés à nos actions par la nécessité karmique; nous ne sommes plus privés d'exercer notre libre arbitre en ce qui les concerne. Soupçonnera-t-on alors quelque lacune dans la donnée occulte, ou un vice dans le grand système de cause et d'effet ? il n'y a, au contraire, qu'une merveilleuse adaptation des lois de moindre importance aux lois supérieures. Graduellement, très graduellement même, le monde et « tout ce qui l'habite » passe à de meilleures conditions d'existence ; il devient alors nécessaire que tous ceux qui participent à son évolution y contribuent aussi par l'exercice de leur propre volonté spirituelle. Il est une conséquence du karma (celui que nous considérons maintenant, le karma de la vie physique) c'est que l'Arhat parfait est au-dessus des atteintes de cette loi. Ce n'est pas un argument de mauvaise aloi comme de prétendre qu'un souverain ne peut mal faire ; on entend simplement dire par là que nul ne saurait atteindre le rang d'Arhat sans devenir inaccessible aux tentations ordinaires du plan physique. L'Arhat est au-dessus des craintes et des espérances de la vie humaine. L'existence dans son corps n'est qu'une phase désagréable de sa vie habituelle hors de son corps ; il s'y soumet uniquement par amour du devoir, car aucun autre motif plausible ne pourrait l'y pousser; et il est aussi peu apte à pécher sur le plan physique qu'un homme cultivé n'est porté à frapper en pleurant la table à laquelle il s'est involontairement heurté.

Tel étant donc la situation privilégiée de l'Arhat, on comprend évidemment qu'il n'est plus lié aux actions physiques par le karma. Mais les diverses conditions de la nature se fondent en des nuances aussi délicates que les couleurs de l'arc-en-ciel, et lorsque l'homme, par son développement partiel, se rapproche de la condition d'Arhat, ses actions échappent en partie à la domination tyrannique du karma; son libre arbitre est une force plus puissante dans sa vie que dans celle de l'être qui n'est encore déterminé qu'à travers ses états de conscience internes. Au stade d'évolution que nous avons presque tous atteint aujourd'hui, nous, hommes du XIXe siècle, ou, comme le diraient les occultistes, de la cinquième race, nous avons tous dépassé le point où nous n'étions, en ce qui touche nos actions, que de simples automates dans les mains du karma. Par exemple, il serait faux de prétendre aujourd'hui qu'un habitant du monde civilisé puisse être forcé par ses antécédents karmiques à commettre un meurtre ; la suggestion karmique peut l'y pousser, mais nous nions absolument qu'elle puisse être assez inflexible pour faire de l'homme le simple instrument d'un pareil crime. Lorsque je parle ici de meurtre, j'entends le meurtre volontaire, inspiré par une intention bien définie, et je n'entre dans aucune des distinctions légales.

On en pourrait dire autant de tous les manquements graves au devoir, qu'ils tombent ou non sous le code moral humain ; car les moins éclairés d'entre nous commencent déjà à être responsables.

Dans l'étude des sciences en général, et de la science occulte en particulier, la solution d'un problème nous en suggère un autre, jusqu'alors insoupçonné ; il est donc préférable d'aborder maintenant un point difficile qui tôt ou tard nous embarrasserait en examinant le libre arbitre restreint (du moins quant aux actions) que la science occulte accorde à notre race actuelle.

Nous sommes tous en relations étroites les uns avec les autres sur ce plan physique ; peut-être en est-il ainsi sur tous les autres plans, quelquefois même à un degré plus prononcé. Quoi qu'il en soit, la façon dont nos actions s'influencent réciproquement est tellement évidente que les penseurs superficiels se refusent à voir aucune apparence de prédétermination dans le cours des événements. Si A... vole B.., la vie de ce dernier peut en être complètement changée. Or, s'il dépend du libre arbitre de A... de voler B... ou de s'en abstenir, comment le karma de B... pourra-t-il s'accomplir régulièrement ? On peut appliquer ce raisonnement *ad infinitum* aux petits faits, aux actions insignifiantes, comme aux événements importants. Les plus graves événements de notre vie eurent souvent pour point de départ certaines actions faites par d'autres et qui, à l'époque, semblaient absolument insignifiantes. Où pourrions-nous, scientifiquement parlant, établir une ligne de démarcation ? Les affaires humaines sont si enchevêtrées qu'il semble qu'on doive dire : De deux choses l'une : ou chaque action, si légère soit-elle, est automatique et inévitable ; ou rien n'est prévu dans le cours des événements, et le fonctionnement régulier du karma n'existe pas. Pourtant il est un moyen d'établir cette ligne de démarcation ; de nouvelles révélations viennent le rendre intelligible, et elles sont si subtiles qu'il ne faut les aborder qu'insensiblement.

En disant que les lois de la nature sont l'expression de la volonté de Dieu, nous employons un langage que contesteront peu de penseurs européens ; le matérialiste même, s'il n'est pas absolument athée, pourra le tolérer. L'idée religieuse s'y rattachera, car c'est un moyen de mettre en harmonie les faits incontestables de la science physique avec les théories théologiques. Seul l'étudiant en occultisme ne sera jamais entièrement satisfait par ces belles généralités, car il voudrait une interprétation plus précise des faits spirituels. Lorsqu'on fait une solution de deux sels chimiques, les acides et les bases s'échangent entre eux et se groupent dans une nouvelle combinaison moléculaire. Est-ce la volonté de Dieu qui ordonne ce changement? D'autre part, si une nébuleuse incandescente doit, sous certaines conditions, se transformer en un système planétaire débordant de vie, de joie et de souffrance d'où émane à la fois de nobles aspirations humaines et de mauvaises tendances, l'amour et la haine, pouvons-nous supposer que ce soit le résultat inconscient de la volonté de Dieu ? Ce double problème est, dans la plupart des cas, respectueusement abandonné comme insondable. Mais son impénétrabilité n'est due qu'à l'influence délétère de la pensée moderne, qui ne fait intervenir Dieu, au sens cosmique, que lorsqu'il dépasse absolument la portée des plus minutieuses observations touchant les faits physiques de l'univers. L'enseignement occulte seul nous initie aux relations existant entre l'humanité et l'esprit universel absolu — le Dieu cosmique.

Cette période de notre exposé nous conduit à l'un des plus sublimes mystères du plan spirituel ; j'espère que mes lecteurs en abordant et en approfondissant ce sujet y apporteront une disposition d'esprit convenable. Les choses sont telles que je l'avais fait pressentir. De même qu'il existe, incontestablement, des hommes beaucoup plus évolués, mieux doués que la généralité, sous le rapport de la sagesse du pouvoir et des facultés, il existe aussi dans la nature, en rapport avec notre monde, des êtres spirituels possesseurs de dons beaucoup plus sublimes encore. Et l'influence de quelques-uns d'entre eux sur les événements terrestres est une étonnante et profonde vérité. De ces êtres nous ne connaissons que peu de chose, à part leur existence et la nécessité logique de cette existence dans la grande hiérarchie de la conscience, c'est-à-dire de l'esprit individualisé. Mais le seul fait de leur existence nous met à même de discerner le fonds de vérité caché sous les conceptions erronées qu'on se forme souvent de la Providence qui gouverne le monde.

Nous ne rechercherons pas ici dans quelle mesure ces Seigneurs spirituels de la Création sont chargés d'exécuter la volonté cosmique en ce qui concerne ces grandes uniformités de la nature qui constituent les lois de la matière ; mais il se comprend de soi qu'ils puissent diriger consciemment le merveilleux enchaînement d'événements constituant les lois de karma. Sans doute, l'esprit demeure confondu devant la complexité de ces problèmes ; la science physique nous apprend pourtant à ne pas nous effrayer d'une complexité équivalente à l'improbabilité dans nos interprétations de la nature. Et il est peu probable que les lois du plan spirituel soient moins complexes que celles de la matière ; la télégraphie multiple (sans chercher dans les lois de l'optique des exemples encore plus probants) nous avertit suffisamment de ne pas rejeter comme inconcevables certaines activités de la nature, parce que notre esprit ne se sent pas apte à les suivre consciemment en détail.

Quoi qu'il en soit, les différences qu'on remarque entre les lois de la matière physique et les mystères de la conscience humaine nous suggèrent, par analogie, un mode différent par lequel l'esprit universel pourrait contrôler à la fois les lois de la matière et les incidents de la vie, ces derniers servant à parfaire la justice du karma. Nous pouvons nous figurer les lois de la nature comme préalablement déterminées par un pouvoir prodigieux de la Création ou de la Volonté divine, en prévision, pour ainsi dire, du drame humain qui devra s'y jouer. Puis, au début de ce drame nous pouvons imaginer la Volonté divine se concentrant en une ou plusieurs consciences individuelles d'une suprême élévation, à peine moins omniprésentes que cette première essence fondamentale d'où elles émanent. Ce problème métaphysique, pour l'esprit humain qui le médite, est celui de la répartition de conscience. L'organisme physique est, comme instrument de la pensée, soumis à de si terribles limitations que, généralement parlant, l'homme incarné ne peut penser qu'à une seule chose à la fois. Dans la pratique cependant et lorsqu'on arrive au seuil de ce grand processus que les occultistes nomment initiation, je crois que ces limitations ne paraissent plus aussi infranchissables qu'on le croyait, et qu'il est possible d'arriver à poursuivre simultanément plusieurs suites de pensées, — j'entends par là l'emploi d'une faculté supérieure à celle qui consisterait à passer rapidement d'une suite de pensées à d'autres en se remémorant tour à tour chacune d'elles un peu à la façon d'un joueur d'échecs jouant plusieurs parties à la fois. La répartition de conscience que possède un être, pour ainsi dire conscient dans la Divinité, et préposé à diriger le karma, est une chose d'une rapidité transcendante comparée à la très élémentaire répartition de conscience dont nous parlions plus haut, et qui la dépasse autant que les ondulations de la lumière, se chiffrant par billions à la seconde, dépasseraient la rapidité d'exécution d'un pianiste. Mais entre la faculté de penser à deux choses ou à deux millions de choses à la fois, il n'y a qu'une question de gradation, ce qui rend logiquement possible à l'intelligence humaine la conception de cette opération transcendante.

C'est tout ce qu'il nous faut reconnaître pour concevoir, en imagination, le gouvernement karmique accordant un champ d'action subsidiaire au libre arbitre individuel. Chacun d'entre nous peut, de temps à autre, déranger le plan prémédité du karma dans lequel il se trouve englobé. Admettons par exemple qu'il soit prévu dans le karma de A... et de B... qu'ils doivent être ruinés et éprouver un grand dommage matériel par la faute (probable) de C... Mais C..., usant de son libre arbitre spirituel, a développé un sens moral dépassant de beaucoup celui qu'il possédait lors de sa précédente incarnation, et, en quelque sorte, il manque de parole au karma. Il faudra donc faire intervenir d'autres arrangements, envoyer d'une autre façon à A... et à B...l'épreuve qu'ils doivent subir, et cela nécessitera bien des réajustements de moindre importance. Mais ceci n'exige qu'une capacité adéquate de la part du pouvoir dirigeant, et notre hypothèse (ou plutôt la donnée ésotérique concernant cet état de choses) reconnaît que les « Providences » du monde la possèdent.

Ce principe, que je vais essayer d'expliquer et qui concerne l'action subsidiaire du libre arbitre pendant chaque vie physique, sera rendu plus clair par le schéma ci-contre.

Dans cette figure, la ligne centrale A B représente la direction générale d'évolution prise par la majeure partie de la race, et les petits parallélogrammes figurent quelques existences individuelles. Voyons d'abord la vie *a*; sa place sur la ligne centrale indique que les impulsions karmiques de l'incarnation antérieure placent l'individu, dont nous considérons la vie, au niveau de la tendance normale de son époque. Mais cet homme jouit du privilège d'un libre arbitre partiel qui lui permet de modifier sa tendance évolutive dans la mesure indiquée par les lignes pointillées s'étendant à droite et à gauche de la ligne centrale ; il ne saurait la modifier davantage, étant maintenu entre ces lignes par les limitations du karma et les circonstances, pour autant que les lignes latérales de son parallélogramme en restreignent la divergence. Supposons le bien spirituel représenté par la ligne dirigée vers la droite, et le mal spirituel par celle dirigée vers la gauche. Lorsque l'individu en question fait les efforts nécessaires pendant

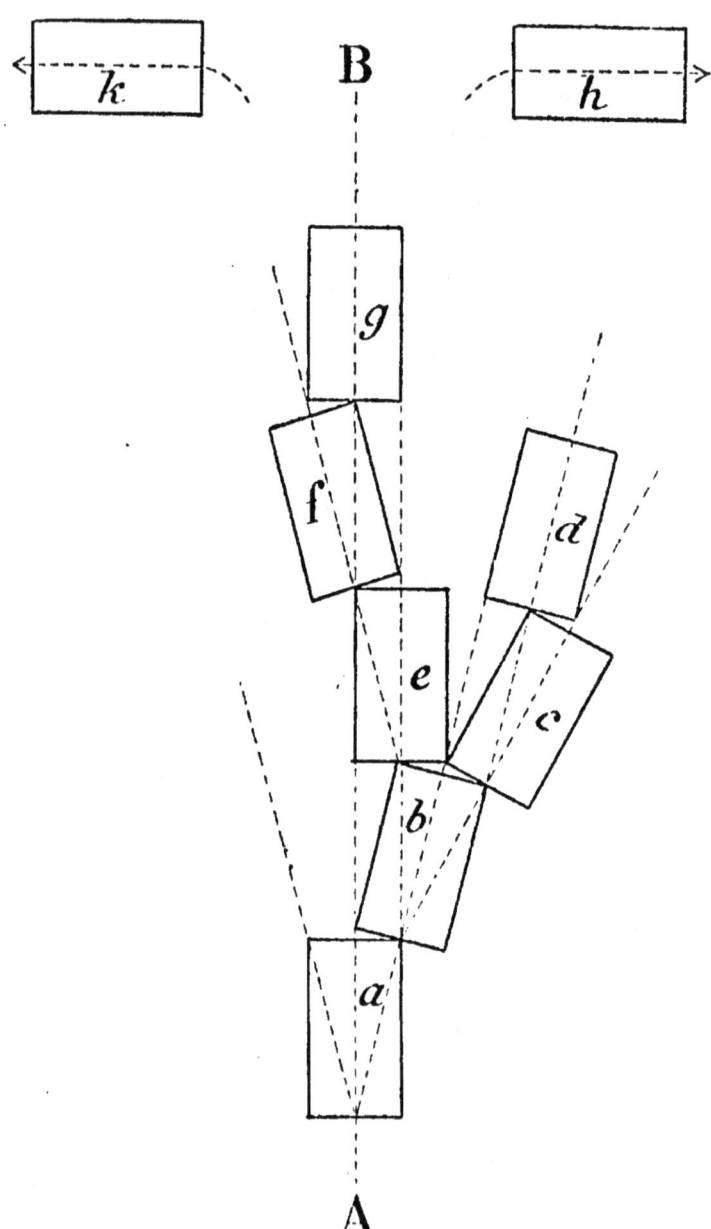

la vie représentée par *a*, les tendances karmiques, dans son incarnation suivante, le pousseront dans la direction de la ligne centrale traversant la vie *b*. Si de nouveaux efforts vers une spiritualité plus haute détermine une inclinaison plus forte de la ligne centrale de vie vers la droite, la troisième existence de cet homme sera représentée par *c*. Il va de soi que plusieurs autres vies dirigées vers le même but aboutiraient à placer la ligne centrale de la vie à angles droits avec la ligne centrale d'origine — c'est ce qu'indique le parallélogramme *h* qui nous représente la condition de l'Adepte, en harmonie avec l'Idée divine du bien absolu.

Mais le libre arbitre de l'homme a toujours une part active et incontrôlable à chaque phase du processus, et l'être en question, avant d'atteindre la perfection complète de la vie *h* pourra toujours dévier vers la mauvaise direction. C'est ainsi que les énergies de la vie *c* peuvent être mal dirigées et donner lieu à une incarnation subséquente représentée par *d*. Une nouvelle déviation vers le mal replacerait alors l'Ego dans le champ ordinaire de l'évolution. Quel que soit son stade de progrès sur cette ligne centrale, une déviation mauvaise pourra toujours l'entraîner vers la gauche et déterminer dans la vie nouvelle une inclination prédominante au mal, comme le montre la figure *f*. La persistance des mêmes tendances mauvaises, durant quelques existences encore, placerait l'Ego sur la ligne horizontale se dirigeant vers la gauche, qui nous représente la voie du mal absolu ; cette voie, comme celle du bien absolu, entraîne l'Ego hors du courant général de l'évolution, dans des conditions que nous explique la donnée théosophique.

On verra que, en ce qui concerne la grande majorité des existences, et vu la complexité de la nature humaine, il est probable que la plupart des Egos, tout en déviant tantôt à droite, tantôt à gauche, progresseront néanmoins sur la ligne générale du courant évolutif. Pour rendre notre figure encore plus expressive, nous pouvons supposer que la ligne principale et centrale A B est, non pas une ligne droite, mais l'arc d'une circonférence immense tendant vers la droite, en sorte que, dans la suite des âges, la grande majorité des êtres sera lentement entraînée vers le bien ; parce que cette tendance représente la prépondérance finale du principe du bien sur le principe du mal, bien qu'ils nous paraissent souvent s'équilibrer lorsque nous considérons les destinées humaines à notre point de vue borné.

Une autre modification peut aussi être introduite dans notre schéma, dont je n'ai pas jugé à propos de surcharger le dessin. Ce serait de donner une plus grande largeur à chaque parallélogramme, lorsqu'il dévie d'un côté quelconque de la ligne centrale, pour bien indiquer la plus grande prépondérance du libre arbitre, lorsque l'Ego incline davantage vers la bonne ou vers la mauvaise spiritualité. Ceci lui permettrait d'atteindre la position horizontale plus rapidement qu'il ne le pourrait faire si les vies plus spiritualisées étaient aussi étroitement limitées par les entraves du karma ou de leur entourage que celles qui évoluent dans la direction de la ligne centrale.

J'espère qu'on ne supposera pas que, par la longueur et la largeur arbitraire des parallélogrammes, j'ai cherché à indiquer jusqu'où s'étend la puissance du libre arbitre pour déterminer les événements de la vie. Si ces figures n'étaient en corrélation qu'avec ces événements, peut-être devrais-je en rétrécir sensiblement les dimensions latérales. Mais en dépit de tous nos raisonnements sur la nécessité, avec l'appui même que lui prête, en l'éclairant, la donnée occulte actuelle, lorsque viendra l'impulsion d'agir, nous y obéirons avec le sentiment pratique de la liberté du choix. Celui dont les intuitions sont assez éveillées pour saisir dans son ensemble la signification de cette donnée occulte, ne pourra mal employer la connaissance intellectuelle ainsi acquise. En effet, si quelqu'un, après avoir cédé à la tentation, objectait : La chose est faite maintenant, donc elle ne pouvait pas ne pas se faire, et il est inutile de s'en tourmenter davantage — nous lui répondrions que c'est là le pire sentiment, esprit ou état de conscience qu'il puisse apporter à l'accomplissement d'un résultat karmique, et que celui-ci se transmettra à travers les âges comme nouvelle force karmique.

Maintenant que nous avons dit tout ce qui se peut dire relativement à l'action subsidiaire du libre arbitre sur nos actions, il faut se souvenir que cette loi est étroitement reliée à la pensée qui s'attache aux actions commises. Dans ces dernières pages, j'ai traité d'une modification extrêmement importante de la règle générale ; nous allons maintenant revenir à l'examen de cette règle tout en prenant bonne note de la modification. Mais il faut prendre en considération que, si le libre arbitre peut, dans une certaine mesure, faire dévier vers la droite ou la gauche la ligne centrale d'évolution, ce fait concerne principalement la façon dont, par nos pensées, nous créons l'aura karmique entourant les actions de notre vie.

Apprécié dans son véritable sens, l'exposé complet de notre doctrine tend à élever la vie, à l'ennoblir. En première ligne, elle exalte l'importance de la *pensée* considérée en soi comme force dans la Nature. On la regarde trop souvent comme l'accessoire accidentel et insignifiant de l'action. — Surveillez les actions, les pensées se surveilleront d'elles-mêmes. Cet axiome, aux yeux de bien des gens, semble déjà imposer une assez lourde tâche aux bonnes aspirations de notre humanité faillible. On peut jusqu'à un certain point admettre la responsabilité de nos actions, mais nos pensées, pourrait-on objecter, sont au-dessus de notre contrôle. Les leçons de la philosophie ésotérique se trouvent ici en contradiction directe avec cette erreur générale.

Nos pensées ne sont nullement au-dessus de notre contrôle et nous en serons rendus responsables à un haut degré.

Une idée rudimentaire et imparfaite, appartenant néanmoins au même ordre d'idées que la doctrine présentée ici, se trouve contenue dans cette théorie très répandue que le « motif » est après tout la chose principale, et qu'on peut, tout en commettant les pires actions, être néanmoins innocent aux yeux de la Providence, lorsqu'un bon motif les inspire. Cette notion ne peut se justifier qu'en ce qu'elle contient en germe cette idée, bien plus subtile, que l'efficacité karmique des actes est sensiblement modifiée par l'esprit dans lequel on les accomplit. Un bon motif ne peut neutraliser un acte mauvais, pas plus que la conviction qu'un morceau de fer est froid ne peut vous empêcher de vous brûler en le touchant, s'il est réellement chaud. L'acte accompli aura sa répercussion dans le temps et produira ses conséquences qui, si elles sont mauvaises, retomberont quelquefois sur leur auteur, selon l'inexorable opération de la loi karmique. Le motif de l'action pourra certainement en modifier l'effet karmique, mais, si elle est mauvaise, un bon motif peut avoir pour effet d'aveugler son auteur sur le caractère pernicieux de son acte et empêcher ainsi, en son esprit, la naissance de certaines pensées qui l'amèneraient au remords et par suite à l'épuisement du karma de l'action. D'ailleurs, ceux qui prétendent que les bons motifs excusent les mauvaises actions parlent sans tenir compte de l'ancien karma, qui est en réalité l'inspirateur des actions. Ils les considèrent, à chaque fois, comme ayant un nouveau point de départ, tandis qu'une conception plus philosophique du sujet nous montre qu'il en est autrement. Il serait superflu d'ajouter que l'homme qui commet une mauvaise action dans une mauvaise intention est plus coupable que celui qui la commettrait avec une bonne intention ; et jusqu'à un certain point la doctrine du bon motif peut valoir mieux que rien pour un esprit non philosophique. Mais elle ne nous avancerait guère dans la voie conduisant à une véritable conception de l'éthique, et ne contribuerait surtout en rien à élucider le mystère du libre arbitre et de la nécessité que la doctrine occulte éclaire d'une façon si satisfaisante.

Tenant compte de ces réflexions profondes, il ne nous sera pas inutile de jeter un coup d'œil rétrospectif sur les expédients piteux auxquels eurent recours une théologie erronée et un système métaphysique de convention pour lutter contre les contradictions éclatantes produites par le libre arbitre et la nécessité, lorsqu'on les appliquait à une existence unique.

C'est ainsi que les préceptes de l'Église anglicane, nous informent (dans l'intérêt de la théorie nécessitaire) que « la Prédestination à la vie est l'éternel dessein de Dieu ; c'est pour cela qu'avant que fussent établies les fondations du monde, il prit secrètement la résolution de délivrer de la malédiction et de la damnation ceux d'entre les hommes, qu'Il avait choisis en Christ pour les conduire par Christ au salut éternel, comme vases d'honneur — certains autres vases très nombreux étant de la même façon construits pour être des vases de déshonneur et traités de façon très différente ».

Ces êtres choisis « obéissent par la grâce à cet appel » et gravissent religieusement le sentier des bonnes œuvres. Ce n'est jusqu'ici qu'un exposé aride de la nécessité faisant des hommes les automates d'une Divinité qui, suivant cette hypothèse, aurait, dès avant les fondations du monde, résolu de les gouverner par des principes qui révoltent le sens moral. Mais ces préceptes, qui n'hésitent pas à insulter la divinité, sont tout prêts à se contredire eux-mêmes, afin de permettre à leurs disciples une interprétation de leur choix. Ainsi l'article, où nous avons puisé ces quelques mots, termine en disant « qu'après tout nous devons recevoir les promesses de Dieu, de la manière dont elles nous sont généralement présentées dans les Saintes Écritures ». Et les Saintes Écritures prêtant à bien des controverses, les partisans du libre arbitre et de la justice comme principe fondamental d'un gouvernement divin, sont alors autorisés à accepter, s'il leur plaît, l'article en question, non dans le sens indiqué par les mots, mais dans un sens diamétralement opposé. A égale B : telle est la doctrine de l'Église, mais si néanmoins vous pensez qu'A ne soit pas égal à B, vous pouvez continuer à le croire, tout en restant fidèle croyant de la doctrine de l'Église.

C'est comme si quelque professeur de géométrie venait nous dire : Je vous affirme que les trois angles d'un triangle sont égaux à quatre angles droits ; mais vous pouvez, néanmoins, si vous vous obstinez à le nier, soumettre le sujet aux conclusions générales du théorème d'Euclide ; et, en ayant ainsi tranquillisé votre conscience, allez et enseignez à qui vous parlera de ce sujet, que c'est à ce chiffre de quatre angles droits que les gens bien pensants devront ajouter foi.

Les métaphysiciens ne traitent guère le sujet avec plus de logique que l'Église. La philosophie matérialiste, en règle générale, opterait pour « l'uniformité », mot plus agréable que nécessité ou prédestination, mais, dans cette suite d'idées, signifiant absolument la même chose. Le libre arbitre s'en va donc par-dessus bord et avec lui toute justice dans le gouvernement du monde, ainsi que toutes conjectures relatives à la persistance de l'état de conscience au delà de la tombe. Sur ce point, le matérialiste et le calviniste se donnent la main, et il n'y a pas lieu de choisir entre la manière de voir d'une école qui fait de la Divinité un mythe, de l'âme, un attribut de la matière, et celle qui ne reconnaît un Dieu que pour le douer d'attributs moraux qui dégraderaient l'être humain le plus déchu. Pourtant, le matérialiste et le calviniste sont jusqu'ici tous deux logiques ; on doit leur accorder cela. D'autre part, les logiciens qui tiennent pour le libre arbitre (sans même soupçonner qu'il puisse exister, et qu'il existe dans son effet complet, bien qu'il soit en général incapable de dominer les actions) essaient de l'interpréter en disant que les émotions de l'esprit ont un effet uniforme en tant que motifs, mais qu'indépendamment des qualités de l'esprit, il faut considérer sa substance propre, le Soi ou Égo réel, qui est exempt des conditions attachées à ses attributs. Cette dernière personnalité est libre et indépendante ; un pouvoir d'action soi-déterminant y réside, indépendant des causes extérieures. Ceci équivaut presque à dire que la *hauteur* d'un arbre est peut-être de vingt pieds, mais que c'est la mesure de la *hauteur* et non celle de l'arbre. Le Soi ou Égo est assurément chose très distincte des qualités qu'il manifeste durant une vie terrestre, mais tant qu'il est en incarnation, vous ne pouvez pas plus le considérer dans ses rapports avec la terre — comme chose distincte de la somme totale de ses attributs — que vous ne pourriez, sur le plan physique, considérer l'orange de Berkeley en faisant abstraction de sa grosseur, de sa couleur, de son poids, de sa forme, etc.

Il y a dans l'Égo un quelque chose qui prend contact avec le plan physique, sans pour cela faire partie de ce plan, et qui est exempt des « Uniformités » dont parlent les anciens argumentateurs du libre arbitre. Ce quelque chose est la pensée de l'Égo, son propre aspect spirituel et intime. Elle est directement en relation avec ses actions, mais sans cependant constituer l'action, et, par conséquent, elle n'est pas soumise au contrôle des forces karmiques qui produisent l'influence sous laquelle la doctrine de l'uniformité est supposée agir. Cette pensée de l'Égo est libre en tout temps et peut toujours faire appel à la Source divine, dont celui-ci découle, pour considérer à la lumière de son état de conscience les actes qu'il s'est vu forcé de commettre; l'Égo peut ainsi s'efforcer d'accomplir à l'avenir des actions plus conformes au but de la divine Providence (but auquel, s'il le veut, il peut coopérer activement comme agent); et, souvent, au cours de ses efforts, il pourra découvrir comment l'avenir se déroule; il pourra se rendre compte que les forces karmiques du passé s'affermissent d'elles-mêmes dans une même direction.

Son libre arbitre, inspiré par de plus nobles désirs,

trouvera devant lui la voie libre, débarrassée des obstacles qui suscitaient auparavant de si terribles luttes. Peut-être aussi en rencontrera-t-il en plus grand nombre, mais seulement alors pour constater qu'il en *peut* triompher, si péniblement que ce soit.

Le grand point sur lequel il nous faut insister est la constatation de cette liberté intérieure qui se trouve en harmonie complète et scientifique avec l'aspect universel de la Nature, tel que nous le représente l'enseignement ésotérique. L'un des effets en sera d'accomplir ce qui a été regardé jusqu'ici comme un problème aussi insoluble que celui de la quadrature du cercle — la conciliation du Libre Arbitre et de la Nécessité.

CHAPITRE VI

LES SEPT PRINCIPES

Nous allons bientôt commencer l'étude des conditions réelles de ces royaumes que l'âme, en cours d'évolution, doit traverser depuis l'instant de la mort physique jusqu'à celui de la renaissance. Pour nous préparer la voie, il est utile de nous arrêter ici un moment et de tâcher de nous former une conception plus claire de la constitution complexe de l'homme. Cette constitution comprend en elle-même des véhicules appropriés pour exprimer son état conscient sur chaque plan de la Nature, en outre de celui qui nous concerne spécialement. Nul penseur n'arrivera à une compréhension adéquate du processus par lequel s'accomplit l'évolution du centre de conscience individuel, s'il n'a pu préalablement saisir le véritable caractère des divers véhicules au moyen desquels cette conscience peut, de temps à autre, se manifester. Sur le plan d'incarnation physique ces véhicules sont tous contenus les uns dans les autres ; aussi, à un certain point, sommes-nous des êtres plus simples dans les royaumes supérieurs de la Nature que sur notre plan d'existence actuel. Les conditions de l'existence physique rendent indispensable l'état plus complexe que nous y rencontrons. Mais, en examinant ce que l'enseignement occulte nomme les « sept principes de l'homme », il ne faut pas oublier que cette constitution septénaire s'applique à l'aspect physique de l'homme, et que la véritable individualité ne doit pas se concevoir comme un faisceau d'âmes séparables les unes des autres, comme on croit à tort que la science occulte l'enseigne. L'entité complète, telle que nous la voyons ici, est plutôt un faisceau de véhicules, aptes à fonctionner sur différents plans de la Nature, et que l'humanité en général considère comme inséparablement fixés dans le véhicule inférieur le moins développé, c'est-à-dire dans le corps physique. Ces divers véhicules sont jusqu'à un certain point séparables, même chez le commun des hommes ; ils le sont complètement et facilement s'il s'agit de personnalités dont l'entraînement spirituel a atteint certains stades et dont l'évolution (processus lent pour la généralité des humains) a été hâtée par des moyens anormaux.

Passant maintenant aux détails, je vais énumérer les sept principes d'une manière qui ne diffère pas essentiellement de celle que j'ai exposée dans le *Bouddhisme ésotérique,* ainsi que le verront ceux qui ont lu cet ouvrage, mais, au point de vue du langage, les termes que j'emploie ici éviteront peut-être les malentendus que la terminologie première rendait possibles. Les sept principes par ordre numérique peuvent se décrire comme suit :

1° Le Corps physique ;
2° Le Double éthérique ;
3° Jiva ou Prana ;
4° Le Véhicule astral ;

5° Manas ;
6° Bouddhi ;
7° Atma.

Les trois premiers principes considérés dans cet ordre appartiennent entièrement à la manifestation physique. Dans le premier énoncé de ces idées j'avais placé Jiva comme deuxième principe, et le « Linga Sharira » ou Double éthérique au troisième rang. La modification que j'apporte ici ne constitue pas une altération dans le fond de l'enseignement, mais elle me semble préférable à certains points de vue. En ce qui concerne le Linga Sharira, ce terme fut tout d'abord emprunté à la terminologie orientale par notre littérature théosophique, qui l'adopta ; mais une appréciation plus parfaite de la fonction exacte que remplit cet élément dans notre organisme nous le montre comme une contre-partie plutôt éthérique qu'astrale du corps physique. C'est en même temps l'organisme intermédiaire par lequel Jiva ou la force vitale influence le système tout entier. Les étudiants en Occultisme comprendront aisément la différence exprimée par ces deux termes ; mais les lecteurs ordinaires pourraient au premier abord ne pas la remarquer. La matière éthérique est encore d'ordre physique, selon la plus stricte classification qui puisse être adoptée, bien qu'elle échappe déjà entièrement à l'observation des instruments et qu'elle ne puisse être aperçue que par les sens plus subtils du véhicule astral.

En nous élevant jusqu'aux états subtils du Cosmos, nous voyons que chaque plan de la Nature est constitué par différents ordres de matière, chaque ordre étant lui-même soumis à des modifications diverses sur son propre plan. Par exemple, nous avons les matières solide, liquide et gazeuse, et il existe encore en plus quatre variétés de matière éthérique, dans lesquelles peuvent se décomposer graduellement les molécules des éléments connus par la chimie ordinaire. C'est là un sujet profondément intéressant, mais il m'éloignerait trop de mon objet principal si je m'arrêtais à l'expliquer, en me limitant même aux points examinés jusqu'à présent. Il me suffira de rendre intelligible, dans ses grandes lignes, l'idée principale du développement occulte de la science chimique. Tout en restant d'accord avec la réalité positive de la nature, lorsqu'on considère la molécule de matière possédant les caractéristiques d'un des éléments chimiques connus, il faut se la représenter comme une structure compliquée, formée de nombreux atomes ultimes. Tous ces atomes ultimes sont identiques dans leur composition et leurs attributs, approximativement du moins ; en tous cas, les différences latentes en eux n'ont rien de commun avec leurs aspects sur le plan physique. Chaque molécule peut être considérée, de prime abord, comme une construction différente des autres, mais chacune de ces constructions est faite de matériaux identiques. Certaines structures moléculaires exigent un grand nombre de matériaux, et tandis que la molécule la plus simple connue en chimie, celle de l'hydrogène, ne contient que dix-huit atomes, les molécules de certains gaz en contiennent plusieurs centaines, et ces chiffres s'élèveraient encore s'il s'agissait de molécules entrant dans la composition d'éléments métalliques.

Si l'on arrive à désagréger, en les subdivisant, les molécules gazeuses que la chimie reconnaît, elles passent dans la condition de l'éther le plus dense et paraissent aussitôt échapper à toute perception des sens physiques et des instruments.

Leurs effets sont néanmoins manifestes dans les

divers phénomènes de la nature, correspondant aux vibrations éthériques, et un temps viendra où, grâce au progrès de la science, tout ceci deviendra l'a, b, c des manuels. Dans les variétés supérieures de matière éthérique, ces subdivisions moléculaires se désagrègent encore, et enfin dans la variété la plus élevée nous voyons les atomes entièrement séparés les uns des autres ; à ce point, l'atome de matière est parfaitement uniforme dans sa structure et homogène dans sa constitution.

Le Double éthérique est composé de matière provenant des sous-plans éthériques, sa constitution est soumise à l'observation de lois très subtiles, véritable expression de la volonté spirituelle la plus élevée qui régit notre planète. Le Double éthérique préside à l'organisation des molécules physiques pendant la croissance du corps ; en réalité, il grandit en même temps que lui, mais toujours en le devançant d'un pas, et la force circulant dans le système nerveux du Double éthérique est ce Jiva (1) qui constitue le principe de la vie physique. Lorsqu'il s'est différencié des vastes réserves de la Nature pour servir aux besoins de l'humanité, il entre dans le champ visuel des sens astrals et peut vraiment être vu, par ceux qui en possèdent les moyens, quand il parcourt le système nerveux du Double éthérique, à l'instar du sang qui circule dans les veines du corps physique. Dans son état primitif, Jiva est une force qui, du soleil, se répand sur notre

---

(1) Jiva, après son assimilation par le corps éthérique, est transformé en Prana, la vie solaire physique est transformée en vie humaine physique ; c'est en somme une simple modification vibratoire de la même force. Nous continuerons donc, suivant les traditions adoptées dans les éditions françaises, à appeler *Prana* le *Jiva spécialisé*. N. D. T.

planète et possède de nombreuses fonctions en rapport avec la nature organique. Pour nous en tenir à cette seule question de la croissance humaine, cette force subit, dans un organisme sain, un processus de différenciation qui l'adapte à sa tâche spéciale, de même que la nourriture organique est convertie en sang par le corps physique. Un organisme humain sain et robuste absorbe plus de Jiva qu'il n'est nécessaire, tout comme les abeilles fabriquent plus de miel qu'elles n'en consomment ; dans ce cas, l'excès de cette force différenciée que nous appelons Prana s'échappe par des radiations perpendiculaires au corps physique, et en pourvoit plus ou moins les organismes trop faibles pour s'approprier, par eux-mêmes, la quantité qui leur est utile.

Un homme bien portant communique ainsi constamment, même sans intention, le surplus de sa vitalité aux autres ; mais il en dispenserait davantage encore s'il se servait de passes magnétiques, et si, pour les rendre effectives, il exerçait le pouvoir de sa volonté, pouvoir variant plus ou moins suivant son propre développement. Par contre, l'homme en mauvaise santé, dont le système organique peu actif est incapable de spécialiser, pour son usage personnel, une quantité suffisante du Jiva solaire qui nous entoure, cet homme agit inconsciemment comme une éponge et absorbe le Prana de ceux avec lesquels il se trouve en contact.

Nous avons presque tous éprouvé (bien qu'à différents degrés) auprès de certaines personnes comme un sentiment de lassitude, de fatigue, mais sans pouvoir reconnaître la cause de cette impression. Les individus à tempérament très robuste ne l'éprouvent presque jamais, peut-être parce que chez eux les principes supérieurs, y compris ces émanations subtiles appartenant au plan astral, sont plus intimement mélangés aux molécules physiques, et qu'une nature très matérielle, étant par elle-même très peu sensitive, se dépouille en général très difficilement de ses propres influences. D'autre part, le sensitif, qui ressent très facilement les émanations magnétiques des autres, est aussi celui qui se laissera le plus facilement soutirer la vitalité qu'il peut posséder.

Il ne faudrait pas déduire de ces considérations qu'une robuste et excellente constitution physique soit l'indice d'une nature très matérielle. Ce serait très mal comprendre l'ensemble de cette question que de faire dépendre, ainsi qu'on le fait trop souvent, le degré de sensitivité d'une santé plus ou moins bonne.

Le quatrième principe ou Corps Astral est le véhicule dans lequel l'âme peut fonctionner sur le plan astral, celui qui se trouve immédiatement au-dessus du plan physique et dont nous examinerons bientôt la nature et les particularités. Rien n'est plus difficile, dans l'étude des interprétations occultes, que de choisir l'ordre dans lequel on doit en considérer les différentes subdivisions, car on ne peut rien comprendre parfaitement, si l'on n'en possède déjà un aperçu général. Le sujet qui nous occupe en ce moment, celui de la constitution septénaire de l'homme, exige, pour être correctement apprécié, la compréhension de l'ensemble du système planétaire auquel nous appartenons ; mais on ne saurait entreprendre un traité sur cet important sujet sans faire constamment allusion aux principes de l'homme. Néanmoins, si quelque aperçu semble obscur dans l'exposé que nous en donnons ici, il s'éclaircira par la suite. Après un certain progrès dans l'étude de l'Occultisme, ce qui impressionne le plus vivement l'étudiant est la sublime cohérence de l'ensemble du système et la façon merveilleuse dont chacune de ses parties s'adapte aux autres, en se ramifiant dans le tout.

Le corps, à l'état de veille, renferme en lui-même les véhicules ou corps destinés à fonctionner sur les plans supérieurs de la Nature. Il en est de même du corps astral qui, libéré du corps physique et considéré en particulier, contient en lui-même les véhicules plus élevés destinés à fonctionner sur les plans spirituels. Il contient l'homme complet, moins le véhicule physique, et par ce transfert dans la condition astrale, l'homme ne perd rien de ses facultés de penser et de sentir ; pour comprendre dans quelle mesure ceci est vrai, demandons-nous ce qui est resté de la conscience primitive dans le corps inerte ? Au résumé, absolument rien ; il ne s'est rien perdu de la conscience ou des sentiments de l'âme qui, transférée du plan physique sur le plan astral, commence à fonctionner dans son corps astral.

Les principes, cependant, peuvent être considérés comme quelque chose de plus important que de simples enveloppes, que des centres de conscience pour l'entité ; car les véhicules subtils, s'ils sont capables de se séparer du véhicule astral, sont, en revanche, incapables d'exprimer par eux-mêmes les émotions intérieures, les désirs, les sentiments de l'homme tel que nous le voyons ici-bas, ou tel que nous pouvons l'observer sur le plan astral, si nous en sommes capables. Le corps astral n'est pas, au vrai sens du mot, une âme, mais il est la manifestation de l'âme par rapport à certains aspects de la Nature et à certaines possibilités de la vie. Si nous le considérons séparé de l'état de conscience intérieur et séparé aussi des véhicules supérieurs appartenant aux plans spirituels sur lesquels cette conscience peut ultérieurement fonctionner, nous pouvons alors le désigner, dans le langage habituel aux écrivains occultistes, comme le principe de Kama, ou du désir : l'âme animale, expression de tous les penchants de la vie terrestre engendrés par les expériences de l'existence physique. L'âme animale constitue cette fraction de l'homme qui implique une tendance à l'égoïsme, elle est le siège de presque toutes les aspirations au mal ou au crime que peut engendrer l'existence avec ses nécessités et ses luttes. L'âme spirituelle, lorsqu'elle échappe à son étreinte, laisse ce principe affaibli, flétri et en voie de désintégration, alors surtout que la nature supérieure s'est suffisamment développée et que la nature inférieure a été l'inévitable conséquence de la vie physique plutôt qu'un élément prédominant dans la conscience. Les circonstances dont s'accompagne cette séparation seront étudiées plus en détail lorsque nous traiterons du plan astral, et nous allons passer immédiatement au cinquième principe.

Le véritable homme individuel, c'est-à-dire son Soi Supérieur, évoluant sous l'influence stimulante du sixième principe, comprend le produit total des forces de la pensée en rapport avec les états de conscience supérieurs aux désirs de l'animalité, et aux exigences de la vie physique. A un certain point de vue, le cinquième principe pourrait être considéré comme le véhicule de Manas, comme le Corps dévakhanique — mais, à ce degré, étant donnée la subtilité prodigieuse qui caractérise la matière, dans ces plans supérieurs, nous le trouvons si incompréhensiblement mélangé à des états divers de conscience, qu'il serait plus nuisible qu'utile de considérer le Corps dévakhanique comme étant simplement le véhicule de Bouddhi.

Dans un certain sens, le sixième principe de l'homme, auquel on a donné ce nom, est lui-même le véhicule de cet Atma Universel, de cet Esprit de l'Univers qui embrasse tout et dont il serait folie de chercher à définir les attributs tant que notre pensée se trouve encore limitée par les conditions de l'intelligence physique. Il serait inutile de parler d'Atma autrement que dans ses effets, dans ses manifestations, qui représentent la totalité de l'Univers qui nous entoure, et tous les êtres conscients, à quelque stade d'existence qu'ils se trouvent. Nous ne pouvons jusqu'à présent rien connaître de sa nature. On ne saurait, en quelque sorte, voir en lui que la potentialité de toutes choses et de toutes manifestations.

Nous dirons donc que l'océan de Bouddhi est la première manifestation d'Atma qu'il nous soit nécessaire de considérer. Et lorsqu'on dit quelquefois, dans un langage poétique, que chaque homme renferme en lui une étincelle de la Divinité, on pourrait exprimer autrement cette vérité en disant que tout homme est en contact ou en relation avec l'océan de Bouddhi, ou encore, s'il est permis de matérialiser cette pensée pour la rendre plus tangible, nous dirions qu'il a établi un foyer individuel dans Bouddhi. En d'autres termes, un centre individuel créé dans Bouddhi est devenu lui-même ; — ce foyer ou tourbillon étant dès lors et à jamais un fait indélébile. Aux premiers temps de son évolution, ce foyer existe à peine en potentialité, ne contenant rien qu'on puisse considérer comme une individualité consciente. Pourtant ce quelque chose est la manifestation de Bouddhi sur le Plan dévakhanique, et, enveloppé dans un véhicule de matière dévakhanique, il constitue la véritable individualité humaine que nous étudions et dont on parle quelquefois comme du cinquième principe ; on l'appelle aussi Soi Supérieur ou Ego Supérieur, d'autres fois encore Manas Supérieur.

Sur les niveaux supérieurs du Plan dévakhanique (et nous verrons plus tard sa représentation en aspects variés sur les niveaux inférieurs), le principe bouddhique anime le véhicule, qu'il ne faut plus considérer maintenant comme un véhicule, mais comme l'âme permanente elle-même, quoiqu'elle soit désignée sous son aspect de véhicule par le nom de Karana Sharira dans la philosophie orientale. Ce principe, considéré soit comme l'âme elle-même, soit comme véhicule permanent de cette individualité qui est une facette de l'âme universelle, passe d'une manifestation à l'autre, se réincarnant dans différents corps physiques, et attirant autour de lui à chaque nouvelle descente dans la vie physique, les éléments constitutifs d'un nouveau corps astral.

En ce qui concerne le niveau ordinaire de l'humanité composant notre race actuelle, le Karana Sharira lui-même est tout au plus l'embryon de ce qui, dans la suite, deviendra un être réellement spirituel. Il fut un germe impérissable dès le premier instant de son apparition dans l'océan de Bouddhi ; mais avant que son évolution ne soit achevée, il doit se manifester dans la Nature sur des plans de plus en plus inférieurs, jusqu'à son arrivée sur le plan physique. Ne pouvant descendre plus bas, il commence alors à s'épanouir, à acquérir la soi-conscience, à recueillir les expériences accumulées au cours de nombreuses incarnations successives, récoltant de chacune d'elles quelque chose, si peu que ce soit, qu'il conserve dans sa propre conscience permanente.

Ce procédé d'évolution peut déjà s'observer dans la plupart des stades que parcourt l'humanité. Chez quelques hommes le Soi Supérieur individuel, le Manas ou cinquième principe, est déjà devenu une magnifique entité du plus haut développement, tandis que chez d'autres êtres, ce même principe ne peut être aperçu, par ceux dont la vision pénètre les niveaux aroupiques du Dévakhan, que comme un nuage d'une forme à peine définie ; et cet embryon ne peut pas être le siège d'un état de conscience élevé. Son progrès est néanmoins assuré dans l'avenir ; car ceux d'entre nous, qui sont aujourd'hui les plus aptes à fonctionner dans les royaumes spirituels de la Nature, ont eu, en leur temps, un embryon manasique aussi indécis à son début.

L'étude des sept principes est inséparablement liée à celle de l'Aura humaine. Les véhicules supérieurs contenus dans l'homme — peut-être pourrait-on dire plus exactement que l'homme est contenu en eux — sont visibles aux sens astrals et à la perception dévakhanique de ceux qui ont développé le pouvoir de clairvoyance, et ils les décrivent sous le nom d'aura. Cette aura est mêlée avec certaines irradiations provenant des trois principes inférieurs. Ces irradiations ne sont point des véhicules de l'âme, mais elles se manifestent dans les limites que les véhicules supérieurs occupent autour du corps. De sorte que si, pour mieux étudier les diverses auras, nous les séparons, par la pensée, les unes des autres, nous pouvons nous les figurer toutes comme limitrophes.

L'Aura s'étend à une distance de 45 à 60 centimètres du corps dans toutes les directions et présente approximativement une forme ovale. Dans la plupart des cas ses contours ne sont pas très définis ; ses bords s'estompent graduellement jusqu'à devenir invisibles. Une plus sérieuse étude de ce nuage lumineux nous démontre qu'il est constitué par des composés distincts et que ces composés eux-mêmes sont formés de matière à des états différents. Chacun d'eux est par le fait une aura distincte, et si on supprimait les autres, on la verrait occuper seule l'espace qu'elles couvraient ensemble. On les décrit comme di férant sensiblement les uns des autres, et chacune semble pénétrer celle qui la précède, comme on voit le Double éthérique pénétrer le corps physique.

La première aura, en partant du niveau le plus bas et le plus matérialisé, peut être considérée comme appartenant plus spécialement au corps physique, et peut être judicieusement nommée « l'Aura de santé » ; car son état se modifie sensiblement suivant la santé du corps auquel elle est attachée. Presque incolore, elle n'est perceptible qu'en raison du curieux système de radiations striées qu'elle possède, c'est-à-dire qu'on pourrait la définir comme composée d'une multitude de lignes droites rayonnant du corps dans toutes les directions. Tel doit être, au moins, l'état normal de ces rayonnements lorsque le corps est en parfaite santé. Ces lignes sont toutes séparées les unes des autres, et aussi parallèles que le permet leur direction radiante ; mais si la maladie attaque le corps, la confusion survient dans les lignes voisines des organes atteints ; elles s'entre-croisent en toutes directions et présentent un aspect général d'enchevêtrement.

Le deuxième constituant de l'Aura est cette énergie vitale ou Prana que l'on peut observer pendant sa circulation dans le Double éthérique. Il est alors d'une délicate nuance rosée qu'il perd bientôt dans sa radiation extérieure pour prendre une teinte d'un blanc pâle légèrement bleuté. Il semble être l'influence dirigeante des lignes de l'aura de santé, celle qui, dans un corps sain, les maintient dans leur radiation rectiligne. J'ai connu le cas d'un clairvoyant qui, observant les lignes plus ou moins entremêlées de l'aura de santé d'un individu atteint de prostration nerveuse, les vit se redresser sous l'influence d'une nouvelle énergie pranique qu'un magnétiseur infusait au malade. L'aspect de « l'Aura pranique », pour les personnes qui peuvent la discerner, ressemble assez à celui de l'air surchauffé qu'on voit en été s'élever d'un sol exposé à l'ardeur du soleil. On peut aussi la comparer à cette vapeur légèrement condensée produite par l'expiration de l'haleine dans une atmosphère suffisamment froide, mais très rapprochée du degré qui rendrait cette vapeur totalement invisible. On découvre aussi une curieuse ressemblance entre l'aura pranique de l'être humain et l'aura magnétique étudiée par Reichenbach. Il est prudent de conclure à une différence entre ces deux phénomènes ; l'organisme vital d'un être humain doit en effet spécialiser le principe vital universel de la Nature d'une façon quelque peu différente de celle des instruments magnétiques et électriques. Pourtant l'aura pranique (qui est, en elle-même, et de beaucoup, l'élément le plus visible dans l'aura humaine), est, selon toute apparence, d'une nature identique à certaines émanations similaires qui peuvent s'apercevoir dans quelques circonstances, et qui proviennent d'aimants et d'instruments électriques en activité.

Une circonstance très importante et intéressante aussi de l'aura pranique est qu'elle semble, dans une certaine mesure, soumise au contrôle de la volonté. En tous cas, les individus d'un développement psychique suffisamment avancé pour la voir, et ceux-là mêmes qui ne pouvant la distinguer, sont cependant assez avancés intellectuellement pour en comprendre la nature, peuvent exercer un contrôle sur sa radiation et empêcher sa dispersion hors des limites de leur propre aura. Ils l'amassent sur la périphérie externe de cette aura, de façon à former autour d'eux une sorte de muraille ou de coque qui intensifie son effet protecteur et la rend impénétrable à toute influence astrale ou élémentale, tant que se maintient l'effort de la volonté. Par ce moyen, l'occultiste peut traverser impunément l'atmosphère le plus délétère.

Peut-être me risquerai-je ici à faire connaître un petit procédé pratique, au bénéfice des personnes assez intuitives pour en comprendre l'importance, et par conséquent capables d'en profiter. L'expression « un effort de volonté » est en somme très vague, très indéfinie ; la difficulté consiste à traduire le besoin ou le désir d'un certain résultat par l'énergie opérative de ce mystérieux pouvoir latent en l'être humain que nous appelons volonté. La première chose à faire pour cela est d'aider son intime alliée, cette faculté que nous nommons vaguement l'imagination, à se représenter clairement l'objet à atteindre. Tout individu, dont l'imagination dépasse, en ce qui touche à l'invisible, tant soit peu les limites de l'ignorance et de l'incrédulité ordinaires, peut le faire en procédant ainsi qu'il suit. Que celui qui désire se protéger par une coque magnétique fasse une profonde inspiration et expire ensuite lentement, se représentant en imagination qu'il rejette un nuage de Prana magnétique (ce qu'il fait en réalité). Qu'il se figure ce Prana s'attachant aux limites externes de l'aura qui l'entoure, s'y épandant comme l'eau s'épand en couche mince sur une surface plane, et s'y densifiant de plus en plus à chaque nouvelle exhalation de l'haleine. Celui qui essayera ce procédé avec une pleine foi en son efficacité (croyance dérivée de l'observation propre ou d'une appréciation intelligente des preuves fournies à ce sujet) arrivera à un résultat certain, et sera pendant un certain temps protégé contre les mauvais germes et les influences désagréables du plan astral. Mais cet effet protecteur cessera probablement au bout de peu de temps — dix minutes ou un quart d'heure — s'il n'est renouvelé par le même procédé.

Nous arrivons maintenant à l'aura du quatrième principe et nous commençons à étudier une région de phénomènes d'un ordre plus élevé que les conditions de la matière corporelle, même la plus subtile. Dans la nomenclature occulte proprement dite, on nomme ce principe « l'Aura kamique », cest-à-dire celle qui a rapport à l'âme passionnelle ou animale qui est en l'homme. A ceux qui en comprennent la signification, elle indique l'état général de la nature sensuelle inférieure. Cette aura est le champ de manifestation, le miroir où se réflètent tout désir et tout sentiment ; c'est elle qui donne une forme corporelle et matérielle à ces noirs élémentals que l'homme crée et anime par ses mauvais désirs et ses sentiments malveillants. Elle constitue ce corps astral dans lequel les hommes, qui en sont capables, voyagent d'un plan à l'autre, pendant le sommeil de leur corps physique. Ainsi qu'il faut s'y attendre, les manifestations de cette aura ont peu de durée, ses couleurs, son éclat changent à tout instant, un accès de colère couvrira l'aura d'éclairs d'un rouge vif sur fond sombre, tandis qu'une frayeur soudaine la transformera aussitôt en une masse uniforme d'un gris pâle et livide.

L'aura la plus subtile qui puisse être observée, par la

clairvoyance limitée de celui qui aspire à devenir un adepte, est « l'Aura du Manas Supérieur ». Elle n'existe pas autour de chacun de nous, elle réside potentiellement, et d'une façon mystérieuse, en tout être humain ; mais en exceptant les cas où le Soi Supérieur a déjà développé une activité considérable ; on essayerait en vain de la distinguer d'entre les nuages plus denses des principes inférieurs. Ceux qui peuvent voir cette aura la dépeignent moins comme un nuage que comme une lumière vivante d'une délicatesse et d'une beauté incomparables. Bien qu'elle soit peu visible chez l'homme ordinaire, quand le clairvoyant entraîné se trouve en présence d'une personne, dont la spiritualité est le caractère prédominant, cette aura éclipse alors toutes les autres par l'éclat de son rayonnement.

Cette aura est par le fait le Karana Sharira, véhicule de la conscience sur les plans aroupiques du Dévakhan, — le Soi Supérieur pour tous nos besoins pratiques — si nous nous abstenons respectueusement, pour l'instant, d'envisager l'état de conscience sur le plan bouddhique. Quelques ouvrages hindous lui donnent le nom de « Corps Messager », indiquant par là que c'est le véhicule qui transporte de vie en vie la conscience individuelle. Au fur et à mesure de l'avancement de l'être, le Karana Sharira se développe aussi, et ses contours s'accentuent davantage, en gardant toujours cette forme ovoïde qui le fait désigner dans les écrits théosophiques sous le nom « d'œuf aurique »

Cette multiplicité de termes est embarrassante pour le commençant, mais toute confusion disparaîtra dès qu'il aura saisi le véritable sens des idées (1).

---

(1). — Pour une étude plus complète des auras, nous renvoyons le lecteur au livre tout récent de M. C. W. Leadbeater

Lorsqu'on considère le corps physique au milieu de ses véhicules supérieurs, ceux-ci, qui le dépassent de tous côtés, présentent l'apparence d'une émanation ; d'où le nom d'aura qui leur a été donné ; mais en toute connaissance de cause, il ne faut pas perdre de vue ce principe fondamental, que l'aura est véritablement composée des véhicules supérieurs, couvrant un volume plus considérable que celui occupé par le corps physique. Lorsque les individus se groupent côte à côte, leurs auras, c'est-à-dire leurs véhicules supérieurs, se confondent d'une façon étrange et s'influencent mutuellement, si elles ne sont pas gouvernées par une connaissance spéciale des lois occultes.

Quelques-uns de ces principes sont séparables les uns des autres pendant la vie, mais les éclaircissements déjà donnés nous font voir qu'il ne faudrait pas pousser cette conception trop loin. Au degré inférieur de l'échelle, le troisième principe — Prana — ne peut être séparé du double éthérique, dont il est véritablement la vie. Et quoique le double éthérique, accompagné de son principe Prana, puisse, dans des conditions anormales, être séparé pour quelque temps du corps physique, si cette séparation se prolongeait au delà de courtes périodes, elle entraînerait la mort du corps physique; aussi ce mode de séparation n'entre-t-il jamais dans le cours régulier de l'entraînement occulte. D'autre part, au degré supérieur de l'échelle, aucune des conditions spirituelles les plus élevées que nous puissions concevoir ne saurait séparer le principe

---

« *Ames et Corps* » ; cet ouvrage contient un grand nombre de planches coloriées, du plus haut intérêt, représentant les différentes auras de l'homme depuis son stade le plus primitif jusqu'à son expression la plus sublime.

N. D. T.

Bouddhi du Karana Sahrira. Mais les quatrième et cinquième principes se séparent aisément de leurs enveloppes inférieures, et le quatrième (emportant en soi les principes supérieurs) se dégage réellement du corps pendant le sommeil, même chez les individus normaux et non psychiques. Ce dégagement devient possible, par un effort de volonté, chez les occultistes arrivés par l'entraînement à un certain stade d'avancement ; de plus, lorsque cet entraînement est poussé plus loin encore, le cinquième principe — l'Ego véritable, ou Soi Supérieur — peut se dégager du corps astral (qui dans ce cas demeure avec le corps physique). On dit alors que l'âme s'est revêtue de son Mayavi Roupa, véhicule adapté à sa manifestation sur les plans inférieurs de Dévakhan. Nous apprécierons mieux le caractère de ces manifestations sur les plans astral et dévakhanique lorsque ces régions de la Nature auront été étudiées systématiquement.

CHAPITRE VII

LE PLAN ASTRAL

En exposant les nombreuses considérations qui font de la doctrine de la Réincarnation l'explication la plus plausible des voies que suit la Nature pour effectuer le progrès et l'évolution de l'âme, j'ai voulu éviter de compliquer les arguments; aussi n'ai-je fait qu'une allusion passagère aux conditions variées permettant à la conscience de fonctionner sur les divers plans d'existence pendant la longue période qui sépare deux incarnations. Mais, pour comprendre les diverses phases de l'évolution spirituelle à accomplir dans cet intervalle, il est nécessaire de se faire une idée bien nette des différents plans de la Nature qui, tout en étant hyper-physiques, ne présentent pas tous les mêmes caractères de spiritualité pure et élevée.

Le plan ou la région qui se trouve en contact immédiat avec notre plan et dont les phénomènes deviennent tout d'abord perceptibles aux sens psychiques du clairvoyant ordinaire ne peut, en aucune façon, être considéré, par l'étudiant occultiste, comme un plan d'ordre purement spirituel. Ceux qui, d'une façon ou de l'autre, obtiennent le privilège (ou trouvent l'occasion, grâce aux facultés des autres) de faire des investigations dans les mystères de la Nature invisibles à l'œil physique, commettent tout d'abord une méprise très excusable : celle de prendre ce royaume qu'ils sont à même de connaître pour la totalité du royaume spirituel, pour « l'autre monde », suivant le terme théologique usuel. Dans cette vaste antichambre du monde spirituel, les conditions de la Nature ne sont pas moins surprenantes pour ceux qui, après la mort, s'y éveillent sans être instruits que pour ceux qui, étant encore en incarnation physique, peuvent devenir aptes à en observer les phénomènes.

Il me semble à propos de conserver à cette région le nom qui lui est attribué dans la littérature mystique et occultiste européenne, celui de Plan astral. Il n'est pas précisément bien choisi, car cette région n'a rien de commun avec les étoiles, mais le temps l'a consacré depuis si longtemps, qu'il serait inopportun de le changer maintenant. Le terme correspondant en occultisme oriental est *Kama-loca*, la région du désir insatiable, dans laquelle les conditions d'existence sont si imparfaitement spiritualisées qu'elles n'y sont pas encore affranchies des appétits de la vie animale. Mais il vaut mieux parler ici du plan astral que du Kamaloca, car, malgré toute la reconnaissance que l'occultisme européen doit à la lumière orientale, ce serait embarrasser inutilement l'étudiant que de lui déguiser les idées de la philosophie orientale sous des termes empruntés à une langue qui lui est inconnue. Pour ceux qui peuvent l'employer couramment, le sanscrit est certainement un véhicule plus approprié à la pensée métaphysique qu'aucun langage européen actuellement en usage. Mais, au fur et à mesure du développement de la pensée, de nouveaux termes surgissent, qui répondent mieux aux exigences nouvelles ; et d'ailleurs, celui qui comprendra vraiment l'idée représentée en philosophie orientale par un mot sanscrit quelconque, trouvera bien le moyen de rendre cette idée dans son propre langage occidental. En somme, ce terme de Kama-loca donné au plan astral ne s'applique qu'à un seul des attributs de cette région. Pour les humains dont la conscience y est retenue après la mort, elle peut être en effet la région du désir — du désir non satisfait si leurs affinités sont encore trop matérielles pour leur permettre de s'élever plus haut ; — mais c'est aussi une région où agissent librement des forces naturelles inconnues dans la vie physique. Nous ne nous en formerions donc pas une idée exacte en la considérant uniquement sous son aspect de purgatoire.

Tout d'abord, il faut bien nous souvenir que le plan astral — et cette remarque s'applique également au plan spirituel dont je parlerai plus tard — est, pour les âmes humaines désincarnées, une région bien différente de ce qu'elle est pour le Soi Supérieur d'une âme encore incarnée, mais qui, en raison de son développement occulte, se trouve capable d'y séjourner durant les trances temporaires de son corps physique. Dans la plupart des cas, chez la personnalité défunte, le pouvoir de la volonté, cet attribut de l'esprit, reste inactif sur le plan astral ; son épanouissement se réserve pour le royaume de l'esprit. Et lorsque nous nous imaginons l'âme, qui a quitté la terre, absorbée là-haut par les mêmes préoccupations, les mêmes aspirations qui la guidaient, pendant sa vie terrestre, vers l'idée d'un état incorporel, nous nous la représentons telle qu'elle sera après avoir atteint le plan spirituel, et non telle qu'elle est dans sa condition astrale. Pour ceux qui meurent, le plan astral est, dans la plupart des cas, le premier stade du monde des effets, et non plus une sphère où des causes spirituelles peuvent encore être générées. Les aspects supérieurs de l'entité y sont en expectative, attendant l'éveil futur sur le plan spirituel ; pendant ce temps, les aspects inférieurs, pouvant fonctionner sur le plan astral, réflètent simplement les impulsions provoquées pendant la vie terrestre. Il en résulte que l'âme, qui suit sa destinée naturelle dans la condition astrale, s'y trouve en présence de nombreuses occasions qui lui paraîtraient pleines d'intérêt si elle avait conservé toute sa présence d'esprit ; mais elle est, en règle générale, bien souvent incapable d'en profiter.

En voici un exemple. Le plan astral, qui interpénètre le plan physique où s'écoule la vie terrestre, est infiniment plus subtil, plus extensible et plus éthéré que ce dernier ; en sorte que le corps astral, véhicule de la conscience humaine sur ce plan (comme le corps physique fut son véhicule pendant l'incarnation), est en état de se transporter rapidement d'un lieu à l'autre, sous l'influence de forces qu'il est capable de diriger. L'Ego Supérieur d'un incarné, s'il se trouve sur le plan astral, peut arriver à dominer ces forces ; il passe alors à volonté et presque avec la rapidité de la pensée d'une région de la terre à l'autre. Mais la volonté spirituelle d'un individu désincarné, passant sur le plan astral par le cours naturel des choses, est, comme je l'ai dit, engourdie, et en conséquence sa conscience astrale n'est pas capable de diriger ses mouvements, elle devient le jouet de courants magnétiques qu'elle n'a pas contribué à actionner. Néanmoins, *immédiatement* après la mort, les mouvements de cet être peuvent procéder de courants mis en activité par les derniers désirs, par les dernières pensées affectueuses de sa vie expirante; il en résulte que nous pouvons expliquer, dans une certaine mesure, les apparitions à distance, lorsque des mourants se sont quelquefois fait voir aux amis qu'ils laissaient sur terre. Mais cette personnalité astrale reperdrait bientôt le pouvoir de diriger ses mouvements et errerait çà et là sans but, à moins que de très fortes attaches, créées par l'affection ou par des émotions agréables ou pénibles, ne la retinssent auprès de certaines personnes ou dans certains lieux.

Pour comprendre la nature de ces liens et aussi dans le but de mieux étudier le plan astral, il faut se souvenir que cette région n'est pas un monde à part, éloigné du nôtre par la distance ou en différant par ses caractéristiques. Il s'étend tout autour de nous, bien qu'invisible à l'appareil visuel ordinaire. C'est un autre aspect du monde physique avec, en plus, des forces et des habitants inconnus à ce dernier — il est même matériel par sa nature quoique d'une matérialité appartenant à un ordre bien plus affiné que celle du plan physique.

Que faut-il entendre par cette subtilité de la matière? Rien n'est plus important, pour l'étude des plans hyperphysiques, qu'une compréhension approfondie de cette question. Notre habitude de considérer la matière, telle que la perçoivent nos sens, sous ses états liquide, solide et gazeux, pourrait nous induire en erreur. En effet, suivant l'interprétation occulte, le gaz le plus léger, l'hydrogène, n'est ni plus subtil ni plus éthéré que le plus lourd des minéraux. L'atmosphère et le rocher sont tous deux formés de matière du monde physique. Pour ceux qui sont capables de percevoir la matière du plan astral, celle-ci peut paraître aussi solide que l'or ou le granit, et cependant la balance la plus délicate n'en peut déceler la présence ; par contre, cette balance elle-même, ainsi que le laboratoire qui la renferme, resteraient invisibles pour tout être dont les sens ne pourraient percevoir que les seuls phénomènes du plan astral.

J'ai déjà expliqué de quelle façon la matière du plan astral est soumise à l'influence des pensées, de la sympathie et de la volonté. Cette conception s'accorde avec les conditions du plan astral, où la pensée devrait être, et est réellement plus manifeste et plus visible que sur le nôtre ; en sorte que les êtres de l'astral peuvent réciproquement voir leurs pensées. C'est ici qu'il faut chercher l'explication de bien des merveilleux phénomènes du spiritisme moderne et de l'importance exagérée que les apôtres de ce mouvement accordent à ce plan d'existence (l'astral) avec lequel ils se mettent le plus facilement en relation. Une entité capable de lire leurs pensées présentes, et même celles oubliées depuis longtemps et reléguées dans un passé lointain, peut révéler la connaissance d'incidents de leur propre vie, qu'ils sont seuls à connaître. Il n'est donc point surprenant que ces spirites puissent accorder à une semblable entité un rang voisin de l'omniscience spirituelle. Une personne, cependant, retenue encore dans la région astrale, après avoir quitté le plan physique, et même le Soi Supérieur d'un clairvoyant ou d'un sensitif magnétisé fonctionnant dans le corps astral, peuvent être l'un et l'autre sujets à des impressions illusoires qui proviennent de cette même transparence de pensée qui les environne de toutes parts. Ils prendront pour des réalités objectives les impressions qui ne seront que l'écho d'autres pensées ; d'autre part, la conscience humaine, transférée sur le plan astral après la mort ou pendant la trance, se trouvera en présence d'innombrables phénomènes, réalités objectives de ce plan, mais qui paraîtront si bizarres, si étranges même, que souvent ils ne seront pas compris. Sur le plan astral, en effet, nous sommes, non seulement en face d'un ordre de matière spécial à ce plan, mais aussi en face d'une espèce — ou plutôt de beaucoup d'espèces — d'êtres spéciaux à cette région.

Tous les plans de la Nature débordent de vie, et l'expérience de notre propre monde devrait nous faire présumer que sur le plan astral comme ici-bas la Nature est peuplée d'autres êtres que les humains. La vie psychique du plan astral est au moins aussi variée que la vie animale de notre terre. Des êtres élémentals, d'une diversité infinie, y fourmillent; s'ils sont, d'après l'échelle évolutive, inférieurs aux humains, ils possèdent néanmoins des *pouvoirs* qui surpassent souvent ceux de la généralité de l'humanité.

Apprendre à dominer ces êtres est un des secrets les plus importants de l'occultisme pratique; et il est encourageant de savoir que, précisément parce qu'ils sont sub-humains — en tenant compte de toutes les potentialités spirituelles latentes en la nature de l'homme — ils sont susceptibles d'être dominés par l'être humain lorsqu'il est complètement évolué, sur le plan spirituel comme sur le plan astral. Mais il ne s'ensuit pas que tout être humain, passant après la mort sur ce plan, ait le pouvoir d'agir sur eux, ou même ait une connaissance suffisante pour comprendre qui ils sont, et ce qu'ils sont. Leur simple présence autour de lui suffirait à décontenancer l'intrus qui ferait irruption dans leur merveilleux domaine. Il lui faudra apprendre à exercer sur le plan astral la force de son âme *spirituelle* — et peut-être sera-t-il soumis pendant ce travail à de pénibles expériences — car, tout comme certains animaux de notre monde se montrent féroces envers l'humanité, bien des élémentals sur le plan astral sont hostiles à l'homme importun qui cherche à les dominer.

Des recherches plus approfondies sur ce point ne peuvent s'adresser qu'à ceux qui se rapprochent des mystères de l'initiation. Il est cependant désirable que le lecteur puisse, autant que possible, comprendre l'aspect général du plan astral considéré en tant que région de la Nature, et indépendamment des différentes conditions sous lesquelles la conscience humaine peut y fonctionner.

J'en ai parlé jusqu'ici comme d'un territoire homogène, simplement parce qu'il est impossible de décrire à la fois toutes ces particularités. Mais il y a d'énormes différences entre les hautes et les basses régions de l'astral.

Il faut les étudier sous deux aspects : celui qu'ils présentent à l'âme dégagée de son corps par la mort, et celui qu'ils revêtent pour l'observateur compétent qui acquiert graduellement quelques-uns des attributs de l'adeptat et devient capable, par son avancement spirituel, de pénétrer à volonté dans leurs diverses subdivisions, de passer librement de l'une à l'autre, et d'employer, pour accomplir sa tâche en ce monde, les forces qu'il peut trouver dans chacune de ces régions astrales. Pour rendre ce point intelligible, il est préférable de passer d'abord en revue les diverses subdivisions du plan astral en se plaçant au point de vue de l'être humain après la mort. Dès le début surgit une question qui embarrasse souvent l'esprit de l'étudiant : Jusqu'à quel point ces subdivisions diverses peuvent-elles être considérées comme de véritables régions de l'espace? et dans quelle mesure s'interpénétrent-elles réciproquement, représentant de cette façon plutôt des aspects divers de l'état de conscience que des localités différentes? Plus nous étudierons la science spirituelle, moins notre esprit éprouvera de difficulté à saisir cette notion de l'interpénétration, pour ainsi dire, d'un monde par un autre. Ce phénomène a lieu tout autour de nous, sans même que nous sortions complètement des limites du plan physique. L'éther lui-même, médium des vibrations de la lumière et de l'électricité, interpénètre les corps solides autant que l'atmosphère, et il accomplit les fonctions qui lui sont dévolues sans être aucunement entravé par les molécules environnantes. Il est donc bien évident que la matière du plan astral, ainsi que tous les véhicules de conscience qui lui appartiennent peuvent, quant à l'espace qu'ils occupent, coexister avec le phénomène physique. Ils coexistent certainement ainsi, et peuvent être observés par un occultiste qualifié en juxtaposition intime avec nos maisons et nos campagnes. Il est également vrai que le plan astral, considéré comme une sphère ou un monde, a un volume plus étendu, ou au moins un diamètre extérieur plus grand que la masse terrestre ; nous ne supposerions donc pas à tort que quelques régions du plan astral s'élèvent distinctement au-dessus de le surface de la terre. Nous pourrions même sans trop d'incorrection tabler sur cette hypothèse (à condition de n'y pas attacher un sens trop étroit) que les subdivisions du plan astral consistent en une série de coques concentriques, s'interpénétrant partout où elles prennent contact, à la façon dont se fondent entre elles les couleurs du spectre; il ne s'en suit pas, pour cela, que le plus subtil de ces plans doive nécessairement interpénétrer le plus grossier.

Pour en revenir au plan inférieur, lorsque nous l'examinons au point de vue de ses rapports avec l'humanité désincarnée, nous voyons que c'est la sphère où se trouvent retenues les âmes les plus basses et les plus viles de notre race, celles dont toutes les pensées, tous les désirs furent concentrés, pendant leur vie, sur les satisfactions égoïstes des sens, à l'exclusion des émotions plus élevées. Ils ont par conséquent attiré à eux, dans le cour de leur existence, la matière astrale la plus inférieure.

La compréhension de ce que j'ai à dire sera peut-être facilitée par une explication tirée, il est vrai, d'une partie très abstraite de l'occultisme, mais qui aidera pourtant à dissiper l'idée que l'homme, après sa mort, est arbitrairement condamné, par une puissance supérieure, à une certaine région de la nature, pour y recevoir une récompense ou un châtiment. Ce serait ridiculement méconnaître l'Occultisme que de supposer qu'il ignore l'existence de la Volonté Divine, opérant dans la Nature et y déterminant des résultats équitables en relation avec le progrès de l'humanité. Mais ce que nous étudions en ce moment, ce sont les méthodes et les lois par lesquelles se manifeste cette volonté; et lorsque nous les comprenons, même approximativement, nous voyons la cause et l'effet opérer sur le plan mental avec la même régularité que celle qu'on observe dans les rapports des éléments chimiques entre eux. Et, de même que nous ne jugeons pas à propos de regarder la combinaison de chaque molécule d'hydrogène et d'oxygène comme un acte spécial de la Volonté Divine, ainsi nous apprenons de même, en occultisme, à considérer l'action du bien et du mal comme liée à un enchaînement de lois qui peuvent, jusqu'à un certain point, être déterminées, et qui, en conséquence, seraient traitées avec bien plus de respect dans un langage scientifique, que dans les termes usités en cour de justice (1).

J'en arrive maintenant à l'explication des faits. Nous observons que les subdivisions du plan astral représentent des états de matière parfaitement définis, bien que rentrant tous dans une catégorie spéciale de matière astrale, absolument comme la matière de notre plan se présente tour à tour sous l'état solide, liquide et gazeux. Tout être humain, en se développant, recueille dans la matière, non seulement celle des particules physiques constituant la matière de son corps physique, mais d'autres particules encore appartenant aux régions plus élevées de la nature, qui pénètrent ce véhicule plus grossier, et sont prêtes à devenir à leur tour, après l'abandon du corps, les véhicules du nouvel état de conscience humain sur le plan astral et plus tard sur les plans spirituels. Mais ces particules ne sont pas absorbées spontanément ; elles sont attirées, bien que l'individu qui les attire en ait à peine conscience, par le caractère et la couleur générale de ses pensées journalières. Les êtres dont l'état mental prédominant est d'un caractère élevé attirent à eux l'état de matière des couches élevées du plan astral ; tandis que les états de matière des subdivisions inférieures sont recueillies par les états de conscience les plus dégradés. L'âme, dans son corps astral, est projetée après la mort dans une existence qu'elle-même s'est inconsciemment préparée durant la vie, et son progrès final est entièrement déterminé

---

(1) C'est à-dire il faudrait alors envisager la question du bien et du mal au point de vue scientifique et la retirer du domaine de la législation judiciaire.   N. D. T.

(si nous portons notre attention sur l'action scientifique et prompte de la loi naturelle) par la qualité de matière que contient son enveloppe astrale. Par le fait, le véhicule astral de tout individu doit contenir la matière astrale de chacune des sept subdivisions du plan ; mais ici intervient une complication merveilleuse qui ne pourra manquer de captiver tout esprit scientifique. La matière de chaque subdivision peut elle-même exister sous différents états qui correspondent approximativement aux états solide, liquide, gazeux, etc. Or, si la matière du plan inférieur attirée par le corps astral d'un individu déterminé se trouve d'une qualité subtile et éthérée, elle se désagrégera très rapidement, sans que l'individu soit conscient du mode de dispersion de ses molécules ou atomes; dans ce cas l'âme, dégagée du corps, traverse la plus grossière subdivision du plan astral, pour me servir d'une expression familière, comme la flèche perce le nuage. Il en est de même pour la seconde subdivision. Si la matière de ce sous-plan entrant dans la composition de l'enveloppe astrale est de la qualité la plus subtile, elle se désintégrera non moins spontanément dès que l'âme se trouvera sur ce plan; en sorte que, par l'opération automatique d'une loi naturelle, chaque âme aussitôt après la mort se trouve précisément sur la partie du plan astral à laquelle correspondent ses affinités.

Si nous en revenons au plan inférieur, nous comprenons comment l'âme, dont le corps astral est composé surtout de la matière inférieure de cette subdivision, peut y être retenue pendant un temps appréciable, même très long. L'existence sur ce plan est naturellement fort peu enviable. Sans nous arrêter à discuter les superstitions fantastiques relatives aux souffrances physiques qui suivent la mort, nous comprendrons facilement que lorsque le corps conscient tout entier, représenté par une âme, s'est absorbé en des désirs uniquement matériels, il doit s'ensuivre un sentiment de désir intense que l'après-vie, même sur les couches inférieures du plan astral, est impuissante à satisfaire; ce sentiment d'impuissance doit nécessairement donner lieu à un état de souffrance morale très accentué. Cette région de la Nature présente certainement à nos observations un triste spectacle ; mais je m'attache plutôt en ce moment à décrire les conditions du monde hyper-physique qu'à m'étendre sur leurs conséquences morales.

Dans les deuxième, troisième et quatrième divisions du plan astral, comptées de bas en haut, nous remarquons une atténuation notable de toutes les conditions désagréables qui caractérisent le sous-plan inférieur, sans trouver cependant à ce point aucune condition d'un caractère absolument différent. Jusqu'à la quatrième subdivision, la conscience repasse par les expériences déjà vécues pendant l'incarnation ; mais dans les deuxième, troisième et quatrième subdivisions, cette revision ne sera plus limitée aux aspects inférieurs de la vie terrestre. Certaines émotions, soit d'amour, soit d'affection, qui relèvent de cette conscience destinée dans un avenir prochain à une sublime expansion dans des régions plus élevées, commencent déjà à se faire jour dans la conscience de l'être, qui par l'effet constant de frivoles attractions est encore retenu loin des royaumes où ces nobles sentiments s'épanouiront en toute liberté.

Il ne faut pas oublier qu'au point de vue strictement scientifique la question consiste toujours à dégager le corps astral de la matière du plan quelconque où il se trouve enchaîné ; mais en discutant un sujet si spécieux nous sommes naturellement amenés à remonter aux causes morales qui ont servi de point de départ à cet état matériel et produit ce résultat. C'est ainsi que les couches astrales, suivant immédiatement la plus grossière, serviront naturellement d'asile à ceux qui se laissèrent dominer ici-bas par les trivialités de l'existence, attachant plus d'importance aux biens matériels qu'aux pensées, et qui considéraient la tâche qu'ils avaient à remplir non comme une partie essentielle de leur devoir dans la vie, mais comme un but en lui-même. Tel est le cas de l'avare accumulant son trésor non seulement pour sa propre jouissance ou le bien de son prochain, mais surtout par amour de l'or.

En gagnant les régions les plus élevées du plan astral — et en les considérant au point de vue des individus morts selon les lois naturelles — les conditions matérielles changent sensiblement. En d'autres termes, si nous considérons la condition astrale de ceux qui ont éprouvé surtout des aspirations, des émotions et des désirs élevés, nous pouvons dire que nous trouvons cette région d'existence bien différente de ce qu'elle est pour l'individu d'un type inférieur. Mon grand embarras sera maintenant de décrire cette existence astrale supérieure sous son véritable aspect subtil et gracieux, sans cependant donner naissance à des conceptions réservées au plan spirituel. Cherchons-en la solution dans cette question : Quelle condition la Nature offrira-t-elle à une âme qui, sans être avilie ou sensuelle, n'aura pu élever son idéal au delà de certaines occupations, jouissances ou amitiés terrestres, et se sera plutôt laissée dominer par ces sentiments ? Nous admettrons volontiers que cet idéal puisse comprendre les jouissances de l'affection ; mais si celles-ci ne forment pas l'élément prédominant — si les désirs de cette âme s'exercent surtout sur l'ensemble des circonstances de la vie matérielle — elle ne pourra se détacher entièrement de l'attraction exercée sur elle par la contre-partie astrale des paysages et des scènes de la vie terrestre.

Au lieu de chercher à s'élever vers les régions de la pensée et du sentiment — vers ce plan spirituel dont les états de conscience intérieurs forment le contingent important — la personnalité, que je viens de dépeindre, se contentera d'une simple reproduction, sur le plan astral, de l'existence banale qu'elle vient de quitter.

Comme je l'ai déjà dit, la matière astrale est beaucoup plus plastique, plus obéissante à l'imagination et aux désirs que la matière grossière du plan terrestre, et d'autre part le corps astral est totalement insensible à la fatigue, au froid, aux blessures et aux souffrances, ainsi qu'à ces désirs impérieux, ces nécessités qui sont autant d'obstacles à la réalisation du bien-être idéal sur le plan physique. Il s'ensuit que ceux des habitants du plan astral qui sont simplement libérés des désirs *physiques* sans l'être des désirs matériels peuvent se construire, ou imaginer une contre-partie éthérée de la vie terrestre qui, dans un certain sens, est un monde complet, et un monde très peuplé où pourront se renouer bien des amitiés terrestres, où l'on peut même espérer revoir et accueillir éventuellement ceux qui manquent encore au cercle intime des vieux amis réunis là-haut.

Ces remarques s'appliquent particulièrement à la condition des trois régions supérieures du Kama-loka, que nous considérons maintenant en détail. La cinquième est celle où se reproduisent le plus complètement les caractères extérieurs de la vie, sous son aspect le plus gracieux, quoique toujours non spiritualisé. Ici nous apparaissent, dans leur développement complet, les conditions réelles qui servent de base à la conception de ce plan astral, peut-être trop idéalisée, que se forment quelques spirites et qu'ils désignent par le nom de « Terre printanière » (*summerland*). Dans cette condition de l'existence, les êtres s'aperçoivent fort bien qu'ils ont quitté la terre et subi ce changement qu'on nomme la mort, mais ils se croient transportés dans un autre monde qui leur offre des intérêts et des occupations semblables à ceux qu'ils viennent de quitter, sans toutefois présenter l'aspect pénible ou douloureux qui les caractérisait ici-bas. Les habitants de cette région se créent des demeures, des églises, des divertissements, de la musique et des instruments, et jusqu'à un entourage social très varié au milieu duquel ils passent leur temps dans une satisfaction paisible. Ceux qui considéreraient ce simple reflet purifié de la vie physique comme un changement peu satisfaisant seraient alors entraînés par des forces supérieures vers d'autres régions que nous décrirons plus tard ; mais, dans l'hypothèse, cette cinquième région de la vie astrale doit nécessairement satisfaire les aspirations des êtres auxquels elle est appropriée. Qu'un homme alors, encore incarné mais d'une évolution lui permettant de fonctionner, un certain temps, sur ce plan, essaye de représenter, à ceux qui l'entourent, que des degrés supérieurs d'existence leur sont accessibles, il se heurtera à une douce incrédulité mêlée de quelque peu de suffisance. Car à ceux dont les perceptions sont plus largement développées, les paysages et les scènes de la terre printanière semblent vraiment bien imparfaits et bien vagues, pour si satisfaisants qu'ils paraissent à leurs créateurs. Ces derniers, se méprenant étrangement sur la véritable réalité, regardent avec une pitié sympathique les êtres qu'un développement intérieur tendrait à pousser plus haut, mais qui, pour certaines particularités inhérentes à leur véhicule astral, sont encore enchaînés sur ce plan, où ils séjournent dans un état apathique et imparfaitement conscients.

Les habitants pleinement éveillés de ce cinquième sous-plan les supposent d'un développement plutôt inférieur que supérieur au leur, et espèrent les voir dans un temps donné s'éveiller complètement, et apprécier à leur valeur les délices de l'existence qui les environne. Mais en réalité, leur éveil complet est réservé pour des plans plus élevés, peut-être pour ces vraies régions spirituelles dont nous parlerons plus tard, peut-être encore pour les conditions de la vie astrale immédiatement supérieure, conditions qui se manifestent sur les sixième et septième subdivisions.

Sur la sixième particulièrement, le sentiment prédominant de l'état de conscience se rapporte au sentiment religieux. Sous un aspect plus subtil et plus purifié, ce sentiment trouverait sa véritable expression dans les régions dévakhaniques ; mais certaines conditions de pensée et d'émotion religieuse retiennent l'âme dans la région astrale que nous décrivons actuellement. Ce sont celles qui tiennent le milieu entre les aspirations de ce monde et la véritable aspiration spirituelle, et se rapportent plutôt au culte extérieur de la religion qu'à son essence véritable. Cette sixième région devient ainsi l'asile des âmes, qui ont compris la religion sous son aspect clérical plutôt que sous son aspect spirituel, qui se complaisaient dans les cérémonies et les services religieux, et chez lesquelles les formes et pratiques extérieures de l'Eglise remplaçaient une dévotion plus intime. Par une gradation naturelle, les représentants de chaque religion se groupent ensemble, et chaque groupe se constitue à lui-même un monde, n'ayant aucun point de contact avec les groupes adjacents. Il faut nous souvenir que, sur le plan astral, nous ne sommes pas affranchis des limitations du temps et de l'espace ; ce n'est donc pas outrepasser la vérité que d'admettre, même, que les régions astrales aient une correspondance relative avec la répartition géographique des populations qui habitent la terre.

L'activité intellectuelle est la note dominante de la région la plus élevée du plan astral. Cette activité de l'intelligence, comme nous ne le voyons que trop autour de nous, n'est souvent accompagnée d'aucun développement spirituel ; elle peut s'associer à un mépris absolu des divers problèmes qui se rapportent à l'unité de conscience, ou aux possibilités de développement de cette même conscience au delà des limites qui lui sont assignées par l'activité du cerveau physique. Ce cerveau, chez l'individu même le plus intelligent, constitue en somme le seul instrument dont il puisse se servir pendant la vie ; les facultés qui en guident le fonctionnement résident en réalité dans la constitution de l'Ego ; mais tant qu'elles ne s'accompagnent d'aucune évolution spirituelle, elles ne peuvent rechercher là-haut que le reflet des manifestations de leur vie terrestre. Ces individus se trouvent néanmoins dans des conditions où leur intelligence est affranchie de bien des limitations qui la restreignaient pendant la vie physique; aussi éprouvent-ils consciemment l'exquise sensation d'une capacité intellectuelle très intensifiée. Ce sentiment peut, dans une large mesure, s'associer à des idées philanthropiques, et les habitants du plan astral supérieur sont très pénétrés de l'idée qu'ils peuvent, par leur influence, contribuer puissamment au progrès et au développement de l'intelligence humaine ; aussi cherchent-ils sans cesse dans ce but, sur le plan physique, des individus encore vivants qu'ils puissent impressionner par leurs conceptions plus nettes et plus avancées. Ils se construisent aussi, dans un entourage à demi-matériel, des bibliothèques et des laboratoires où ils peuvent, dans une certaine mesure, matérialiser les idées nouvelles que leur conscience développe avec l'aide des sens astrals. Ils sont loin d'être ignorants du développement progressif de la pensée humaine et possèdent même la contre-partie astrale des nouveaux ouvrages scientifiques, et des nouveaux instruments de laboratoire. L'intensité de leur vie intellectuelle leur constitue une existence qu'ils trouvent très heureuse, mais qui néanmoins tend à retarder, peut-être plus que les distractions mesquines des subdivisions astrales inférieures, leur progrès possible vers des conditions d'existence plus hautes.

J'ai déjà fait allusion aux nombreuses variétés d'existence non humaine qui pullulent plus ou moins dans toutes les régions du plan astral. Les êtres qui sont dans des conditions normales après la mort ont, en somme, peu de relations avec ces entités, et il sera plus rationnel d'étudier cette partie de notre sujet dans un chapitre spécial

CHAPITRE VIII

LES ÉLÉMENTALS

Peu de sujets, dans les sciences occultes, présenteront autant de difficultés à l'étudiant que l'étude des Elémentals. On pressent bien que ce terme s'applique à certains esprits ou entités du plan astral. On a bien constaté qu'ils n'appartiennent pas à l'humanité, bien qu'ils soient soumis au contrôle de la volonté humaine ; on sait aussi qu'ils se divisent en variétés innombrables, mais, avant la publication du magnifique traité de M. C. W. Leadbeater sur le « Plan Astral », tous les renseignements, dont on disposait, ont plutôt obscurci qu'élucidé le mystère concernant la place et la fonction de ces êtres dans l'évolution. Au début de l'enseignement théosophique on préféra réserver toute information sur les élémentals, sous prétexte qu'il était presque impossible d'être explicite sur ce sujet, sans révéler des secrets concernant l'exercice du pouvoir occulte. C'était par l'intermédiaire des élémentals, nous disait-on, que s'obtiennent les phénomènes de l'occultisme, ainsi que ceux qui, d'une façon peu scientifique, se manifestent sous forme de faits merveilleux dans quelques séances spirites. Quelques livres théosophiques ont fait allusion aux élémentals de la terre, de l'air, du feu et de l'eau ; aux gnomes, sylphes, salamandres, ondines — selon la nomenclature adoptée par quelques auteurs du moyen âge dans les mystères occultes ; — mais tout exposé de ce genre obscurcissait l'ensemble du sujet au lieu de l'éclairer, et l'étudiant, déjà instruit, pouvait se demander s'il n'était pas voilé à dessein.

Quelques-uns d'entre nous ont cependant trouvé le moyen de faire, pas à pas, quelques progrès dans la compréhension de ce mystère profond et compliqué. Si nous constatons un accroissement graduel dans le nombre des étudiants, de la Théosophie moderne, capables de transférer leur état de conscience sur le plan astral, et conservant ensuite, dans leur conscience normale, un souvenir de ce qu'ils y ont appris ; il devient possible, à nombre d'entr'eux, de franchir les barrières qui séparent la science du monde extérieur de la connaissance des occultistes initiés. Et c'est ainsi que nous en savons davantage au sujet des élémentals qu'au début du mouvement théosophique. Nous pouvons au moins séparer la vérité scientifique d'avec les inventions poétiques et former sur l'organisation élémentale des conceptions qui, dans leurs limites, s'harmonisent du moins avec la science physique positive, et nous permettent de la rattacher aux plus profonds mystères de la Nature.

Sans essayer de comprendre, ex abrupto, l'organisme élémental en pleine activité sur le plan astral, ne devrions-nous pas commencer par nous familiariser avec les forces naturelles qui agissent tout autour de nous et dont la source pourrait bien se trouver dans ce règne élémental.

Considérons un morceau de charbon porté à une température suffisante pour que la combustion s'ensuive. Si nous essayons de décrire, en son entier, le processus de la combustion, nous ne trouverons pas les théories de la science physique pleinement déterminées même dans leur propre domaine. On pourrait avancer que la chaleur, en augmentant l'activité des molécules d'oxygène libre qui, dans leurs vibrations, frappent les molécules de carbone (nous négligeons ici les autres éléments du charbon), augmente aussi leur vibration, jusqu'au point où, s'entremêlant les unes les autres, elles engendrent ainsi des molécules d'oxyde de carbone. Si cet aperçu nous semble insuffisant, s'il n'explique pas comment se développe un nouveau centre de chaleur, nous pourrions supposer que le premier effet de la chaleur initiale est de rompre l'union chimique existant préalablement entre les atomes des divers éléments qui entrent dans la composition des molécules du charbon. Nous pourrions encore ajouter qu'en intensifiant leurs vibrations, la chaleur contraint ces atomes à rompre les liens d'attraction qui les maintiennent en cohésion moléculaire, comme, sur une plus vaste échelle, le soleil maintient les planètes de son système dans un ordre déterminé. Les atomes de gaz ou de carbone dégagés du charbon vibrent alors en contact avec les atomes d'oxygène libre, et la même énergie de mouvement qui les a dissociés de leur première combinaison moléculaire sert encore à leur en faire adopter une nouvelle. La formation de cette autre combinaison produit à son tour un choc dans l'éther ambiant, et ce choc génère de la chaleur et de la lumière. Ceci n'est qu'une interprétation élémentaire, mais elle péche probablement plutôt par ce qu'elle omet que par ce qu'elle énonce.

8.

En tous cas, la force a subi une métamorphose ; celle qui retenait ensemble les atomes de la molécule de charbon s'est convertie (*a*) en une autre force qui retient en cohésion les molécules de la combinaison nouvelle, et en plus (*b*) en vibrations caloriques de l'éther. Portons pour l'instant notre attention uniquement sur ces dernières. Elles constituent une force évidemment générée par le morceau de charbon ; elles étaient, en un certain sens, latentes en lui avant sa combustion.

Mais nous savons par les témoignages concordants de tous ceux qui ont pu observer avec intelligence les phénomènes du plan astral, que tous les objets physiques ont, sur ce plan, leur contre-partie astrale, ce morceau de charbon comme toute autre chose.

Il est donc très compréhensible qu'il y ait, et nous sommes certains qu'il y a, une contre-partie astrale de toute force inhérente à ce charbon ou latente en lui. Nous touchons ici à la plus simple conception qu'on puisse former des élémentals. La contre-partie astrale de cette force latente dans le charbon qui peut, dans certaines circonstances, être convertie en vibrations caloriques de l'éther, est, ce qu'on peut appeler dans une phraséologie impropre et très approximative, « un élémental », ou, avec plus d'exactitude, de l'essence élémentale.

L'individualiser en *un* élémental serait mal comprendre la question. La force élémentale du morceau de charbon fait aussi bien partie d'un océan de force du même genre que, sur notre plan, les vibrations caloriques sont immergées dans un océan d'éther ; mais la contre-partie astrale de cette force — dès que nous nous trouvons en position de l'observer — présente une caractéristique qui la différencie largement de sa manifestation sur le plan physique. Elle est sujette à l'influence de la volonté humaine et peut être dominée par cette volonté quand elle est d'ordre supérieur.

Pour mieux comprendre les caractéristiques de cette force, comparons-les un instant à celles d'un animal privé de sens et de nerfs sensitifs; un cheval, par exemple, soumis à ces limitations, n'obéirait plus ni à la parole ni au fouet ; si on le poussait jusqu'au point de le faire tomber, il commencerait à marcher automatiquement et pourrait même tirer une voiture, mais pour l'arrêter alors, un mur assez solide ne serait pas inutile. Si maintenant nous le considérons doué de ses sens habituels, quelle autre créature ! Sa conscience peut être guidée par son maître, il marche ou s'arrête sur un mot ou un geste ; nous pouvons à notre gré, employer sa force et impressionner sa volonté quelque imparfaite qu'elle soit. Cet exemple nous démontre la différence qui existe entre une force naturelle que la science positive reconnaît et cette même force (devenue intelligente) dans sa manifestation astrale. Sous cette dernière forme, on ne peut, il est vrai, lui supposer tout à fait la conscience et la volonté de l'animal, mais elle est, dans une certaine mesure, *vivante* et susceptible d'être dirigée par une conscience d'un ordre supérieur.

L'action de la volonté humaine sur la force élémentale varie naturellement dans de grandes limites, bien plus grandes encore que celles qui séparent les aptitudes d'un écuyer habile de celles d'un cavalier ordinaire. Sans pousser l'analogie plus loin, on peut cependant, par cet exemple des relations entre l'homme et l'animal, arriver à se rendre compte de celles qui, sur le plan astral, peuvent exister entre l'homme et les élémentals. Avec du courage et de la confiance en soi, certains hommes peuvent en imposer aux bêtes les plus féroces, alors qu'un manque de résolution ou de courage pourrait bien intervertir les rôles. Pour les mêmes raisons, les Élémentals repousseront la domination humaine si l'individu, qui intervient, ne se montre pas à la hauteur de sa tâche ; et cependant, sur le plan astral, la force élémentale est, dans une large mesure, docile à l'influence d'une volonté humaine très moyenne — et même à un désir s'exprimant à peine comme acte conscient de volition.

Nous n'avons pas la prétention d'expliquer comment cette force élémentale arrive à s'exprimer sur le plan physique ; mais l'expérience du phénomène occulte, jointe aux affirmations abstraites de son enseignement, nous prouvent que la transition est possible. Ce serait seulement, par un entraînement occulte approprié, que la volonté de l'opérateur arriverait à impressionner suffisamment l'agent élémental associé au morceau de charbon et l'amènerait à mettre en activité sa manifestation physique (1). Ceci est l'explication de ces phénomènes bien authentiques, de feux ou de lampes allumés d'une manière anormale sous l'influence de certains cas particuliers de médiumnité ; et la donnée occulte nous porte à croire que ce genre de phénomène était familier parmi les occultistes avancés.

Un autre exemple des rapports existant entre les forces du plan physique et le règne élémental est démontré par certains phénomènes naturels, encore moins connus que ceux de la combustion.

Voyez ce lourd bloc de pierre que nous désirons soulever ; nous mesurons très exactement la force qui

---

(1) C'est-à-dire produirait le phénomène de la combustion.
                                                          N. D. T.

l'attire vers le centre de la terre ; nous l'appelons d'un nom connu, mais nous connaissons peu son mode d'action. Sur le plan physique, nous ne pouvons la dominer qu'en lui opposant une quantité supérieure de force identique ou de quelque autre force qui contrebalancera la tendance que nous voulons vaincre. Mais la donnée occulte nous enseigne que toute force physique est la manifestation, sur son plan, d'une force élémentale quelconque. Il doit donc y avoir une contre-partie astrale de la gravité, qui, dans sa manifestation astrale, soit en quelque sorte vivante et placée sous l'influence d'une volonté provenant d'un plan supérieur.

Nous commençons à entrevoir le principe dirigeant de certain pouvoir occulte capable (dès les premiers âges du monde et même encore aujourd'hui) de manipuler de lourds blocs de matière par la force de volonté (1). Ce fait se produit fréquemment dans les expériences spirites (2) ; c'est là un autre exemple de transmission de force d'un plan à un autre. La question se résume ici à placer, à un degré suffisant, l'agent élémental sous l'influence de la volonté dirigeante.

Mais le mystère de cette transmission est en quelque sorte indépendant de l'action de l'agent élémental sur le plan astral. En ce qui concerne le procédé de transmission, il faut, pour le présent, nous contenter de savoir qu'il est possible de déduire par là la continuité des forces naturelles, la cohérence de l'ensemble

---

(1) Voir la remarquable étude de l'auteur *Pyramids and Stonehenge* dans laquelle il donne une explication scientifique très intéressante de la force employée jadis par les constructeurs de pyramides. N. D. T.

(2) Il s'agit ici des phénomènes de lévitation. N. D. T.

de ces forces sur les différents plans, et prévoir jusqu'à quel point s'étendra la domination que l'homme peut espérer posséder un jour sur la matière du plan physique.

Passons maintenant en imagination sur le plan astral et prenons note des informations que nous pourrons recueillir sur le règne élémental.

Il est à remarquer que toute branche de l'enseignement occulte s'adapte toujours exactement aux autres. L'histoire naturelle du règne élémental, dans ses lignes générales, rappelle à notre esprit les principes fondamentaux de l'évolution planétaire. Au début de l'existence d'une planète, avant l'évolution de son corps minéral — sans parler de sa vie végétale et animale, — le noyau d'activité cosmique qui va devenir une planète, est le champ de certaines évolutions élémentales qui se succèdent en ordre régulier. Avant la formation du règne minéral, nous a-t-on dit, le système auquel nous appartenons a développé successivement trois règnes élémentals. Cette information n'offre pas un sens bien précis aux lecteurs non initiés. Pourtant, au premier abord, elle peut suggérer d'une façon générale et indécise l'idée que les règnes de la nature que nous connaissons sont le résultat de certaines forces mystérieuses agissant sur une matière d'ordre plus subtil que celle en laquelle elle se convertit ultérieurement. Il paraît maintenant que les trois règnes élémentals qui précédèrent notre évolution minérale n'ont pas disparu ; nous faisons partie d'un stade ultérieur de ce processus, mais les agents précédents sont encore en activité.

Il existe trois règnes élémentals, bien distincts, reliés à l'évolution de notre chaîne planétaire — c'est-à-dire qu'en considérant la matière à un autre point de vue, la force se manifeste sous trois aspects différents. Ces élémentals n'appartiennent pas tous au plan astral ; les deux règnes supérieurs peuvent être considérés comme tributaires de plans plus subtils, quoique interpénétrant l'astral. Rappelons-nous que le plan astral est une sphère d'activité pour des facultés supérieures à celles qui lui appartiennent en propre, et qu'il se divise en sous-plans qui diffèrent très sensiblement les uns des autres. Souvenons-nous encore qu'en parlant maintenant des deux règnes « supérieurs » d'élémentals, nous rétrogradons le parcours suivi par l'évolution pendant la descente de l'esprit dans la matière.

Les règnes élémentals supérieurs furent les premiers dans l'ordre de la manifestation, les premiers qui émergèrent de la non-manifestation. Le plus inférieur des trois est le plus développé et le mieux organisé, car il touche de plus près au plan physique qui est plus développé encore, mieux élaboré et plus parfait sous le rapport de la matérialité.

On ne peut atteindre aux règnes supérieurs que par des pouvoirs appartenant, pour ainsi dire, au même niveau spirituel que ces règnes. Pour y arriver, un être humain devrait remonter le cycle de son évolution jusqu'au point où sa conscience et sa volonté (ayant, en plus, les expériences de l'incarnation physique) se retrouverait encore en activité sur les plans spirituels. Cette pensée n'a rien d'embarrassant pour celui qui aura saisi les premiers principes de la donnée occulte en relation avec l'évolution cosmique; et leur importance, dans le sujet qui nous occupe, simplifie notre étude au lieu de la compliquer.

Pour le moment, nous pouvons ignorer les deux premiers règnes élémentals. Le troisième, c'est-à-dire celui qui se rapproche le plus de la manifestation physique, concerne le plus directement la conscience humaine normale. Pour les investigateurs du plan astral, capables de voir ces phénomènes et sans avoir, pour cela, atteint un niveau très élevé dans l'évolution spirituelle, les diverses variétés d'essence élémentale appartiennent toutes au troisième règne et se différencient déjà au point de rendre leur classement très difficile. Essayons néanmoins de comprendre quelques-uns des principes d'une classification rationnelle.

Les forces élémentales, — je remets à plus tard l'étude des êtres élémentals — se divisent d'après les états ou conditions de matière, avec lesquels ils se trouvent en rapport dans leurs manifestations sur le plan physique. Nous connaissons tous, les états solides, liquides et gazeux de la matière, et les étudiants en occultisme savent en outre quelque chose des quatre états suivants qui se succèdent en série ascendante. Les forces élémentales correspondantes sont nommées, en langage poétique, gnomes, sylphes, ondines et salamandres. Le gnome ne représente pas le nain sub-humain des contrées minières. Ce ne serait là que la caricature d'une idée conçue par une imagination défectueuse ou déréglée. Le gnome ou élémental terrestre est la force astrale reliée au phénomène de la matière solide; de même que l'ondine ou élémental de l'eau est, non pas une fée dansant sur une source, mais une force naturelle reliée à la matière liquide ; le sylphe ou élémental de l'air est une force semblable en rapport avec la matière gazeuse, comme la salamandre ou élémental du feu correspond aux vibrations de l'éther.

Cette classification, ainsi comprise, pourrait nous sembler plus élémentaire que scientifique. Il y a des attributs communs aux trois états de matière. La pesanteur, par exemple, est aussi bien un attribut de l'hydrogène que du plomb ; la vibration moléculaire agit dans le roc immobile, comme dans la vague qui se brise sur ses flancs. Nous ne pouvons imaginer une force qui appartienne exclusivement à la matière solide, liquide ou gazeuse. Suivant le même ordre d'idée, les diverses essences élémentales n'agissent pas isolément et indépendamment les unes des autres, mais elles s'unissent à l'infini.

Le point important à retenir est celui-ci : quelle que soit la combinaison de forces agissant, dans un cas donné, sur le plan physique, la contre-partie de cette combinaison opère également dans la condition astrale, où elle revêt un aspect en quelque sorte vivant, qui la rend plus soumise à la volonté humaine qu'elle ne l'est sur notre plan.

Mais le plan astral est, nous l'avons déjà vu, partagé en sept subdivisions. Des variétés spéciales d'essence élémentale appropriées à chacune d'elles s'y présentent à notre observation et la distinction que nous observions entre les élémentals de la terre, de l'eau, de l'air et du feu persiste aussi dans ces sept subdivisions.

Il existe encore, pénétrant tous les plans de la Nature, le plan physique inclusivement, une mystérieuse classification par attributs, tendances, ou caractéristiques qui est trop subtile pour être facilement définie ; on peut néanmoins la faire vaguement pressentir en disant que toute plante, tout animal ou tout homme, ainsi que chaque minéral et chaque manifestation de l'essence élémentale, correspond à l'un ou l'autre des sept grands rayons qui procèdent de régions d'influence spirituelle très élevées, où l'imagination a de la peine à pénétrer. Il faut tenir compte de cette classification par rayons lorsque l'on groupe les élémentals

Les habitudes d'esprit (1), engendrées par la conception des trois dimensions de l'espace, nous permettront d'édifier par la pensée non pas un tableau de cette triple classification, mais une figure solide (ou diagramme à trois dimensions) en représentant les trois catégories. Mais comment développer cette conception en faisant chevaucher cette triple classification sur les trois règnes d'élémentals? Une quatrième dimension nous semble ici nécessaire. Et pourtant, sans sortir de notre champ d'expérience usuel, une créature vivante ne peut-elle être tout à la fois mammifère, quadrupède, pachyderme et mâle; aussi pourquoi serait-il plus difficile de se faire une idée des variétés d'élémentals, variétés cependant trop compliquées pour être représentées par un diagramme (d'un espace) à deux ou trois dimensions.

Jusqu'ici nous n'avons considéré l'essence élémentale que sous son aspect le plus général, le plus indéterminé, et plutôt comme une force que comme une entité. C'est bien là l'idée principale qu'il faut établir dans notre esprit pour servir de base à des conceptions plus approfondies. Il serait désastreux de s'imaginer, à priori, que les élémentals sont au plan astral ce que les animaux, les oiseaux et les reptiles sont à nos forêts; bien que nos premières expériences sur le plan astral soient de nature à confirmer cette notion. Sur le plan physique les forces sont toujours des énergies abstraites, s'associant à la matière; sur le plan astral, non

---

(1) Le lecteur non familiarisé avec la géométrie descriptive transcendante, aura quelque difficulté à suivre l'auteur dans cette partie de son exposé.   N. D. T.

seulement elles sont en quelque sorte vivantes, mais elles sont encore aptes à prendre forme sous l'influence de la volonté qui les dirige. Ces forces peuvent être ainsi, pour un temps, douées d'un caractère bienfaisant ou malfaisant qui n'est pas comparable en rien, en ce qui concerne l'état de conscience interne, à un bon ou un mauvais naturel, mais qui les incite à produire un effet bienfaisant ou nuisible ; absolument comme peuvent en produire les forces du plan physique.

Le feu qui, dans un but utile, sert à cuire la nourriture de l'homme pourrait, s'il était autrement dirigé, causer de la douleur à un être organisé. La loi de gravité qui fait descendre le poids d'une horloge pourrait aussi tuer l'homme qui se trouverait au-dessous. L'électricité qui peut transmettre de bonnes nouvelles pourra aussi faire éclater une charge de dynamite sans être pour cela de la bonne ou de la méchante électricité. La dynamite elle-même est d'une grande utilité lorsqu'elle fait sauter un rocher qui met obstacle à la navigation, et elle est très nuisible en faisant sauter une habitation et en mutilant ses habitants. La force en elle-même n'est ni bonne ni méchante; et la même idée s'appliquera aux élémentals que le pouvoir de la volonté a appelés à l'existence et qu'il a doués, dans une intention consciente, de certains attributs.

Le plan astral fourmille incontestablement de ces êtres à la fois bénéfiques et maléfiques; on pourrait donc au premier abord imaginer qu'ils constituent la vie animale du plan. Mais ce sont des entités au même titre qu'un seau d'eau tirée de la mer est un volume spécifique d'eau prenant pour un temps la forme de l'intérieur du seau. Brisez le seau, l'eau retombera dans l'océan, sans avoir été modifiée en bien ou en mal par cette séparation temporaire. L'eau peut même, pendant ce temps, avoir traversé bien des péripéties. On l'a peut-être convertie en vapeur dans une chaudière, pour faire marcher un navire ; elle a pu faire éclater son récipient, blessant ainsi les êtres vivants qui se trouvaient autour d'elle ; elle a pu encore entrer en combinaison chimique avec d'autres matières et jouer par là un rôle important sur le plan de la manifestation physique. Ce n'est pourtant toujours que de l'eau qui finalement retournera, d'une manière ou d'une autre, à l'océan d'où elle est sortie. Ainsi en est-il de la vie, ou force élémentale, isolée par une individualisation temporaire. La volonté ou l'énergie mentale qui l'a moulée peut la douer d'une vie spéciale, d'une tendance si tenace qu'on pourrait par erreur lui attribuer un dessein défini. La forme elle-même peut être très résistante, jusqu'à ce qu'elle se trouve en contact avec quelque force de volonté qui la brise ; elle nous présente alors tous les caractères extérieurs d'une créature astrale vivante. Les formes horribles et répugnantes que rencontre sur le plan astral un investigateur téméraire sont de cette nature. Créées peut-être par une pensée mauvaise ou hostile, elles sont impuissantes à nuire aux hommes de sang froid qui opposent à leurs attaques une volonté ferme ; mais elles peuvent souvent tourmenter, faire souffrir même ceux qui envahissent leur domaine, et dont l'effroi paralyse les forces.

D'autres formes élémentales, non moins réelles, et existant comme entités temporaires bien définies, peuvent revêtir l'aspect le plus agréable et exercer une action bienfaisante si elles sont appelées à la vie par des pensées d'amour et de charité. Mais la durée de leur existence dépendra de la persistance de la volonté qui les a fait naître, et lorsqu'elles ont rempli leur mission ou perdu leur cohésion par le relâchement du pouvoir qui les a évoquées, elles se résorbent dans l'océan d'essence élémentale à laquelle elles appartiennent; les éléments qui constituaient cette forme élementale peuvent ainsi servir à quelque nouveau but bon, mauvais ou insignifiant.

Ces dernières explications pourront donner une interprétation scientifique (au point de vue occulte) à l'histoire des « Dieux » tutélaires de quelques temples indiens; — les esprits occidentaux les qualifient naturellement de superstitions vides de sens; car ils sont frappés du caractère inadmissible de la croyance indigène sous son aspect élémentaire, et ne possèdent pas la connaissance occulte qui pourrait leur montrer la potentialité naturelle qui s'y trouve cachée. L'essence élémentale revêtue d'une forme, si elle est animée dès sa création par une volonté humaine suffisamment puissante, peut persister dans cette forme pendant de longues périodes et manifester des pouvoirs en harmonie avec son impulsion primitive ; il n'est pas surprenant, dès lors, qu'une populace ignorante lui confère le pouvoir surnaturel d'un demi-Dieu.

A la tête de chacune des grandes divisions d'élémentals se trouvent des êtres d'une nature permanente, bien définie, et du caractère le plus élevé, qui contrôlent ou inspirent toutes les manifestations de l'énergie élémentale. On ne peut en savoir davantage sur la nature et la constitution de ces êtres, sinon qu'ils sont d'ordre cosmiques : ce sont les agents des Lipika. N'appartenant pas à notre évolution, ils n'appartiennent pas à notre système évolutif humain, et, comme bien on pense, ne peuvent être décrits dans des termes appropriés à la mentalité humaine.

L'existence de ces êtres est néanmoins un fait, et il concorde avec ce grand principe, que la donnée occulte nous présente sous bien des formes, d'après lequel toutes les lois de la Nature sont l'expression de la volonté d'êtres conscients, placés à un niveau plus ou moins élevé dans le système universel et dont la puissance s'exerce en harmonie avec la Volonté suprême et cachée qui les guide. Au point de vue occulte, la force aveugle est une chose qui n'existe pas. Dans ses manifestations les plus inférieures, la force peut paraître aveugle — elle peut se frayer une voie bien définie, insoucieuse des obstacles qu'on lui oppose ; mais à son origine primitive cette force est générée par une volonté intelligente.

Un problème se posera ici, naturellement, en réfléchissant aux pensées que nous venons d'émettre. Quelle est la matière qui semble former le véhicule de ces élémentals, de forme et d'aspect bien définis? Est-ce bien un véhicule au vrai sens du terme, comme le corps physique ou astral qui peut, sous certaines conditions, servir de véhicule à la conscience humaine ? ou bien le véhicule apparent de la force élémentale est-il aussi de la même essence que cette force ? Une statue de marbre ou un nuage vaporeux sur un ciel clair peuvent avoir chacun une forme définie ; mais leur surface extérieure n'est pas d'une matière différente, par sa nature, de celle du marbre ou de la vapeur en question. C'est ainsi que l'élémental qui nous apparaît sous une forme grotesque, humaine ou animale, peut être cependant d'une constitution homogène — c'est autant de force élémentale vivante, agissant dans des conditions déterminées, et tirant sa forme extérieure de la pensée créatrice qui l'évoque. Des deux conceptions, celle-ci me paraît la plus rationnelle, bien qu'elle ne s'impose pas à l'imagination sans difficulté. Mais il faut nous souvenir que l'ordre évolutif du monde qui nous entoure procède, à travers les règnes élémentals vers le règne minéral, et de là vers des règnes supérieurs d'êtres organisés. Les élémentals ne sont pas les habitants d'un monde tout agencé ; ils sont les fondations, la substance du monde. Ils pourront subir des transmutations mystérieuses ; mais avant de parvenir à ces hautes régions de conscience humaine qui sont l'apanage de l'essence spirituelle, on ne rencontrera rien dans le monde qui ne soit élémental par sa nature. Les cellules minuscules, dont se composent le corps de l'homme ou de l'animal, sont des produits évolutifs du règne élémental. La matière et la force sur le plan physique sont des élémentals condensés — matérialisés. Les élémentals, visibles sur le plan astral, sont de la matière et de la force éthérisées. Ils sont en relation avec leurs propres manifestations inférieures comme la vapeur est en relation avec la glace, et l'acide carbonique gazeux avec l'acide carbonique neigeux. Ils n'ont besoin d'aucun véhicule pour se manifester — à l'inverse de la conscience humaine qui en exige un. Ils sont à la fois véhicule et *vie* (mais non pas conscience).

Il ne saurait entrer dans notre programme de définir les méthodes par lesquelles la volonté humaine, fonctionnant sur le plan astral, parvient à spécialiser et à diriger l'essence élémentale qui l'entoure ; mais nous toucherons aux confins de ce mystère, d'aussi près que nous le permettent les circonstances, si nous comprenons que la nature entière est pénétrée par la masse, non spécialisée, d'essence élémentale perceptible sur le plan astral. Il n'est pas nécessaire de la chercher comme l'herboriste, par exemple, cherchera dans le bois la plante spéciale qu'il lui faut. Aussi bien que l'atmosphère est, en tous lieux, à la disposition de l'homme qui désire gonfler un soufflet, de même ces masses d'essence élémentale sont toutes sous la main ; mieux encore elles sont visibles aux sens astraux, sans pour cela gêner la perception des autres objets ; et il faut tenir compte de la différence entre la vision astrale et la vision ordinaire. Avec quelques restrictions, on pourrait même dire que seules les choses sur lesquelles se porte l'attention, sont *vues* sur le plan astral en sorte que, si l'investigateur astral n'a pas besoin de manipuler l'essence élémentale, à peine sera-t-il conscient de sa présence ; si au contraire il désire l'employer, il l'apercevra de toute part.

J'ai fait allusion au rôle joué dans les phénomènes physiques par des combinaisons de diverses variétés d'essence élémentale. Dans le même ordre d'idée, « un » élémental évoqué ou créé par la volonté humaine peut être composé de plus d'une de ces variétés. Une seule pourrait être insuffisante pour réaliser le but désiré. Il est indubitable, cependant, que la création d'un élémental aussi complexe exigera un degré d'avancement supérieur à celle d'un élémental formé d'une seule variété d'essence.

Au-dessus et en dessous de ces entités élémentales que la volonté humaine peut tirer de la masse d'essence élémentale, il en est encore d'innombrables variétés, qui doivent l'existence à des évolutions naturelles se poursuivant parallèlement à celle qu'intéresse notre humanité, tout en restant complètement indépendantes. Mais celles-là ne touchent guère à mon sujet actuel. Je m'occupe exclusivement ici des enseignements occultes qui concernent directement l'évolution de l'homme.

CHAPITRE IX

LE PLAN SPIRITUEL

Livrons-nous maintenant à la contemplation de ce royaume spirituel, dont le plan astral n'est que l'antichambre. Dès l'abord il faut avoir présent à l'esprit la dualité d'aspect de ce royaume, qui correspond à la dualité d'aspect du plan astral. Le plan spirituel représente un état spécial pour les âmes de condition normale qui, entre deux périodes d'incarnation, s'y reposent dans de délicieuses émotions ; il représente une autre condition pour l'Ego purifié de l'initié qui, vivant encore, est capable de s'élever à ce niveau de conscience, tout en prenant part aux conditions d'activité et de responsabilité morale que comporte la vie terrestre.

Les entraves, causées par une idée religieuse mal développée, sont de nature à empêcher ceux d'entre nous qui ne sont pas des occultistes entraînés de comprendre cette distinction. On se figure volontiers que le Ciel offre, à ceux qui passent de la vie à la mort, des conditions d'élévation et de progrès beaucoup plus hautes qu'elles ne le sont réellement. Bien que le champ de ces possibilités soit, pour ainsi dire infini — en ce qui concerne la connaissance et l'élévation de la conscience — dans chacun des cas elles répondent exactement aux caractères d'évolution spirituelle de l'âme. Il n'existe en fait aucun plan de la Nature qui ne soit soumis à la loi de cause et d'effet. Si nous transplantons au Ciel une conscience, un être dont les attributs ne s'élèvent pas au-dessus des sentiments ordinaires de la vie physique, le Ciel ne lui offrira, ainsi qu'à ses pareils, rien de plus que la jouissance engendrée par ces mêmes sentiments. Vous ne changerez pas la nature d'un sauvage d'Afrique en le transportant dans une contrée civilisée et en le plaçant, sans transition, dans un milieu artistique, scientifique et littéraire. Je dirai même, en me servant d'un exemple familier, que si l'on offre à ce sauvage toutes les ressources imaginables de la civilisation, il ne choisira que les agréments de la nourriture, de la boisson et du confort matériel, seuls objets que son expérience de la vie lui fasse considérer comme enviables. Il en est ainsi des âmes imparfaitement développées composant l'humanité ordinaire. Le Ciel n'est un Ciel pour elles qu'autant que leur culture d'esprit les met à même de jouir de ses ressources. Mais, à toutes les âmes qui peuvent l'atteindre, il assure une félicité complète suivant le sens où s'est exercé leur développement spirituel.

Je me hâte d'ajouter que par développement spirituel, je n'entends pas le développement de l'instinct religieux, au moins dans un sens exclusif. Le sentiment religieux très profond constitue, indubitablement, une phase du développement spirituel ; mais l'amour vrai, et dépouillé de tout égoïsme, est tout aussi apte à s'épanouir glorieusement sur le plan de conscience céleste ou spirituel.

Le sens artistique est encore très empreint de vrai spiritualité et par là devient capable de provoquer une généreuse réponse du plan spirituel, qu'il soit caractérisé par la beauté de la forme, de la couleur ou du son. L'amour de la science également peut être spirituel s'il pénètre les choses dans leur essence ; mais lorsqu'il s'est consacré exclusivement aux détails d'ordre physique, il ne peut que devenir une force dont l'effet retiendra l'âme libérée par la mort dans les régions supérieures du plan astral, au lieu de lui servir de stimulant pour l'éveil spirituel.

Comme je l'ai déjà dit, les ressources du plan spirituel sont presque infinies, car la pensée y exerce un pouvoir créateur bien supérieur à celui qu'elle possède sur le plan astral; en outre, la conscience s'y trouve en relations directes avec la mémoire presque illimitée de la Nature, mémoire conservée — nous ne pouvons encore espérer comprendre *comment* — dans une perfection inaltérable par ce médium embrassant toutes choses que la science occulte désigne sous le nom d' « Akâsha ».

Quelques-unes des manifestations de ce prodigieux agent peuvent être perçues sur le plan astral ; mais la connaissance de ces archives claires et précises appartient essentiellement au plan supérieur de conscience spirituelle. C'est le miroir naturel de tous les événements ; et il les rappelle, à ceux qui ont le pouvoir de les lire, jusque dans leurs moindres détails. Comme rien ne pourrait modifier un événement du passé, après qu'il est accompli ; rien, non plus, ne saurait l'effacer de la mémoire de la Nature. Nos propres réminiscences, pendant la vie physique, proviennent d'une lecture imparfaite de celles de ces annales qui nous concernent personnellement, celles qui se trouvent, en quelque sorte, reliées par des affinités magnétiques à nos cellules cérébrales ; mais la totalité de ces archives est accessible aux facultés spirituelles qui s'exercent librement sur le plan spirituel. Nous sommes alors en mesure de nous souvenir de tout ce qui s'est passé dans l'histoire de notre monde, non de cette façon vague ou obscure propre à la mémoire physique, mais en voyant se dérouler devant nous et avec tous leurs détails les scènes du passé ou la succession des événements qui attirent notre attention.

Mais ces archives ne se déroulent que si l'attention s'y fixe dans un but déterminé. C'est là un point extrêmement important ; et l'on verra que l'Akâsha ne revêt son caractère panoramique que pour les âmes du plan spirituel inspirées du désir de les consulter. Pour l'individu qui meurt dans les circonstances usuelles et qui, après sa libération du plan astral, passe sur le plan spirituel, ces archives commémoratives de la Nature sont pour lui lettre morte si toutefois l'esprit de cet homme n'a pas été poussé à les consulter.

Quoique le plan spirituel soit sujet à certaines limitations pour ceux qui y entrent par la voie ordinaire, il ne s'ensuit pas que son caractère de félicité soit limité de la même façon. Dans cette bienfaisante atmosphère, il n'y a place pour aucune souffrance de quelque nature qu'elle soit. Tous ceux qui y parviennent se trouvent, par ce seul fait, pénétrés d'un sentiment intime de joie, de félicité pure et sans mélange. Les luttes, les souffrances de la vie incarnées sont finies, abandonnées pour un temps et un temps même très long. L'âme plongée dans le ravissement a sans cesse conscience de la présence des êtres et des choses indispensables à son bonheur parfait, pourvu que ces conditions de bonheur soient susceptibles d'expression sur le plan spirituel. D'ailleurs, si cette âme était assez peu évoluée pour ne comprendre la jouissance que dans un entourage tout à fait matériel, elle ne pourrait jamais avoir accès au plan spirituel. Mais il ne s'agit pas ici des âmes que leurs attaches terrestres retiennent dans l'astral, mais bien de celles qui, si faibles qu'elles soient, se sont élevées plus haut.

Au premier abord, l'étudiant pourra juger peu satisfaisant ce genre de bonheur spirituel; il pourra trouver même un caractère illusoire à la félicité promise aux habitants du ciel que je dépeins. Prenons le cas d'un individu que nous désignerons par la lettre A et dont le bonheur dépend de son intimité avec B... Sur le plan spirituel il jouira de cette intimité. Mais supposons que B... ne comprenne d'autre bonheur que l'amitié de C... Il est possible que B... ne se soucie nullement de A... On pourrait objecter ici que A... se méprend lui-même, qu'il est dupe d'une illusion dont la découverte réduirait à néant son bonheur. Cette critique est défectueuse, parce qu'elle confond les choses extérieures et les choses essentielles. Lorsque nous considérons l'idée d'intimité au point de vue terrestre, nous ne considérons que les choses extérieures. Sur le plan physique nous n'attachons pas autant d'importance à la pensée intérieure, à la conscience de la personne aimée qu'à sa manifestation extérieure. Ceci est vrai au moins pour la plupart des hommes. S'il en était autrement pour quelqu'un de mes lecteurs, celui-ci verrait le plan spirituel s'adapter à son évolution supérieure, comme nous l'examinerons plus loin; mais il ne faut pas critiquer l'œuvre de la Nature à un point de vue seulement.

Le Ciel — j'entends par là l'état conscient de repos et de félicité que l'âme peut acquérir — doit être accessible à tous, et non réservé aux seuls êtres d'une haute intelligence. Si nous supposons A... né dans une condition sociale des plus humbles, comment pouvons-nous imaginer le bonheur qui l'attend ! Il n'est pas assez évolué encore pour se contenter d'aspirations purement spirituelles, car un individu ne change pas essentiellement par le seul fait de son transfert sur un nouveau plan d'existence.

Notre ami A... s'est créé une idée illusoire du bonheur *sur terre*, s'il a concentré tous ses rêves de bonheur dans une affection qui selon notre hypothèse n'est pas partagée. Cette erreur doit-elle empoisonner toute son expérience céleste ? La recherche de la vérité spirituelle n'a pas été le but de sa vie ; en souffrira-t-il parce qu'il a été jusqu'à présent privé de cette connaissance ? Il a concentré toutes ses aspirations dans un sentiment terrestre ; la vie céleste lui offrira-t-elle un épanouissement complet de ce sentiment ?

Qu'est-ce après tout que la réalité et qu'est-ce que l'irréalité lorsqu'il s'agit de manifestations de choses et non de leurs réalités essentielles et spirituelles. Le corps de l'ami que nous chérissons est-il une réalité ? Mais dans peu d'années il ne sera plus que poussière et néant ; tandis que, bien des siècles après sa dissociation, l'image spirituelle évoquée ou créée par la pensée de A... subsistera encore devant lui éternelle et immuable. Et cette image n'est pas un fantôme insensible ne contentant que son regard. Sur le plan spirituel les créations de la pensée sont vivantes. Pour A... l'image de son ami ne sera jamais indifférente, car son désir l'a douée de sentiment. Le monde dans lequel il vivra — le Ciel — est incontestablement un monde subjectif; considéré au point de vue de la connaissance suprême, c'est un royaume de félicité intense dans lequel il n'y a point de place pour la déception et dont la durée dépendra de l'intensité du désir qui l'a évoqué. Ces conditions ne changeraient que si la conscience latente de A... renfermait d'autres aspirations à contenter, capables de remplacer celle dont nous avons parlé, ou exigeant un épanouissement simultané. Le monde subjectif, où l'âme goûte la vie céleste, renferme bien des sources d'affection et bien des causes de jouissance. Mais, s'il nous est loisible de demander aux ressources infinies du plan spirituel des jouissances d'ordre supérieur, ne nous imaginons pas que le Ciel ait été créé, pour notre convenance propre, et qu'il abandonne à leur malheureux sort ces multitudes d'êtres dont les aspirations ne dépassent pas le simple bonheur suggéré à leur imagination par une expérience irraisonnée de la vie terrestre.

Je sais qu'au premier abord ce genre d'idées déconcertera bien des conceptions relatives aux expériences célestes ; mais si les dispositions de la Nature ne peuvent réaliser certains espoirs, cet insuccès n'est pas dû à l'insuffisance céleste pourrais-je dire, mais au caractère absolument déraisonnable et impraticable de ces espoirs. Ce n'est qu'à un niveau inaccessible encore, à la majorité peu développée de l'humanité, que l'âme acquiert la possibilité de prendre contact avec ces réalités plus profondes de l'existence spirituelle, et de comprendre l'union vraie existant entre toutes les individualités spirituelles. Mais l'être dont l'évolution spirituelle est imparfaite ne saurait trouver de bonheur dans une libération prématurée des limitations, qui offraient, jusqu'alors, un rayon suffisant à l'expansion de ses affections. L'existence dévakhanique peut donc être considérée, jusqu'à un certain point, comme une vision ; mais cette vision est aussi intense — toutes les assurances reçues nous induisent même à croire qu'elle est plus intense — que l'illusion qui nous environne sur le plan physique. Il est vrai que, considérés du plan le plus élevé, tous les états qui se trouvent au-dessous tiennent en quelque sorte de l'illusion. Cette illusion augmente, de plus en plus, au fur et à mesure que notre observation se porte vers les plans inférieurs et atteint son maximum dans les manifestations de la vie sur le plan physique.

Celui qui étudie les vérités cachées de la Nature, en rapport avec les conditions *post mortem*, ne ferait aucun progrès sérieux s'il n'avait, tout d'abord, bien compris les difficultés du cas précédent. J'admets qu'au premier aperçu des faits, l'esprit fortement imprégné de vagues et impraticables conceptions puisse se révolter contre cette façon exacte d'envisager la vision dévakhanique. Les individus qui considèrent comme inaccessibles, autrement qu'en imagination, toutes les régions situées au-delà du monde visible, se font, du Paradis, une conception imaginaire peu intelligente. Ils perdent ainsi la notion de tous principes ; ils oublient l'idée fondamentale de l'évolution. Ils voudraient que le Ciel offrît à tous les hommes le bonheur rêvé par les représentants les plus avancés de leur race, que ce Ciel fût une localité objective, que les choses vues par l'un de ses habitants le soient également par tous, et que les conditions où se complaît un être réjouissent au même point tous les autres. Cette idée est encore plus folle qu'immorale. Les possibilités finales de l'évolution réservent à l'humanité, dans le stade d'évolution actuel, des destinées spirituelles dépassant immensément celles de notre plan dévakhanique. Je parlerai plus tard de quelques-unes de ces possibilités.

Longtemps avant qu'elle soit devenue consciente sur les niveaux nirvaniques, l'âme humaine, au cours des innombrables incarnations nécessaires à son évolution, sent le besoin d'un repos spirituel et désire ardemment de nouvelles expériences lui donnant le bonheur.

« Je suis moi-même le Ciel et l'Enfer, » répond l'âme du poète persan envoyée dans l'invisible pour y surprendre l'énigme de l'après-vie. Ces lignes renferment une vérité plus profonde que ne le croient beaucoup d'entre ceux qui les citent et les approuvent ; ils se hâtent d'ailleurs de désapprouver cette même conception si elle leur est présentée sous une forme scientifique et précise. L'âme se crée, à elle-même, son paradis, en se servant, pour évoquer la vision véritablement nécessaire à son bonheur, des conditions éminemment responsives de la Nature sur le plan dévakhanique. En la laissant agir ainsi, la Nature n'entend pas sacrifier d'autres âmes, dont le bonheur serait compromis s'il leur fallait jouer exactement les rôles déterminés par les visions de tous leurs amis. Et ces âmes seraient-elles même sacrifiées qu'il ne serait pas toujours possible de leur faire jouer des rôles incompatibles entre eux.

Au résumé certaines personnes pourront critiquer cet aspect du plan dévakhanique, ce Paradis de notre humanité pendant les périodes intermédiaires des réincarnations ; mais un Paradis édifié pour contenter toutes leurs objections prendrait bientôt la triste apparence d'un champ de luttes, de rivalités et de désespoir.

En un certain sens, la vision dévakhanique peut être illusoire. Mais la conscience éclairée, qui plane à des hauteurs supérieures encore, trouvera que le plan physique, avec ses illusions autrement profondes, est un point de vue singulièrement mal choisi pour qualifier de décevantes les illusions relativement durables de la vision dévakhanique, car, sur le plan terrestre, le corps de chair et de sang est pris à tort pour la véritable individualité, et les choses transitoires y sont seules considérées comme réelles.

Faisons encore un pas en avant et examinons les possibilités du plan spirituel, réservées à ceux qui s'y éveillent après un temps déterminé passé dans le purgatoire. Le Dévakhan n'est pas pour eux une condition d'énergie ou de travail actif. Si ces êtres sont animés de sentiments philanthropiques au point de n'être réellement heureux qu'avec la possibilité d'aider leurs semblables, ce sublime attribut de leur nature s'affermira en temps voulu ; il tendra même à les ramener plus tôt vers la vie incarnée, seule sphère d'activité possible pour eux, avant d'avoir atteint des degrés d'évolution spirituelle que nous examinerons plus tard. S'ils en avaient eu le choix, peut-être eussent-ils volontiers sacrifié leur propre félicité céleste pour continuer, sans interruption, à aider leurs semblables ; mais la Nature ne se hâte pas d'accepter ce sacrifice. Nous admettons que, tout en étant d'un caractère élevé et très généreux, ils sont encore subordonnés au courant général de l'évolution, et, dans ce cas, la mort est pour eux l'avènement d'une période de repos et de bonheur. Qu'ils la réclament ou non, la récompense, ou une partie de cette récompense due à leur vie sage et méritoire, leur est allouée; et si, comme je le disais, ils s'imaginent, au point de vue terrestre, que le bonheur ne saurait exister sans un labeur altruiste incessant, cette impression n'est due qu'à une ignorance partielle des conditions d'existence sur le plan spirituel. Il est inadmissible en effet, que les êtres, dont il s'agit ici, n'aient pas développé largement leurs qualités émotionnelles ; et la Nature usant des ressources illimitées que lui offre le Ciel, ne manquera pas de les rendre très heureux pendant la durée de leur repos spirituel.

Sans changer les conditions générales de la vie spirituelle, que nous venons d'étudier, examinons maintenant l'intérêt de la condition céleste, c'est-à-dire les occasions qu'elle offre à l'âme avide de connaissance. Cette âme aura, tout d'abord, à sa disposition toutes les ressources de la lumière astrale.

Ainsi que l'Ego spirituel, dirigeant sa pensée vers l'ami qu'il chérissait sur terre, l'évoque en son esprit créateur comme une vivante réalité, ainsi l'attention tournée vers certains événements ou vers les annales du passé, évoquera leur image vivante dans la mémoire universelle de la Nature. Cette considération ne s'applique pas seulement aux événements historiques ou aux anciennes périodes de formation géologique, mais aussi bien aux vérités essentielles que la science cherche à tâtons. Il est vrai que nos aspirations scientifiques, durant la vie, prennent souvent un essor audacieux et que nous nous posons des problèmes que les ressources mêmes du plan devakhanique sont impuissantes à résoudre.

Il faut toujours nous souvenir que le plan spirituel, considéré ici, est le plan spirituel de ce monde. L'imagination ignorante commet souvent l'erreur d'apporter dans sa conception du Paradis une certaine incohérence d'idées. Elle se figure que l'âme quittant la vie terrestre, au stade actuel de l'évolution humaine, glisse sans transition dans un Paradis que l'on croit être le Ciel homogène du Cosmos universel, et où nous serions tous mis en présence de la Divinité absolue et susceptibles de prendre part à son omniscience. La science occulte exposant les faits de la Nature qu'elle est à même d'approfondir, nous décrit le plan spirituel de ce monde, dans lequel les âmes des mortels sont appelées à séjourner pendant un certain nombre d'années, avant de retourner immanquablement vers une nouvelle incarnation terrestre. Elle tient pour absurde que le Ciel actuel de notre humanité puisse être celui de l'univers entier ni qu'il doive durer éternellement. Dans les limites de l'éternité, qui pourrait dire quels sommets nous seront accessibles, avec quels plans d'existence, quels états de conscience nous pourrons entrer en contact ? Le véritable occultiste est aussi soigneux d'éviter les dénégations dogmatiques, que le véritable savant à se garer de ces pièges intellectuels. Mais le vrai scientiste avoue que beaucoup de choses dépassent sa science, et se contente d'affirmer celles qui sont de sa compétence. Il en est de même dans la science occulte. L'observateur, possédant les dons nécessaires, peut réellement entrer en relation avec le plan spirituel de la terre, et y reconnaître les âmes de ceux qui ont vécu sur terre. Il peut même comprendre et considérer ce plan, comme faisant partie du grand plan de l'évolution humaine, et constituant cette réalité que s'efforcent d'atteindre ceux qui aspirent aux joies du Paradis. Le véritable occultiste sait aussi que bien des conceptions du Ciel, adoptées par l'imagination humaine, sont au moins prématurées et que quelques autres sont même grotesques.

Le développement, l'évolution et l'expérience que l'homme acquiert, soit dans son corps, soit hors de son corps, se déterminent toujours par des transitions graduelles, quelque infini que puisse nous paraître l'ensemble des possibilités qu'un avenir lointain lui réserve.

Le Ciel dont notre race actuelle jouit entre deux incarnations est sujet à des limitations ; il n'en faut pourtant pas déduire que tout progrès spirituel au delà de ces limitations soit à jamais interdit à l'humanité. Les errements de la pensée moderne à ce sujet tiennent en grande partie à ce fait que les esprits cultivés de notre époque ont oublié la grande loi de réincarnation, dans laquelle une longue série d'existences jouent le rôle que les croyances populaires attribuent à une seule vie. La plan spirituel de notre monde, où les êtres humains éprouvent, pendant les dix ou vingt siècles séparant deux incarnations, la joie la plus intense qu'ils soient capables de concevoir, peut être envisagé comme un simple lieu de repos pour un état de conscience plus élevé qui sera généralisé dans un avenir éloigné, et que quelques âmes sublimes ont déjà atteint aujourd'hui. Mais, en réalité, ceux qui ont l'habitude de se figurer le Ciel, qui les attend, comme s'étendant à tout l'Univers, seront peut-être désappointés ; mais cette déception ne saurait provenir que d'une imparfaite compréhension des relations existant entre leur état de conscience actuel et l'infini. L'enfant étendant la main pour saisir la lune est un faible exemple de la façon dont certains penseurs méconnaissent leur propre niveau spirituel, car rien ne saurait les satisfaire, après la mort, sinon la totalité des potentialités du Cosmos.

Ces réflexions me ramènent au cas de cette âme qui, même sur le plan spirituel dont je viens de parler, pourrait aspirer vers une connaissance plus étendue encore que ne le comportent les ressources de ce plan. Le Ciel spirituel, qui n'est jamais que l'aspect spirituel de ce monde, renferme en ses limites de nombreuses conditions différentes. Dans l'état que j'ai cherché à dépeindre, les ressources de ce plan répondent à la soif de bonheur éprouvée par la généralité des hommes, en leur donnant la conscience intensifiée des affections qu'ils désirent, et en outre des occasions presque illimitées de s'instruire. Mais cet état n'est, après tout, que le premier degré de la vie spirituelle. Il suffit si complètement à la condition normale de la conscience humaine que des milliers d'êtres sont incapables d'une aspiration plus élevée. Mais à ceux dont les aspirations latentes furent très spiritualisées durant la vie incarnée, le plan spirituel révélera graduellement des possibilités d'un degré supérieur. Leur âme passera peut-être des siècles dans l'état précédent, puis ses aspirations latentes, vers une condition plus pure encore de conscience spirituelle, pourront s'affirmer éventuellement. Cette âme s'éveillera alors à la perception de ce fait, qu'au delà de la brillante lumière dans laquelle elle existe, une autre lumière rayonne d'un éclat plus éblouissant encore, dont elle approfondira plus tard les mystères.

Par cette raison, bien que le plan spirituel ne soit pas une région compatible avec l'effort ou la lutte, d'anciens efforts et les luttes antérieures de la vie terrestre y donnent à l'âme une impulsion progressive qui se traduit en progrès conscient dans le royaume spirituel. Le langage serait impuissant à suggérer la nature des résultats déterminé par ce progrès ; voici néanmoins tout ce qui peut en être dit : l'épanouissement de la conscience sur le plan spirituel — pourvu que la force nécessaire à ce progrès ait été généré pendant la vie, — conduira l'âme vers un état conscient qui dépasse toute appréciation de la forme objective. Il est une condition spirituelle accessible à l'homme entre deux incarnations : celle où sa conscience parvient à embrasser la totalité des choses, au point d'oblitérer la différence des formes objectives, et même d'effacer presque la séparativité des individualités objectives, considérées comme distinctes de soi-même. L'enseignement de ceux qui ont atteint cet état de conscience nous laisse entrevoir qu'un esprit, quel qu'il soit, ne peut arriver à s'en former une idée claire ; il faut qu'il l'ait éprouvé lui-même, et on nous assure que sa sublimité surpasse autant la félicité de la condition spirituelle qui la précède que celle-ci, à son tour, surpasse le bonheur le plus pur rêvé par le penseur incarné. Au point de vue borné où nous sommes placés, à peine pouvons-nous contempler en imagination, avec un respect mêlé d'espoir, une condition aussi élevée ; mais tenons pour assuré que, si nous y parvenons, le sentiment d'extase qu'elle apporte avec soi dépassera tout ce que nous appelons bonheur. A un tel degré d'élévation, il ne faut absolument plus considérer le bonheur ou la connaissance comme étant acquise par l'individualité en question. Celle-ci s'est identifiée à l'essence même de ces idées. L'idée d'un commerce amical avec un être aimé se perd, se fond dans l'unité de toutes les individualités spirituelles ; car si cette unité n'est pas encore complètement réalisée dans le Dévakhan supérieur, au moins est-elle déjà pressentie dans l'état de conscience des niveaux « aroupiques ». L'esprit individuel laissant en arrière les plans de la manifestation, a presque atteint aux réalités essentielles et vivantes. Si j'évite de dire même aux « réalités absolues », c'est parce que dans les limites du plan d'évolution humaine, qui est loin d'être terminée, rien n'est susceptible de prendre contact avec « l'absolu », au sens propre du terme, avec ce qui représente l'esprit absolu du Cosmos universel. Mais, certes, les conditions supérieures de conscience spirituelle, dans la région sans formes, seront plus favorables pour affronter ces problèmes de l'infini, qu'un esprit humain, encore incarné, ne saurait aborder sans crainte.

Maintenant, comparons encore les réalités magnifiques du plan spirituel, telles que la connaissance approfondie de l'Initié nous les dévoile, avec les conceptions du Paradis formées dans les religions exotériques. En traitant ce sujet, nous éviterons soigneusement de blesser la foi personnelle et anthropomorphe que l'enthousiasme religieux, sous la forme exotérique, sut inspirer à des fidèles plus dévots que véritablement instruits. Les enseignements de la vraie science spirituelle sublimisent et spiritualisent certainement les conceptions qui représentent le Ciel comme la demeure extra-cosmique de la Divinité, ainsi que ces personnifications de la Divinité formées par les religions conventionnelles dans le but de satisfaire aux imaginations incarnées. Mais si les pieuses aspirations adressées à ces personnifications ne sont pas les seuls sentiments méritant le nom d'aspirations spirituelles, elles n'en sont pas moins une partie intégrante. Il y a des milliers de personnes, si imbues de croyances définies concernant la présence, dans le Ciel, de certaines personnalités, que le Ciel, pour elles, ne serait pas le Ciel s'il ne les renfermait toutes. Mais qu'importe si les notions qu'elles ont conçues de ces êtres sont indignes de la grandeur du plan spirituel ! Qu'importe si la vérité est plus pure et plus impersonnelle que ne la représente leur imagination étroite et vulgaire ! Est-il admissible que leurs aspirations, leurs espérances, transférées dans la région spirituelle puissent s'harmoniser immédiatement avec un stade d'évolution ainsi spiritualisé ? L'imaginer serait oublier une leçon fondamentale de l'occultisme, c'est-à-dire que la créature humaine s'élève graduellement sur l'échelle de la Nature, comme une conséquence des efforts imprimés à son développement pendant les incarnations successives. La translation de la conscience de l'Ego, d'un plan de la Nature à l'autre, peut mettre en activité des capacités latentes, mais elle n'en engendre pas de nouvelles.

Par conséquent, l'âme n'ayant jamais spiritualisé les personnifications des religions exotériques ne sera pas capable de le faire quand elle prendra conscience sur le plan spirituel. Il en sera de cela comme des compagnons aimés laissés sur terre, et qui ne sont pas, — nous en faisions l'hypothèse quelques pages plus haut — en relation spirituelle avec elle. La pensée et les ardents désirs de cette âme émettront leur force créatrice ; et le fidèle qui se sera imaginé Dieu sous les traits d'un puissant monarque assis sur un trône, le contemplera ainsi et l'adorera prosterné au pied de ce trône, dans la sphère subjective de sa propre vie spirituelle. Si la Vierge ou les Saints ont joué pendant son séjour sur terre un rôle prédominant, la Vierge et les Saints apparaîtront, à son regard ravi, au seuil du plan spirituel. Des croyances religieuses purifiées et extrêmement élevées pourraient seules initier l'Ego aux pures réalités de ce plan.

Jusqu'à présent nous n'avons considéré le plan spirituel qu'au point de vue de ceux qui y pénètrent après avoir été retenus un temps plus ou moins considérable dans la condition astrale. Mais, à présent, nous pouvons élargir nos conceptions et rechercher comment les états de la conscience dévakhanique affectent l'âme ou l'Ego supérieur capable d'y fonctionner pendant sa vie terrestre.

En discutant les conditions vraiment différentes de

l'existence astrale, j'ai dû constamment insister sur ce point : que cette région présente à l'âme, après la mort, un aspect différent de celui qu'elle revêt pour l'âme libérée temporairement de son corps. J'aurai beaucoup à dire plus tard sur cette libération temporaire, car c'est une des plus importantes pratiques du développement spirituel anormal ; je n'anticiperai donc pas sur cette partie de mon sujet pour expliquer comment s'obtient cette libération, et quels en sont les résultats. Examinons, pour l'instant, les résultats du progrès occulte que peut acquérir l'Ego, encore en incarnation sur terre, par ses incursions temporaires sur le plan spirituel. Quel aspect ce plan, tel que je l'ai décrit, présentera-t-il à la conscience d'un tel Ego ?

Il éprouvera dans l'un et l'autre cas le sentiment d'extase et de félicité intense qui est l'apanage de la condition dévakhanique ; car c'est un attribut inhérent de la conscience sur le plan spirituel. Il jouira aussi de la société de tous les êtres qui lui sont chers. Mais s'il s'agit d'une âme très élevée, et que ces ascensions sur le plan spirituel se répètent fréquemment, il s'ensuivra un état où l'activité mentale de l'être incarné profitera largement de toutes les acquisitions de la conscience spirituelle. L'Ego supérieur continuellement poussé par sa personnalité incarnée à déchiffrer les mystères, à résoudre les problèmes qui la préoccupent, aura recours pour cela aux ressources presque infinies des clichés akashiques. Ces annales seront, pour l'Ego encore incarné sur la terre, d'une utilité bien plus grande que pour celui qui, l'ayant quittée, jouirait, pour de longues années encore, d'une félicité pure et sans mélange.

L'Ego encore incarné pourra par là même faire des comparaisons continuelles. Tout comme l'Ego désincarné, il jouira d'une félicité sans mélange, mais il ne perdra cependant jamais de vue les complexités de sa situation nouvelle, ni celles du plan terrestre. Ayant acquis la connaissance des ressources scientifiques inhérentes à l'état spirituel, il pourra les appliquer aux affaires terrestres, et obtenir ainsi une intuition merveilleuse des choses de ce monde.

En parlant de conscience, il est très important de distinguer la conscience pure et simple de la soi-conscience — cette condition dans laquelle le fait même de la conscience devient sujet à examen. Ainsi, un animal peut être conscient comme un homme, mais il n'est pas soi-conscient — il est incapable de tourner sa perception mentale intérieurement pour réfléchir au phénomène de sa propre pensée. Dans le même ordre d'idée, l'âme qui après la mort se trouve sur le plan spirituel, se trouve aussitôt envahie par ce sentiment intense de félicité qui comble la plénitude de ses aspirations et absorbe toute autre impression, cette âme peut être considérée comme consciente; tandis que l'Ego capable d'aborder le plan spirituel pendant le sommeil de son corps physique est soi-conscient dans toute la force du terme.

Il en résulte que toutes les occasions offertes à ce dernier par la conscience dévakhanique sont bien supérieures à celles que peut posséder l'âme, que nous avions en vue. On aura une faible idée de leur situation respectives en considérant l'usage très différent que feraient un savant et un sauvage de livres philosophiques ou d'instruments scientifiques mis à leur portée. Un être humain, conduit après sa mort dans le plan spirituel, serait aussi incapable d'user de ses ressources infinies que l'homme des forêts d'utiliser celles d'une grande bibliothèque.

Nous avons vu que la matière du plan astral se montre infiniment plus docile à l'influence de la pensée et de la volonté que la matière grossière de notre plan physique. Parler de la matière du plan astral peut sembler étrange, étant donné qu'elle est absolument hors de portée de nos sens actuels, et ne peut, pour autant que nous en sachions, affecter les instruments les plus délicats de nos laboratoires. Néanmoins, pour les sens aptes à la percevoir, elle est aussi véritablement matérielle que l'or ou le fer. Sur le plan dévakhanique également, la pensée de l'univers s'est manifestée comme matière ; mais cette matière, à son tour, ne peut être perçue par les sens astrals de ceux qui se trouvent sur les niveaux intermédiaires. Quoi qu'il en soit, ces diverses phases de matérialité ne sont pas absolument étrangères l'une à l'autre ; elles se fondent pour ainsi dire comme les couleurs du spectre. Le principe par lequel s'opère cette transition a même été découvert par des occultistes ayant déjà fait quelques progrès sur le sentier de l'adeptat.

Dans le domaine de l'infiniment petit, la molécule de matière physique est absolument en dehors du champ d'action du microscope ; elle constitue la plus subtile manifestation de matière dont les caractéristiques puissent être discernées par des moyens physiques. Mais notre molécule de matière physique est un composé d'atomes physiques ultimes, et l'atome ultime lui-même constitue l'éther du plan physique ; il appartient encore à ce plan quoique échappant à la portée de tout instrument de recherche connu jusqu'ici. La structure de cet atome physique ultime est aussi, dit-on, extrêmement compliquée ; il est formé d'atomes de matière astrale. Nous pouvons donc être certains que, par analogie, ces atomes astrals sont à leur tour constitués par des agrégations similaires de matière dévakhanique.

Cette branche de la science hyper-physique ouvre déjà un vaste horizon à la pensée, avant même que nous puissions nous rendre compte de la nature des forces agissant sur chaque plan. Toute force, dit-on quelquefois, est de la matière, quoique cette expression élémentaire ne présente à l'esprit aucune idée concevable; mais la matière dont *elle se compose* est en tous cas celle d'un plan supérieur. La matière astrale peut devenir force sur le plan physique, ou, pour m'exprimer avec plus de précision, peut devenir le véhicule d'une force sur le plan physique, et la matière dévakhanique peut, de la même façon, devenir le véhicule d'une force sur le plan astral.

Les véhicules de force, sur le plan dévakhanique, sont d'une puissance inversement proportionnelle à leur subtilité, parce qu'ils deviennent, en quelque sorte, les âmes des forces sur les plans inférieurs ; et cette pensée nous aidera à comprendre l'un des moyens par lequel un être humain, vivant encore, peut acquérir le privilège inestimable de fonctionner consciemment sur le plan dévakhanique ; il est sous-entendu ici qu'il s'élève à ces hauteurs, non pour y jouir lui-même de sensations délicieuses, mais pour y accomplir des œuvres utiles à ses frères en humanité.

Ces idées sont si étrangères à nos habitudes d'esprit qu'il n'est pas facile de faire comprendre clairement, dans un langage usuel, les œuvres ou services auxquels je fais allusion. Ils consistent, pour la plupart, à inspirer certains états d'esprit aux êtres que l'on désire aider. La pensée conventionnelle se borne en général à considérer les conditions extérieures de bien-être ou de souffrance. Elle néglige entièrement l'état intérieur de l'être, car elle est dans l'ignorance complète des influences invisibles, bonnes ou mauvaises, qui peuvent l'assaillir. L'adepte, par contre, se trouve souvent à même de reconnaître combien celles-ci sont plus importantes que ne le sont les conditions transitoires qui produisent physiquement le bien ou le mal. Au moyen d'une aide, envoyée du plan dévakhanique aux individus vivant sur terre, le cours de leur évolution spirituelle peut être largement modifié, ainsi que les innombrables conséquences karmiques qu'elle entraîne à sa suite. Ceci, entre autres effets, exercera une action spéciale sur les conditions de leur vie future. En considérant les occasions qu'offre le plan dévakhanique aux meilleurs élèves (d'adeptes) susceptibles d'y fonctionner consciemment pendant leur vie terrestre, il faut placer en première ligne celle de prendre une part prématurée au travail spirituel du plan, qui n'intéresse en rien les entités qui séjournent entre deux incarnations.

Ce travail, bien qu'il nous soit difficile de l'apprécier exactement, n'est pourtant pas le plus délicat que puisse entreprendre l'occultiste éclairé, ayant accès sur ce plan. Pour ceux qui considèrent les circonstances de l'après-vie, tout au plus, comme une vague hypothèse voilée par le doute, nous semblons affronter l'inconnaissable en parlant d'une influence bienfaisante à exercer, sur des êtres qui ont franchi les portes de la mort. Mais l'étudiant théosophe qui sait pertinemment aujourd'hui que la mort n'est qu'un changement d'état, peut observer plus clairement les conditions d'existence, qui en sont la suite ainsi que je l'ai démontré à propos de la vision dévakhanique normale. Il est surtout apte à observer l'étrange influence exercée, dans certains cas, sur le caractère de la vision dévakhanique par certaines circonstances que je vais décrire.

Prenons l'exemple d'un être désincarné qui pendant sa vie terrestre se serait attaché à un ami au point de lui assigner une place dans la vision subjective qu'il se crée en Dévakhan. Dans l'état normal des choses, la conscience individuelle de son ami n'y prendrait aucune part volontaire. Mais si celui-ci est déjà entré dans le sentier du développement occulte, s'il est capable d'activité sur le plan dévakhanique, la situation change aussitôt. Cet ami peut, en tous temps, vivifier et animer à volonté sa propre image sur ce plan, en sorte qu'elle devient un autre lui-même, capable de traduire ses pensées personnelles, au lieu de se borner à refléter celles que lui attribue l'être désincarné qui l'a créée.

En sorte que cette âme plongée dans la félicité dévakhanique pourra profiter de l'enseignement spirituel de son ami et dépassera même le stade évolutif où l'auraient amenée les seuls efforts de sa vie précédente. Les progrès ainsi réalisés seront assimilés par le véritable Ego (1) et le seront pour toujours.

Quelques-uns de mes lecteurs pourraient voir ici une infraction à la loi du Karma, en faveur de la personne qui reçoit cette bienfaisante influence ; je me hâte d'ajouter pour les rassurer que cette infraction n'est qu'apparente. C'est le Karma de son attachement, de son affection pour un frère plus évolué spirituellement qu'elle ne l'est elle-même. Et, dans une certaine mesure, cette loi dont je viens de parler s'applique également aux individus qui, sans être évolués pour agir librement sur le plan dévakhanique pendant leur

---

(1) Ego supérieur, corps causal.   N. D. T.

vie terrestre, le sont néanmoins suffisamment pour vitaliser inconsciemment leur propre image, idéalisée et évoquée par le penseur dévakhanique.

Une explication scientifique de ce fait nous entraînerait à des développements bien subtils au sujet de l'unité, sur les plans supérieurs, de toutes les natures vraiment spirituelles, et il est préférable de ne pas aborder ici cette partie obscure de métaphysique occulte. A tous égards, l'étudiant en occultisme qui ne peut encore se considérer comme « sur le sentier », c'est-à-dire comme un disciple régulier, dont le sort futur est soumis à des lois différentes de celles qui régissent la vie dévakhanique normale, se réjouira des possibilités auxquelles j'ai fait allusion. Si sa ferveur spirituelle s'accompagne d'une sympathie particulière pour quelque grand Adepte, dont la renommée soit parvenue jusqu'à lui, et dont le caractère sublime lui inspire une confiance justifiée, lors même qu'il ne serait pas encore prêt à entrer positivement dans le sentier de l'initiation, ses expériences dévakhaniques seront glorifiées par la présence de ce grand Adepte, dans une vision dévakhanique très réelle. Peut-être ne pourra-t-il pas profiter de son enseignement aussi entièrement qu'il le ferait à un stade ultérieur de son évolution, mais rien ne saurait interrompre le lien qui les unit, sauf une grave dégénérescence dans ses existences suivantes.

En interprétant les mystères occultes, on ne peut tout dire à la fois, aussi n'ai-je pas encore abordé une question qui frappera l'esprit de tout lecteur voulant se rendre compte des expériences de ceux qui pénètrent à volonté sur le plan dévakhanique.

Quel aspect leur présente ce lieu ? ou plutôt — car il ne s'agit pas d'un lieu, au sens physique du mot, —

sous quelle apparence voient-ils la Nature, au point où ils se trouvent placés ?

Ceci nous amène à l'un des côtés les plus importants de notre sujet — l'aspect des subdivisions du plan dévakhanique. Tout comme le plan astral, il se divise en plusieurs régions dont les caractéristiques diffèrent largement ; mais il ne faut pas oublier que le sous-plan inférieur est déjà si merveilleux que l'âme, à son premier éveil sur cette région, la considère comme l'infini et la perfection mêmes. Il n'est pourtant que le premier degré d'une nouvelle échelle de perfection. Le Dévakhan comporte sept stades progressifs bien définis que nous considérerons, pour en faciliter la description, comme sept sous-plans. Les quatre premiers sont nommés « plans roupiques » ou plans dévakhaniques avec formes, et les trois autres « plans aroupiques » (1) ou régions sans formes.

Ces distinctions ne sont bien comprises que par le voyant éclairé ou initié qui fonctionne librement sur le plan dévakhanique. L'entité qui, après la vie terrestre, jouit de l'ineffable repos dévakhanique, se trouve localisée dans une région correspondante à ses affinités et n'est pas en position d'étudier les caractéristiques des régions immédiatement supérieures ou inférieures. L'être pourra dans la suite s'élever de l'une à l'autre de ces régions, mais, à son premier éveil en Dévakhan, il s'établit, — ou plutôt il se trouve localisé, sans s'en rendre compte, — sur le plan qui développera l'émotion dominante de sa nature. Après cette parenthèse, bien nécessaire pour l'intelligence du sujet, nous pouvons reprendre la description des

---

(1) En sanscrit ces deux divisions se nomment : Rûpa et Arûpa (le û se prononce toujours ou).   N. D. T.

sous-plans qui, je le répète, ne peuvent être bien compris que par un voyant éclairé.

Le premier sous-plan roupique ou sous-plan inférieur (quelques auteurs ont compté ces plans de haut en bas, mais je préfère suivre le même ordre que dans l'étude des Sept Principes) concerne principalement le développement des affections humaines. L'atmosphère de joie, la sensation de bonheur propre à l'état dévakhanique en pénètre naturellement tous les sous-plans. Le deuxième et le troisième favorisent le développement intense de la dévotion religieuse — sous son aspect le plus noble et le plus pur, dépassant de beaucoup les images conventionnelles et ecclésiastiques qui s'expriment dans la sixième subdivision du plan astral. Le quatrième favorise surtout l'expansion du génie artistique élevé, lorsqu'il s'accompagne de développement spirituel et intellectuel ; ce génie qui ne se contente pas d'approfondir son art sous son aspect essentiel (et de repousser toute recherche excessive dans les détails matériels), mais dont le zèle s'inspire aussi du désir d'en faire bénéficier l'humanité. Dans le développement de la conscience sur le 4ᵉ plan roupique, tout sentiment doit s'allier à l'amour du prochain, qu'il soit provoqué par l'ardeur intellectuelle ou par l'amour de l'art. Aucun sentiment d'ambition, aucun espoir d'une grande renommée artistique n'y peuvent trouver place Ce doit être le pur amour de l'art, sans nul égoïsme, et ennobli du désir d'élever et d'améliorer l'humanité.

Parmi les aspirations diverses qui conduisent une âme au Dévakhan, celles qui prédominent l'entraîneront sur un plan approprié, et c'est là qu'elle s'éveillera tout d'abord. Mais si cet éveil se produit sur un plan supérieur, cette âme ne sera point pour cela privée de développer, par exemple, les émotions de l'amour humain, qui s'expriment spécialement sur le premier sous-plan. En pareil cas, le plan supérieur embrasse l'inférieur ; de même sur le deuxième ou troisième plan, le fervent religieux, plongé dans sa douce extase, se verra entouré de tous ceux qu'il chérissait sur terre : l'artiste aussi, si son bonheur parfait l'exige, peuplera sa vision d'une façon identique. Prenons l'exemple d'un Ego dont le désir dominant serait l'amour humain : il s'éveillera d'abord sur le premier plan dévakhanique, et s'il a éprouvé, à un degré secondaire, la ferveur religieuse ou l'amour de l'art, il s'élèvera ensuite plus haut, emportant avec lui sa vision préférée.

La Nature possède le pouvoir de satisfaire surabondamment à tous les désirs de l'âme, et c'est précisément sur le plan roupique supérieur que celle-ci peut commencer à user de ce privilège. Si pendant sa vie terrestre cette âme a éprouvé un goût très prononcé pour la science (j'entends une science d'ordre élevé), sur le plan dévakhanique, ce penchant revivra dans sa mémoire à un moment donné, et recevra une réponse appropriée, car, sur ces niveaux, un désir non satisfait est chose impossible, qu'il s'agisse ici du désir d'apprendre ou d'un sentiment d'affection.

Ces conditions concourent également dans l'évolution normale, à la réalisation, par l'âme, de la vraie connaissance qu'un éveil précoce de l'esprit lui fait rechercher sur terre et qui constitue le véritable développement de l'Ego. On n'engendre pas, selon l'expression consacrée, de nouveau Karma pendant la période dévakhanique, on ne génère aucune cause nouvelle ; mais celles qui ont évolué en forces arrivent alors à maturité et produisent leurs fruits. Cette pensée, bien approfondie, élucidera deux points de l'évolution qui embarrassent quelquefois, parce qu'ils sont mal compris. Tout le travail évolutif de l'âme a été, pour ainsi dire, accompli pendant la vie terrestre et, à la fin de cette vie, les qualités du prochain véhicule physique de l'Ego sont déjà déterminées. Les expériences de sa vie dévakhanique, fruit des semences de la vie terrestre, lui fourniront les moyens de s'adapter à ce nouveau véhicule.

Essayons maintenant de rassembler toutes les idées que nous avons semées, bien qu'il soit impossible de les suivre toutes à la fois, et cherchons à expliquer quelle peut être « l'apparence du Dévakhan ». Chacun aspire, instinctivement, à quelque description précise de son aspect extérieur, car si cette région est de la matière, si subtile soit-elle, l'esprit ne peut la concevoir sans un aspect extérieur. Les termes mêmes par lesquels on la désigne semblent lui attribuer une existence objective. En effet, cette déduction n'est pas fausse en ce qui concerne le plan dévakhanique.

Mais l'aspect de la Nature, dans cette région, diffère si largement de celui que nous connaissons ici-bas que l'esprit ne peut arriver à la conception désirée — et encore très imparfaitement — que pas à pas, lorsqu'il commence à comprendre les caractères variés de cette Nature si sublime. Pour tout être qui, pour la première fois, entre en contact conscient avec le plan dévakhanique, l'impression dominante semble être celle de la lumière ; mais une lumière si éclatante qu'elle ne saurait être comparée exactement à celle que peuvent percevoir nos yeux ; car cette lumière, quoique extraordinairement brillante, n'est pas éblouissante. La sensation d'éblouissement caractérise d'ailleurs l'imperfection du sens par lequel nous percevons le phénomène de lumière sur le plan physique.

La lumière des plans spirituels est d'autant plus agréable, pourrais-je dire, qu'elle est plus éclatante. On doit se la représenter aussi comme associée, de quelque insaisissable façon, avec la vie. Ceux qui peuvent voir la dépeignent comme « une lumière vivante ». En outre, son irradiation n'est pas blanche, elle renferme des couleurs nombreuses dont les nuances varient à l'infini et dans des limites que nos sens physiques ne peuvent saisir.

Avant même d'atteindre aux niveaux dévakhaniques, quelques individus en état de veille, dont les sens astrals sont en activité, peuvent apercevoir, dans la partie invisible du spectre, des couleurs qui ne ressemblent à aucune de celles connues par les peintres et absolument indescriptibles, car une couleur ne peut se décrire que dans des termes déjà connus.

Dans l'irradiation splendide de la nature dévakhanique, on discerne plus de couleurs encore que dans la vision astrale, et ce n'est pas là seulement une des beautés de ce plan ; ces couleurs ont une signification qui, sur certains niveaux dévakhaniques, est comprise par celui qui y fonctionne consciemment. De même que les vibrations sonores ont acquis, dans le langage que nous employons, une signification intellectuelle spéciale, les vibrations de la couleur transmettent aussi, sur certains niveaux dévakhaniques, les pensées d'esprit à esprit, et forment une des principales caractéristiques des régions inférieures comme des régions plus élevées de ce plan.

En outre, il faut toujours nous rappeler que sur le plan dévakhanique, la plasticité de la matière, son obéissance à l'impulsion et à la volonté, sont telles que la pensée y devient un pouvoir créatif bien plus intense que sur les niveaux supérieurs mêmes du plan astral. Cette différence paraît porter en quelque sorte sur l'effort intentionnel. Sur le plan astral, on recherche encore des résultats objectifs ; sur le plan dévakhanique, nul effort n'intervient entre la pensée et sa réalisation. De plus, nous nous y trouvons en relation plus directe avec cette mémoire de la nature, dont le véritable agent, bien que pénétrant les plans inférieurs, fait partie des plans essentiellement spirituels.

Lorsque la pensée considère une période quelconque du passé, elle en évoque aussitôt une image absolument exacte. En sorte que si nous observons l'ensemble du plan dévakhanique, abstraction faite de ses subdivisions, nous remarquons qu'une certaine omniscience des affaires de ce monde fait partie intégrante de l'état conscient sur ces régions. Il est cependant un fait dont il faut toujours nous souvenir au cours de cette étude : la nature, même sur ces plans élevés de conscience, ne peut donner à la conscience en rapport avec elle, qu'une réponse adéquate à son développement. Ceci s'applique aussi bien à l'élève en occultisme, commençant à pénétrer sur les plans dévakhaniques, qu'aux entités qui y passent après la mort. Ce n'est pas sans difficulté, et degré après degré, que l'étude de l'évolution et de la croissance de l'âme pourra nous affranchir de cette erreur considérant l'état futur comme une élévation soudaine qui transforme les êtres humains, les plus ordinaires, en anges de lumière, aussitôt qu'ils sont libérés de leur corps grossier. Ce changement soudain est aussi impossible qu'il l'est, pour le nouveau-né faisant son entrée dans le monde physique, d'écrire, le jour suivant, les « *Principes* » de Newton, ou le « *Cosmos* » d'Humboldt.

L'évolution normale de l'âme s'accomplit, sur le plan physique, par stades progressifs et lents ; la même progression, quoique considérablement accélérée, s'applique au disciple qui commence à fonctionner sur les niveaux dévakhaniques.

Au delà des quatre subdivisions que nous avons décrites jusqu'à présent — les plans roupiques du Dévakhan, c'est-à-dire ceux où l'état de conscience est encore en quelque sorte associé à l'idée de forme — il existe trois plans aroupiques ou sans formes, dont il est extrêmement difficile de donner une explication raisonnée dans notre langage terrestre. Ici l'entité capable d'y accéder consciemment *commence* à réaliser l'unité de tous les états de conscience ; l'unité ainsi comprise est à une distance si transcendante de notre conscience à l'état de veille, qu'il est presque impossible de la définir d'une façon intelligible dans un langage humain. Ces plans supérieurs sont nommés sans formes, non qu'ils soient incompatibles avec la manifestation même de la forme ; mais plutôt parce que l'âme qui s'élève à ces sommets est capable de percevoir les réalités indépendamment de toute manifestation extérieure.

Ceux d'entre nous auxquels l'évolution spirituelle permet d'entrer en relations en tous temps avec les plans aroupiques du Dévakhan ne peuvent se servir, à cet effet, que d'un seul véhicule, celui que la terminologie occulte désigne sous le nom de Karana Sharira (ou corps causal) (1).

C'est, en ce qui concerne le Manvantara actuel, le

---

(1) L'usage a consacré, dans la littérature théosophique française, le nom de Corps causal pour le Karana Sharira, de Karana, cause ; Sharira, Corps. Nous remplacerons donc dans le texte anglais les mots Karana Sharira par Corps causal. N. D. T.

véhicule absolument permanent de l'individualité humaine. C'est dans ce véhicule, que, dépouillé de ses manifestations inférieures, l'homme s'élève aux plus hautes régions, qu'il lui soit donné d'atteindre, pendant l'intervalle qui sépare la mort de la renaissance. Avec ce même véhicule, il redescend dans les états intermédiaires, s'y manifeste à nouveau dans divers véhicules appropriés et revêt enfin le corps physique qui doit servir à sa prochaine incarnation terrestre.

Les entités fonctionnant sur les plans aroupiques, dans leur corps causal, sont les unes pour les autres des réalités objectives, et la véritable raison pour laquelle ces plans ont été appelés plans sans formes provient de ce qu'on n'y aperçoit pas d'autres formes que celles revêtues par les êtres qui en font partie. Ceux qui peuvent fonctionner consciemment sur ces plans et imprimer, au retour, dans leur mémoire physique, le souvenir de leurs sensations et de leurs perceptions, décrivent ces régions comme des mers de lumière vivante, de son et de couleur. Avant de chercher à nous rendre compte de leurs caractéristiques, il faut comprendre que l'existence seule dans ces régions constitue la plus intense félicité.

Mais le caractère le plus significatif des plans aroupiques, surtout au point d'observation où nous nous plaçons, les distingue précisément des plans dévakhaniques inférieurs, si beaux déjà eux-mêmes et si sublimes, qu'il ne reste plus d'expression pour qualifier la condition aroupique. Sur les couches roupiques, nous l'avons vu, le monde qui environne chaque entité est un monde idéal ; — abstraction faite ici des êtres qu'un certain développement met en état d'y fonctionner temporairement ; — il est permanent pour elle et lui représente l'ensemble parfait de ses désirs et de ses sentiments les plus élevés. Mais si son évolution spirituelle se trouve de nature à l'élever éventuellement jusqu'aux plans aroupiques, elle n'aura d'autre idéal que la réalité absolue des choses.

Sur les plans aroupiques, un être voit ses semblables exactement tels qu'ils sont ; et cette perception n'est point un obstacle à la béatitude parfaite de chacun d'entre eux ; parce que tout individu, capable d'exister consciemment sur ces plans, est tellement au-dessus des limitations de l'existence, telle que nous la comprenons ici-bas, que l'illusion n'est plus nécessaire à son bonheur. Les sentiments d'amour et d'affection que nous ressentons ici-bas sont en quelque sorte le résultat de notre conscience limitée et cependant cette pensée sera difficile à faire accepter à celui qui n'a jamais cherché à dépasser les confins de l'existence terrestre. Pourtant, ces sentiments ne sont pas étouffés ou dissipés par leur transfert sur des régions où les limitations qui les ont générés se fondent dans l'unité spirituelle ; mais leur nature se modifie entièrement sous l'influence de cet état transcendant. Ils perdent toute relation avec les circonstances transitoires qui donnent naissance à l'idéal, aux illusions même les plus sublimes. Les mots peuvent à peine rendre des pensées d'un caractère aussi subtil. Toutefois, que celui qui désire se former une conception de l'état aroupique concilie ces deux idées : Il est impossible de méconnaître la vraie réalité sur ce plan ; d'autre part, le regret et le désappointement ne peuvent y trouver place.

Le véhicule du Soi Supérieur appelé, comme je l'ai dit, Karana Sharira, dans la terminologie occulte et Corps Causal, dans un langage plus simple, est la forme que doit revêtir toute entité qui se manifeste sur l'un quelconque des plans aroupiques. Le Soi Supérieur fonctionne dans cet unique véhicule permanent, pendant toute la durée du Manvantara, animant successivement de nombreuses personnalités.

Le développement de l'âme étant le but final de notre évolution, nous en déduirons avec raison que, dans les périodes primitives, le Corps Causal dut être fort peu développé chez l'individu. La grande majorité de l'humanité, à notre stade actuel, est encore incapable d'activité consciente sur les niveaux aroupiques. Le Corps Causal évolue graduellement, recueillant, comme entité permanente, les quelques fruits que lui apportent les expériences terrestres de ses diverses personnalités. En observant les populations qui couvrent la surface du globe, nous remarquons que, chez la plupart des humains, le Soi Supérieur est à peine assez évolué pour représenter un embryon de conscience sur les plans même roupiques du Dévakhan. Il a seulement appris à être en quelque sorte conscient dans ses manifestations astrales et physiques. Le Soi Supérieur, même dans les spécimens inférieurs de l'humanité, existe, en un certain sens, sur les plans aroupiques ; et c'est là que la conscience se retire après chaque existence physique. Mais l'âme brille d'une flamme qui s'affaiblit graduellement jusqu'à n'être plus qu'un point. Elle retourne alors en incarnation, se recouvrant, en traversant les plans d'existense inférieurs, des véhicules matériels adaptés aux états de conscience qu'elle a appris à exprimer.

Mais, pour comprendre les plans aroupiques, fixons plutôt notre attention sur les êtres déjà suffisamment développés pour y être véritablement conscients et capables d'exercer les facultés et les énergies propres à cette région de la nature.

Sur ce plan d'existence, tous les sens se confondent en une seule et unique faculté de perception qui remplace absolument les organes des sens toujours associés, dans notre pensée, à l'être humain. Cette idée est l'une des plus difficiles à saisir. Nous ne pouvons concevoir l'existence sans y adjoindre l'idée d'une forme humaine; aussi les poètes et les peintres ont-ils suivi sur ce point l'impulsion de la théologie anthropomorphe dans tous les essais qu'ils tentèrent pour représenter les êtres célestes. Leurs plus grands efforts en ce sens paraissent quelque peu naïfs à ceux que l'imagination ou l'expérience a rendu capables de comprendre, dans une certaine mesure, l'état de conscience spéciale de ces régions.

On se rappellera que l'Aura qui entoure l'homme est elle-même (à l'exception des éléments constitutifs correspondant aux conditions magnétiques du corps), composée de véritables véhicules qui lui permettent de fonctionner sur les plans supérieurs de la nature. L'Aura, qui n'a ni membres ni visage, est pourtant, dans un sens plus positif encore que les membres ou le visage, le véhicule de nos pensées et de nos émotions, de notre connaissance et de notre volonté. En conséquence, celui qui voudra comprendre, dans une certaine mesure, les caractéristiques de ces niveaux aroupiques, fera bien de renoncer à cette erreur propre à l'existence physique d'associer la conscience à l'organisme différencié.

Il est à présumer que le Corps Causal de tout être humain doit exister déjà à l'état d'embryon plus ou moins développé sur le plan aroupique inférieur. Sur le plan intermédiaire se trouvent les Corps Causals, parvenus à un développement intellectuel et spirituel, déjà très important, et sur le plan supérieur, les êtres seuls qui ont ajouté à ce développement l'acquisition volontaire de la connaissance et du pouvoir correspondant, pour le moins, au premier des grands stades d'initiation. Ce processus de l'initiation nous représente l'accomplissement prématuré de l'évolution que doit atteindre l'humanité vers la deuxième moitié du Manvantara. Cette période, une fois dépassée, l'évolution aura entraîné le plus grand nombre des hommes sur ces niveaux qui ne sont accessibles présentement qu'à ceux d'entre eux qui ont gravi ce sentier avec une rapidité surprenante.

En conséquence, nous en apprendrons davantage sur le plan aroupique supérieur, en étudiant l'évolution anormale, que si nous nous en tenons à son développement normal.

Nous reprendrons ce sujet plus tard, en décrivant spécialement le processus de l'initiation. Pour l'instant, il n'est pas nécessaire d'introduire le plan aroupique supérieur dans une étude restreinte du cours normal de l'évolution que poursuit l'entité humaine et des progrès qu'elle accomplit dans la période qui sépare deux incarnations.

Nous pouvons néanmoins faire pressentir en terminant ce sujet que les conditions spirituelles accessibles à l'âme humaine, encore en relations avec cette terre, ne s'arrêtent pas aux plans de la Nature que nous avons décrits jusqu'ici. La donnée occulte nous enseigne qu'au delà des niveaux aroupiques se trouve un état spirituel, plus transcendant encore, et cependant accessible à l'homme. Mais il est inutile, dans un langage physique, de chercher à décrire les caractéristiques de ce plan, qui se trouve d'ailleurs en dehors des cycles naturels de l'existence humaine ; au cours normal des choses, l'âme, après la mort, ne s'élève pas jusque-là. Elle redescend, au contraire, des plans spirituels que nous avons dépeints, pour se réincarner en temps voulu. Il n'est donc pas nécessaire de considérer maintenant cette région transcendante ; mentionnons seulement en passant qu'elle constitue cet état de ravissement spirituel inénarrable que la Théosophie orientale désigne sous le nom de Nirvana.

CHAPITRE X

LE SYSTÈME AUQUEL NOUS APPARTENONS

Tous ceux qui ont étudié la donnée théosophique élémentaire sont déjà familiarisés avec les idées qui vont suivre. La planète, que nous habitons actuellement, fait partie d'une série continue sur laquelle se déverse la vague de vie humaine; celle-ci ne se manifeste en pleine activité que sur une seule planète à la fois, et pendant une période déterminée. Le cours du Manvantara entier comprend un voyage septénaire autour de cette chaîne de mondes; chacun de ces mondes entre successivement en pleine activité puis retourne dans une obscuration relative après le passage de la vague de vie. Ce passage sur les sept globes est appelé conventionnellement une « ronde », et sept de ces rondes composent le Manvantara entier (1).

Les épreuves et les luttes pour la vie ne sont pas également réparties sur tous ces globes; sur quatre d'entre eux (deux qui se trouvent sur l'arc descendant et deux

---

(1) Voir *Bouddhisme ésotérique* du même auteur, chapitres II et VII.

sur l'arc remontant du cercle), l'humanité n'est même pas soumise à l'épreuve de l'existence physique. Sur le premier globe de la série, les conditions d'existence correspondent tout à fait à celles de notre plan dévakhanique; tandis que l'état de matière le plus grossier que puisse atteindre le deuxième globe est analogue à celui de notre plan astral. Sur la troisième planète de la série descendante, la vie se manifeste déjà dans le véhicule physique, et cette planète est par conséquent perceptible à nos sens actuels ; c'est par le fait la planète Mars. Après avoir dépassé notre stade terrestre, l'humanité fonctionne encore sur un globe physique — la planète Mercure — passe ensuite sur la sixième, dont la matière la plus dense est astrale, puis encore sur une septième, qui, comme la première, est de nature dévakhanique. Notre terre occupe le point milieu dans la série de chaque ronde, et cette période d'activité terrestre est la période médiane du manvantara entier. La ronde où nous sommes engagés est la quatrième; et nous en avons déjà accompli un peu plus de la moitié.

Si nous considérons uniquement le monde dans sa période actuelle, nous remarquons que l'évolution s'est développée, pendant toute cette période, en sept grandes races et sur sept continents, de configuration différente, en harmonie avec leurs besoins (1). La moyenne de la cinquième race comprend, aujourd'hui, tous les Européens et plusieurs autres peuples. La quatrième, la race médiane, fut la grande race des Atlantes qui commença déjà à déroger de son antique grandeur il y a près d'un million d'années. Les derniers

(1) La carte géographique a donc déjà changé quatre fois depuis le début de notre période mondiale.

vestiges du grand continent qu'elle occupa jadis disparurent dans un cataclysme, dont quelques vagues souvenirs ont été conservés dans la littérature classique, et notamment dans le manuscrit mexicain connu sous le nom de M S. Troano (1), récemment déchiffré par le D' Le Plongeon.

Les grandes périodes que nous chiffrons par millions d'années confondent absolument l'esprit ; nous savons pourtant que la durée d'une grande race-mère doit se chiffrer par millions, et que la plus courte des périodes du monde, en rapport avec le grand cours d'évolution planétaire, représente aussi plusieurs millions d'années. Je n'exagère pas en disant que si nous comparons le manvantara entier à la durée habituelle de la vie d'un homme, c'est-à-dire d'environ soixante-dix ans, la proportion de cette vie au manvantara entier sera celle d'une seconde à soixante-dix années. Des exemples analogues peuvent nous donner une idée de la longueur du trajet évolutif déjà parcouru, et nous faire comprendre combien lentement l'âme évolue lorsqu'elle est abandonnée à la seule influence de ce que nous pouvons appeler le courant évolutif. En regardant, dans le passé, les progrès accomplis par l'âme qui n'a pas encore dépassé les conditions ordinaires, — comme le peuvent faire ceux dont les facultés commencent déjà à fonctionner sur les niveaux dévakhaniques — il est presque effrayant d'observer la lenteur de cette évolution. Chaque vie physique apporte un contingent si faible à l'individualité permanente ! Remontez, si vous le pouvez, d'une douzaine de vies en arrière, vous trouverez une différence si faible entre

(1) Le manuscrit Troano a été découvert en 1866 par l'abbé Brasseur de Bourbourg à Madrid chez un M. don Juan de Tro y Ortolano descendant de Fernand Cortès.   N. D. T.

l'individualité spirituelle d'alors et l'individualité correspondante d'aujourd'hui, que vous seriez tenté de croire que le temps, les luttes et les efforts de toutes ces existences ont été perdus et gaspillés. Il n'en est rien cependant.

Un temps tout aussi considérable a été nécessaire à la formation des stalactites, ce prodigieux monument de patience de la nature, et celui qui sait apprécier les analogies en comprend la signification. Si lent qu'ait été le progrès au cours incommensurable des âges, le résultat atteint, en ce qui concerne aujourd'hui l'individualité spirituelle de l'être humain, représente une évolution supérieure à celle de la stalactite, car il faut savoir apprécier la différence entre cette première œuvre de la nature et celle qui parachève cette forme minérale, bien ancienne il est vrai, mais périssable.

Mais quelle route à parcourir pour l'Ego, en voie de développement, depuis cette seconde moitié du manvantara jusqu'à la réalisation complète de ses possibilités ? Faut-il en mesurer l'étendue d'après le terrible voyage accompli, dont seul l'engourdissement de notre nature supérieure nous voile l'insupportable lenteur ? Évaluée d'après la place occupée actuellement par l'humanité et celle qu'elle doit atteindre à la fin du manvantara, la distance à parcourir est au moins égale à celle qui sépare l'un des meilleurs spécimens de la civilisation moderne, un homme remarquable par ses connaissances scientifiques et ses talents littéraires, d'un sauvage inculte de la terre de Feu. Il est dans les plans de la Nature que la majorité de la grande famille humaine atteindra, à l'expiration de la septième ronde, une condition telle que la liberté dont elle jouira alors surpassera autant celle de notre existence terrestre, que celle de l'homme actuel surpasse celle de la pierre.

Si, en imagination, nous attribuons à la pierre une conscience quelconque, cette conscience ne pourra être que fort restreinte ; la pierre, en effet, existe là où elle a été jetée, et ne peut se transporter volontairement d'un point à un autre.

L'homme peut, dans certaines limites, se transporter à volonté sur la surface de la terre; mais par rapport à l'être qu'il doit devenir, il est aussi emprisonné dans son véhicule, aussi enchaîné à un même lieu par ses capacités limitées, que la pierre que nous lui comparions tout à l'heure. L'homme, parvenu au stade final de perfection, pourra se servir du corps, qu'il possèdera alors, comme d'un simple instrument, qu'il revêtira ou abandonnera à volonté. Les royaumes supérieurs de la Nature, dont j'ai parlé en cherchant à décrire le cours des expériences humaines depuis la mort jusqu'à la renaissance, d'autres régions, encore mille fois plus transcendantes, seront aussi accessibles à cet homme que les diverses chambres de la maison qu'il occupe aujourd'hui. Il passera aussi librement d'un globe de notre chaîne à l'autre que d'un plan de la Nature à l'autre plan. Sa nature morale, ayant grandi en proportion de son pouvoir et de sa connaissance, il pourra commander à certaines forces de la Nature, et s'en servir à son gré; or, ces forces surpassent en intensité celle que connaît la science moderne, autant que ces dernières surpassent elles-mêmes les connaissances scientifiques d'un sauvage de l'Afrique. La volonté de cet homme sera alors si intimement unie à celle qui dirige le Cosmos entier et représente pour nous la Divinité, que la Nature ne sera plus contrainte, dans l'intérêt même de cet homme ou de ses semblables, de le réduire à l'impuissance, et l'impuissance est un fruit de l'ignorance.

Nous ne pouvons, dans notre langage, qu'esquisser les possibilités de l'évolution humaine ; néanmoins, pour s'en former une idée approximative, il faut réfléchir que cet état comporte, entre autres choses, une connaissance complète du système manvantarique — une compréhension absolue de l'agencement si merveilleux et si complexe de la Nature dans toutes ses ramifications. Il comprend, en outre, la réponse à toutes ces énigmes morales qui nous sont suggérées par l'expérience de la vie, et que dans nos tristes perplexités nous essayons en vain de résoudre ; nous sommes soutenus, il est vrai, par le vague espoir qu'une sagesse suprême doit régner au-dessus de nous, et que nous y trouverons un jour l'explication des mystères du mal.

Telle est la voie que l'humanité doit encore parcourir. Mais il est évident, pour tout penseur raisonnable, que cette conception, comportant l'élévation de l'homme vers des altitudes qui nous semblent si divines, ne peut s'accomplir sans l'impulsion d'une cause extérieure. Dans un certain sens — un sens un peu exagéré peut-être — on pourrait dire qu'avant la période d'évolution présente, les germes primordiaux de la conscience humaine furent amenés à leur état actuel par l'influence d'une force ou d'une direction extérieure ; mais pour que la Nature puisse douer un homme d'attributs divins, il faut que le désir d'être semblable à Dieu naisse dans sa conscience, qu'il accorde à cette entreprise toutes les forces de sa volonté. Il doit y être poussé aussi bien par une volonté intelligente que par une vague aspiration vers le progrès. Il faut que, les yeux ouverts, il choisisse entre le bien et le mal. Il faut qu'il décide, ou de s'approprier tous les avantages personnels compatibles avec ce progrès, ou de s'associer à ceux qui entreprennent de servir les projets de Dieu et d'accélérer l'évolution en général. Ce n'est que par l'effort individuel et répété de l'homme, dans cette voie de progrès tracée par la Nature, qu'il parviendra à s'élever insensiblement sur la spirale ascendante. Mais il devient ici impossible de décrire le cours de l'évolution normale sans faire allusion à l'évolution précipitée et anormale.

Si l'homme suit la voie normale, aucun effort extraordinaire ne sera exigé de lui, à quelque moment que ce soit ; mais l'évolution vers les possibilités finales de son développement en sera d'autant plus lente. D'autre part, s'il pousse ses efforts à un degré extraordinaire, il peut, au stade de son avancement, hâter son développement à un point qui dépasse toute conjecture, même s'il ne connaît pas les résultats obtenus par les êtres qui l'ont devancé dans l'évolution. Mais, qu'il concentre ses efforts, ou qu'il les répartisse pendant cette deuxième moitié du manvantara, l'homme n'en doit pas moins contribuer au progrès de l'évolution sous peine de reculer. Ceci deviendra plus intelligible lorsque nous étudierons les conditions du progrès anormal ; mais quelques explications sont encore nécessaires pour achever le tableau du champ d'évolution presque illimité où s'effectue le développement de l'âme.

La chaîne planétaire de notre manvantara actuel, avec les merveilleuses complexités de sa seule manifestation physique, avec toutes les conditions d'existence invisible qui l'entourent et les sublimes possibilités de conscience engendrées par les plans spirituels de la Nature, n'est pourtant que l'une des chaînes que doit parcourir la grande famille humaine. Sept Manvantaras se succèdent dans un ordre parfait; celui que nous traversons est le quatrième, et les différents mondes de chaque manvantara successif sont à chaque fois évolués à nouveau, bien que chacun d'eux puisse être considéré, plutôt comme une réincarnation de son prédécesseur, que comme une création tout à fait nouvelle.

Entre temps, dans les limites du système solaire auquel nous appartenons, d'autres séries de manvantaras effectuent leur marche progressive avec d'autres planètes visibles et invisibles, et l'on nous dit qu'il y a ainsi sept chaînes d'évolution planétaires ayant toutes quelque point de contact avec le plan physique, et tirant leur énergie vitale du soleil. Les représentants les plus avancés de l'humanité, ceux qui constituent la véritable avant-garde de notre évolution, et qui sont parvenus à certains stades très élevés de développement spirituel, peuvent acquérir une connaissance bien définie de ces autres systèmes, et quelques informations à ce sujet ont été données à des étudiants occultistes de notre connaissance. Nous sommes donc en mesure de nous former une conception claire du système solaire, et même d'apprécier dans une certaine mesure le projet grandiose qu'il représente.

Le nombre sept, nous l'avons depuis longtemps constaté, est la base de notre système — au moins dans toutes les circonstances qui concernent sa manifestation physique — et cette loi immuable rend le grand plan dont il s'agit beaucoup plus intelligible qu'il ne le serait autrement. Le système solaire comprend (nous éviterons ici l'erreur prétentieuse de dire qu'il consiste en) sept grandes chaînes d'évolution planétaire, dont chacune d'entre elles comprend un ou plusieurs mondes manifestés sur le plan physique. Ces chaînes ne sont en aucune façon destinées à se compléter l'une l'autre, et les plans supérieurs de la Nature entrent, en proportion inégale, dans leur constitution. Les Théosophistes savent tous aujourd'hui que les plans hyperphysiques de la Nature peuvent être tout aussi réels et les manifestations qui en découlent tout aussi objectives que ceux qui affectent les sens physiques. Les plans astral et dévakhanique sont aussi utiles que le plan physique pour déterminer la manifestation dans les limites du système solaire. Je dirai plus, au-dessus et au delà des sept chaînes planétaires dont j'ai parlé, il s'en trouve d'autres encore, entièrement établies sur les plans supérieurs, et dont l'évolution ne comporte aucune planète physique. On ne saurait en dire grand'chose actuellement, mais la constatation de leur existence nous aidera à coordonner nos pensées lorsque nous aurons poussé nos recherches plus avant. Notre propre chaîne, plus que tout autre, emprunte les ressources du plan physique, et à l'époque actuelle de notre manvantara, trois planètes de notre série appartiennent à ce plan; la constitution des diverses chaînes varie sous ce rapport.

Toute chaîne d'évolution s'effectue par une série de sept manvantaras, chaque manvantara comprend un processus évolutif semblable à celui que la donnée théosophique détermine par les sept rondes de notre chaîne planétaire. Chacune des rondes comprend une période d'activité planétaire pour chaque planète à tour de rôle, et chacune de ces périodes d'activité se divise en sept grands cycles de races; si nous voulons suivre la progression suivante, nous pourrons apprécier l'importance proportionnelle d'un de ces cycles — dont la durée se chiffre par millions d'années — comparée à l'ensemble du système auquel nous appartenons. Sept races-mères évoluent pendant une période d'activité planétaire ou période mondiale. Sept périodes mondiales (se succédant l'une à l'autre sur les diverses planètes d'une même série) constituent une ronde.

Sept rondes, un manvantara.

Sept manvantaras, une chaîne d'évolution.

Sept chaînes d'évolution (dont l'activité est plus ou moins simultanée) constituent le système solaire.

Quelques-unes de ces chaînes sont bien plus avancées que les autres. Mais avant d'entrer dans les détails de cet agencement magnifique, il faut se reporter en imagination à son début, afin d'apprécier la merveilleuse intuition de la science moderne — elle ne mérite pas toujours cette louange ; — elle a pressenti, touchant de très près l'exacte vérité, les conditions d'existence de notre système, avant la différenciation d'aucune de ses planètes.

L'hypothèse nébulaire est l'une des plus belles réalisations de l'intelligence humaine. Cette hypothèse s'harmonise intimement avec la donnée théosophique; mais celle-ci la développe et l'interprète mieux qu'on ne saurait le faire en ne concevant qu'un seul ordre de matière.

On attribue généralement à Laplace la théorie suivante : Tous les systèmes solaires furent à l'origine de vastes agrégations de matière surchauffée et très ténue — gazeuse, peut-être même plus subtile encore — ; chacune de ces nébuleuses fut successivement soumise à un processus de refroidissement et de contraction qui en condensa le noyau, et ainsi de suite. Quelques écrivains attribuent la priorité de cette idée à Tycho-Brahé ; il croyait les étoiles formées par la condensation d'une substance éthérée, qui, selon lui, composait la Voie Lactée. Képler développa cette idée et suggéra que la substance nébulaire a pu, dès l'origine, pénétrer l'espace entier au lieu de rester confinée à la Voie Lactée ; puis d'autres grands penseurs apportèrent, à leur tour, d'autres modifications à la conception première.

La valeur de cette théorie s'accrut énormément lorsque les recherches de Sir William Herschel nous montrèrent plus de deux mille nébuleuses distinctes, visibles au télescope ; Laplace ensuite, dans la dernière année du xviii° siècle, élabora un plan des plus complets, beaucoup plus systématique que ceux de ses prédécesseurs, et presque dans la forme adoptée aujourd'hui par le monde astronomique.

Laplace a démontré comment les planètes d'un système se sont formées successivement par la séparation de grands anneaux de matière condensée provenant de la masse centrale de la nébuleuse. La nébuleuse entière était supposée douée à l'origine d'un mouvement rotatif; en sorte que ces anneaux ont dû continuer à tourner dans le même sens. Peu à peu, ces anneaux eux-mêmes se seraient rompus, et la matière qui les composait se serait enroulée et amalgamée en grands corps planétaires globulaires ou groupée en petits corps météoriques.

Concurremment avec le développement de ce système, la science spéculative s'occupait à rechercher la formation probable de la nébuleuse initiale. D'après une certaine théorie, nommée quelquefois la théorie tourbillonnaire, la matière serait entraînée dans un mouvement giratoire, autour de quelque noyau préexistant. D'après une autre opinion — théorie des chocs — on attribue la formation de la nébuleuse initiale à une collision dans l'espace entre deux soleils éteints et refroidis se mouvant, en sens inverse, avec une grande vitesse. La chaleur engendrée par une si épouvantable catastrophe a certainement dû suffire à volatiliser toute la matière formant ces deux globes, et à constituer ainsi une nouvelle nébuleuse de gaz lumineux et incandescent ; la rotation aurait été produite par la nature même de la collision, les chances étant presque toutes contre une rencontre, centre contre centre, de ces deux globes. Je crois que la théorie des chocs est la plus généralement adoptée. Il est donc extrêmement intéressant d'apprendre de nos éminents instructeurs que, si telle ne fut pas, par le fait, la méthode réellement suivie pour la genèse de notre système solaire, elle a pu être employée par la Nature pour quelque autre système et peut s'harmoniser avec les activités des plans supérieurs ; notre intuition théosophique nous donne, en effet, la conviction que ces activités sont le principal agent déterminant dans la formation d'un système solaire.

La véritable méthode qui a servi à créer notre système solaire a pris son origine dans les plans supérieurs de la Nature. Une force fut, à un moment déterminé, jetée et mise en activité dans une certaine masse de matière hyper-physique, et eut pour effet de produire quelque chose comme un vaste champ électrique couvrant un espace bien supérieur à celui de l'orbite de Neptune. La région de l'espace affectée à ce processus fut, à l'origine, pénétrée par de la matière, d'un certain ordre ou plus exactement de certains ordres ; car plus nous comprenons l'esprit de la donnée occulte, plus nous comprenons clairement l'idée que, l'espace n'est, en aucune façon, le vide. Il peut ne rien contenir qui soit de nature à affecter un groupe quelconque de sens limités, mais il est néanmoins une plénitude plutôt qu'une vacuité. Une chose, que la pensée seule peut concevoir, pénètre tout l'espace. En considération de ce qui précède et comprenant aussi que la matière sur les plans, autre que le plan physique, doit être également sujette à des limitations — ainsi, par exemple, ce que nous appelons le plan astral, n'est pas un espace infini ou homogène, mais bien le plan astral *de cette terre*, — les étudiants de l'Esotérisme, sont quelquefois embarrassés par cette question : Quel est, dans la série ascendante, le plan qui est commun avec tout le système solaire et quel est le plan commun avec le Cosmos ? La réponse se trouve dans ce fait que chaque plan est représenté par de la matière à différents états de subtilité; c'est-à-dire, les sept états habituels. Les sous-plans inférieurs sont toujours localisés autour de chaque planète, mais, dans chacun des cas, le sous-plan le plus élevé est co-extensif avec le système solaire — et, pour autant que nous en savons, avec l'univers lui-même. Ainsi donc, même dans un certain sens, le plan physique est co-extensif avec l'espace, c'est-à-dire qu'il y est représenté par le plus élevé des états atomiques de l'éther. Il en est de même pour les plans astral et dévakhanique, et à fortiori pour les plans plus élevés encore ; dans leurs états les plus élevés, ils sont co-extensifs avec l'éther.

Il résulte de ce qui précède que de la matière dans ses diverses variétés, et de plus avec toutes ses potentialités, préexiste dans cette région dans laquelle le pouvoir sublime, dirigeant la manifestation de notre système, met en œuvre ses activités. Ces activités, nous dit-on, eurent pour premier effet d'attirer de l'espace environnant, comme dans un tourbillon, d'immenses réserves de cet éther omniprésent. Quelques objections scientifiques s'élèveront sur ce point, cependant les systèmes solaires sont placés à des distances respectives assez considérables pour admettre l'idée que l'éther lui-même — que nous supposons incompressible pour pouvoir concilier quelques-uns de ses attributs avec la conception généralement formée de la matière — puisse être raréfié dans l'espace inter-solaire, puis relativement condensé dans l'intérieur et autour des systèmes solaires. Quoi qu'il en soit, l'interprétation ésotérique de la genèse de notre système semble impliquer l'idée d'une condensation de cette nature ; puis, sur l'éther ainsi conditionné, une influence, descendant d'un des plans supérieurs de la Nature, convertit finalement cette masse condensée en une nébuleuse physique, c'est-à-dire en un volume énorme de gaz incandescent porté à une température extraordinairement élevée.

C'est alors que la théorie nébulaire paraît entrer en jeu. Des anneaux de substance nébulaire, se détachant de la masse mère, se segmentent à leur tour et leurs fragments, continuant à suivre le mouvement giratoire de la masse entière, finissent par s'agréger en planètes ; ce ne sont point encore les planètes actuelles que nous connaissons ; celles-ci sont, en effet, d'origine plus récente en vertu de certains principes qui gouvernent l'évolution de notre système, et dont l'astronomie ne tient pas encore compte.

Les diverses planètes primordiales se groupèrent peu à peu en sept grandes chaînes d'évolution qu'il faut considérer dans leur état actuel pour les comprendre proximativement. Notre étude ne serait certes pas facilitée si nous voulions rechercher dans les profondeurs d'un passé insondable l'ordre primitif qui gouverna la mise en activité des diverses chaînes planétaires ; mais il faut prendre note que le système solaire comprend trois chaînes d'évolution dépourvues de toute planète physique ; de sorte qu'il y a en réalité non pas sept, mais dix chaînes d'évolution à considérer.

Si nous avions de la Nature une connaissance suffisamment approfondie, nous trouverions probablement que les systèmes septénaires aboutissent constamment à un système décénaire plus important ; néanmoins, la loi septénaire paraît régir toutes les œuvres cosmiques où le plan physique entre en ligne de compte. Notre première recherche, dans l'étude du système solaire, portera donc sur les sept chaînes planétaires, dont chacune est en contact avec le plan physique.

En commençant notre étude par la planète la plus éloignée du soleil, Neptune, nous trouvons qu'elle fait partie d'une chaîne d'un caractère bien différent de celui de la plupart des autres planètes. Dans cette série de mondes, le processus évolutif n'est pas destiné à produire partout des résultats analogues.

La vie en activité sur Neptune n'est pas destinée à atteindre des niveaux très élevés ; mais, d'autre part, ce merveilleux organisme cosmique offre un intérêt spécial au point de vue astronomique. Combiné à l'évolution de Neptune, il y a, de fait, deux autres planètes physiques, appartenant à notre système ; mais elles ont, jusqu'à présent, échappé aux recherches astrologiques.

L'une d'entre elles sera peut-être découverte un jour par les moyens ordinaires, mais la plus éloignée est encore bien au delà du champ d'action des instruments physiques, car non seulement son éloignement dépasse toute idée, mais la lumière du Soleil qu'elle nous renvoie par réflexion est excessivement faible. Vu de Neptune même, le soleil semblerait un point dans l'espace, comparé au disque lumineux qui nous éclaire ; les deux planètes les plus éloignées se trouvent, par rapport au centre du système, à des distances encore à déterminer par ce que l'on appelle, en astronomie, la « Loi de Bode » (1).

Nous savons ainsi, avant même que l'une d'elles ne soit découverte, que le rayon de l'orbite de la plus éloignée de ces planètes dépasse quelque peu 11 milliards de kilom. ; on se rappellera que la distance de Neptune au soleil est de 4.408 millions de kilom.

A pareille distance, la lumière du Soleil suffirait à peine à dissiper les ténèbres. Quant à la chaleur qui pourrait être nécessaire à cette planète, elle doit dépendre d'influences encore mal connues aujourd'hui par notre science physique. Néanmoins, si peu que nous connaissions la chaîne de Neptune, nous pouvons néanmoins émettre quelques idées à son sujet, et reconnaître que son système comprend — au stade actuel de développement — trois planètes physiques.

(1) Bode, astronome allemand, signala en 1780 une loi empirique assez curieuse sur les distances des planètes au soleil. Ecrivons les nombres suivants qui se déduisent du précédent, à partir du second, en le multipliant par 2 :

    0. 3. 6. 12. 24. 48. 96. 192. 384.

ajoutons à chacun le nombre 4 :

    4. 7. 10. 16. 28. 52. 100. 196. 388.

enfin divisons les nombres par 10, nous aurons :

    0,4. 0,7. 1,0. 1,6. 2,8. 5,2. 10. 9,6. 38,8.

ces nombres représentent sensiblement les distances du Soleil aux 7 planètes principales et aux planètes télescopiques par rapport à la distance de la terre prise comme unité ; en effet les distances réelles sont :

Planètes

Mercure	Vénus	la Terre	Mars	télescopiques	Jupiter	Saturne	Uranus	Neptune
0.38	0.72	1	1.50	2.8	5.2	9.5	19	30

La loi de Bode servit à découvrir Uranus et les planètes télescopiques, mais la découverte de Neptune en 1846 vint détruire l'importance de cette loi, l'écart de 8,8 étant un peu trop grand.   N. D. T.

Chacune des autres chaînes, comme nous le verrons peu à peu, est, à l'exception de la nôtre, représentée, sur le plan physique, par une seule planète. En poursuivant l'examen de ce système, il faut nous souvenir que les chaînes d'évolution ne sont pas identiquement représentées sur le plan physique à chacun de leurs stages manvantariques. Notre propre chaîne n'eut qu'une planète physique lors de son dernier manvantara, et n'en aura qu'une encore dans le suivant, bien qu'elle en possède trois actuellement. Ainsi, d'autres chaînes, n'ayant aujourd'hui qu'une planète physique, pourront en posséder plusieurs dans de futurs stades d'évolution, et peuvent en avoir eu plus d'une dans de précédentes périodes.

La chaîne d'Uranus est celle qui suit immédiatement celle de Neptune, nous l'appelons ainsi du nom de la planète visible de sa chaîne actuelle. On nous dit que cette chaîne est déjà fort avancée et que son évolution a donné à la vie une forme très élevée ; quoi qu'il en soit, les conditions physiques d'Uranus doivent différer largement de toutes celles qui nous sont connues. Le Soleil, vu d'Uranus, nous paraîtrait un objet à peine plus volumineux que Jupiter ; cependant, un des principes sur lesquels on insiste le plus dans l'étude ésotérique de notre système, c'est que la vie existe sous des conditions essentiellement variables et que nous ne devons jamais chercher à déterminer les conditions d'habitabilité des autres globes de l'espace, par la comparaison de leurs conditions météorologiques ou climatériques avec les nôtres.

La chaîne de Saturne est beaucoup moins avancée que la nôtre dans son développement manvantarique ; Saturne elle-même est dans une des premières rondes de son manvantara actuel, de sorte qu'elle n'est pas encore physiquement habitable. Les familles d'êtres qui y accomplissent leur évolution sont encore aux stades de leur involution dans la matière ; et cependant il ne faudrait pas supposer que la chaîne de Saturne, pas plus que tout autre, soit de création plus récente que celles plus rapprochées du Soleil. La mesure des progrès réalisés par les différentes chaînes est très variable. Saturne évolue avec lenteur, par des manvantaras d'une énorme durée. Il ne faut pas se presser de chercher une règle dans la progression plus ou moins rapide des diverses chaînes planétaires, quoiqu'elles soient toutes, sans doute, destinées à s'harmoniser dans leurs résultats, lorsqu'approchera le terme final de ce drame grandiose où chacune d'elles remplit son rôle.

La chaîne de Jupiter est fort intéressante, car bien que jeune — sinon par sa durée, au moins par son avancement — elle est destinée, nous dit-on, à conduire ses habitants à un degré d'avancement très élevé, bien que le manvantara en activité dans la chaîne de Jupiter ne soit pourtant que le troisième de la série septénaire. Il correspond à notre manvantara lunaire, c'est-à-dire au précédent de notre série, et celui-là n'a pas poussé notre famille humaine à un stade de développement bien élevé. De plus, la famille de Jupiter n'en est qu'à la deuxième ronde de son troisième manvantara ; et sa planète n'est pas encore prête pour la vie physique. Elle est encore brûlante en raison de sa condensation relativement récente, et cet état de choses, généralement admis, n'est pas dû, comme le croient les astronomes, à ce que Jupiter, étant beaucoup plus volumineux que les planètes rapprochées du centre, a mis nécessairement plus de temps à se refroidir depuis la consolidation de la nébuleuse primordiale. Jupiter est de création plus récente que la terre ; nous traiterons d'ailleurs plus aisément ce sujet après avoir examiné l'ensemble du système.

En allant de Jupiter au centre du système, le premier orbite planétaire que l'on rencontre est actuellement occupé par un groupe d'astéroïdes, c'est-à-dire de matière planétaire à l'état rudimentaire, qui pourra servir, dans la suite, à former de nouvelles chaînes.

La *planète* suivante est Mars ; mais en approchant de ce monde intéressant, nous autres, habitants de la chaîne terrestre, nous sommes relativement en pays de connaissance ; car la chaîne à laquelle nous appartenons, actuellement dans son quatrième manvantara, est arrivée au stade le plus profond de son immersion dans la matière, et est ainsi représentée sur le plan physique par trois planètes. Mars, la Terre et Mercure, sont partenaires d'évolution. Mars nous devance dans l'ordre progressif de notre chaîne, Mercure nous suit. Une grande partie de l'humanité actuelle a positivement vécu sur Mars, et nous y retrouverions encore des traces archéologiques de notre passage, si nous pouvions visiter cette planète aujourd'hui. Quelques-uns des plus avancés d'entre nous le peuvent et l'ont fait dans un véhicule de conscience approprié. Je reviendrai plus tard sur cette partie de mon sujet, car nous connaissons les planètes de notre chaîne un peu mieux que les autres.

Après la Terre, en nous rapprochant toujours du Soleil, nous arrivons à la planète Vénus. Des sept chaînes de notre système, celle de Vénus est actuellement la plus évoluée, non pas nécessairement la plus vieille en raison de la période qu'elle traverse, mais la plus avancée de la série par la rapidité de ses progrès ou la faible durée de ses manvantaras.

Notre propre chaîne procède maintenant à son quatrième manvantara ; mais celle de Vénus a déjà accompli une grande partie de son cinquième. Elle est même dans la septième ronde de ce manvantara, et la famille dont elle favorise l'évolution se trouve actuellement, comme nous, sur la planète physique de cette chaîne ; mais elle a réalisé un ensemble de progrès tellement supérieur, que les plus évolués de ses membres, comparés à notre humanité, ont atteint une perfection véritablement divine. C'est de Vénus, comme le savent tous les étudiants de la donnée ésotérique, que descendirent les gardiens de notre humanité encore enfant, à la fin de la troisième race de notre période mondiale, et au commencement de la quatrième. Ils stimulèrent en nous le développement du principe manasique, et c'est à eux que nous devons d'avoir un peu dépassé maintenant le degré d'évolution que nous réservait strictement notre vraie place dans notre propre chaîne. Notre évolution a été accélérée par quelques-uns de ceux qui sont, au sens le plus élevé du terme, nos frères aînés dans l'ensemble du système. Ils ont trouvé parmi nous quelques élèves remplis d'aptitudes, qui sont déjà parvenus à un niveau d'élévation spirituelle comparable à celui de leurs sublimes instructeurs.

Comprise dans l'orbite de Vénus se trouve la planète Mercure, qui appartient à notre chaîne. Le milieu de notre période d'activité planétaire étant actuellement dépassé, l'aube d'une évolution nouvelle se lève sur cette planète et la prépare à l'avènement de notre famille humaine, lorsque les derniers représentants de ses grandes races mères auront achevé leur travail sur cette terre.

Il existe dans l'orbite de Mercure une autre

planète qui, probablement, sera découverte un jour ou l'autre par nos astronomes. Ils en soupçonnent déjà l'existence, et la recherchent activement lorsqu'une éclipse de soleil leur donne quelque chance de l'apercevoir; car elle s'efface tellement dans l'éclat éblouissant du Soleil qu'il est inutile de la chercher par un ciel découvert. Quelques astronomes ont donné prématurément à cette planète inconnue le nom de Vulcain. Ce doit être effectivement un petit monde très brûlant, bien que la loi de Bode lui attribue une distance d'environ trente-huit millions de kilomètres du point central. Quoi qu'il en soit, Vulcain fait partie d'un système d'évolution indépendant, et qui n'est pas destiné à faire évoluer la vie jusqu'aux niveaux élevés qu'atteindront dans la suite notre système et celui de Vénus. Cette planète complète la série des sept chaînes planétaires. En voici encore l'énumération.

  1° La chaîne de Neptune
  2° — Uranus
  3° — Saturne
  4° — Jupiter
  5° — La Terre
  6° — Vénus
  7° — Vulcain.

Les 1ʳᵉ et 5ᵉ chaînes de cette série ont chacune trois planètes physiques; les autres n'en possèdent qu'une seule.

Il y a fort peu à dire actuellement des trois chaînes qui n'ont aucun rapport avec le plan physique, sinon qu'elles appartiennent à des ordres d'évolution très élevés, et, en quelque sorte, à l'aurore d'une perfection finale de la vie de notre système, lorsque toutes les chaînes septénaires auront complété leur cycle évolutif.

Il ne faudrait cependant pas supposer que leur activité soit ajournée jusqu'à la fin des cycles précédents. Elles sont déjà en activité, et chacune d'elles aurait sept planètes occupant des places définies dans l'espace, mais composées d'ordres de matière trop subtils pour être perçus par nos sens physiques. D'autre part, il ne faudrait pas considérer leurs existences comme tellement au-dessus des atteintes de notre imagination ; leur plan le plus inférieur, en effet, correspond directement au plan roupique du dévakhan.

D'après cet aperçu général de la formation du système et de son but, d'après surtout bien des passages de la littérature théosophique récente, il ressort clairement que la configuration du système solaire n'est pas plus immuable pendant la durée de ce système que la configuration des continents et des mers, formant la surface de la terre, n'est immuable pendant une période d'activité planétaire.

Dans tous les systèmes, la chaîne de planètes sur laquelle s'effectue l'évolution d'un manvantara quelconque se désintègre lorsque celui-ci est achevé, et une nouvelle chaîne de mondes est appelée à l'existence. Ceci ne signifie pas que, de la substance non manifestée il soit créé de la matière nouvelle, mais que les planètes, leur cycle d'existence une fois terminé, sont brisées ou réduites en poussière, qui, dispersée dans la totalité du système solaire, sera employée à l'agrégation de nouvelles formes ; absolument comme les éléments du cadavre humain, dissous dans la terre ou dans l'air, sont absorbés au cours des temps par le tissus végétal et servent un jour de nourriture à de nouvelles formes animales ou humaines.

On verra d'après cela que notre terre, par exemple,

comme ses planètes compagnes, est non seulement une création nouvelle relativement à l'état de choses existant lors de la condensation première de la nébuleuse, mais encore qu'elle appartient en réalité à une quatrième génération ou création nouvelle de notre chaîne planétaire. Je ne possède aucune donnée sur la façon dont la matière planétaire du système fut répartie à l'origine, mais il est de toute évidence que, d'Uranus au centre du système, aucune des planètes existantes n'appartient à la première série issue de la nébuleuse initiale. Il ne nous sied guère de pousser plus loin notre investigation sur ce sujet. Nous ne comprendrions pas mieux les desseins de la Nature et la place que nous y occupons, si nous savions par exemple le nom des planètes de l'évolution d'Uranus, avant qu'Uranus ne fût créé. Au point de vue des autres chaînes, nous serait-il plus utile de savoir par combien de planètes furent précédées, au cours des âges, celles que nous connaissons aujourd'hui ? Mais certains aperçus de ce problème peuvent être particulièrement intéressants ; sans examiner dans quelle mesure les analogies de notre système se retrouvent dans les autres, il peut nous être utile, au point où nous en sommes, d'étudier les transformations successives des planètes de notre chaîne.

Lorsque la vague de vie, pendant la septième ronde d'un manvantara, quitte successivement les planètes, chacune d'elles se désintègre à son tour, et la matière qui la composait retourne à la masse de matière semblable, appartenant au système solaire (1). Des planètes correspondantes s'agrègent à nouveau pour le manvantara suivant, devenant en quelque sorte les

(1) Voir Doctrine Secrète, 1er vol., p. 141 à 145.

réincarnations des principes supérieurs inhérents aux planètes anciennes. Cet arrangement ne s'applique pourtant pas à la quatrième planète de chaque chaîne — la plus matérielle par sa constitution. Celle-ci perd une grande partie de la matière dont elle est formée par un procédé que nous allons expliquer, et dans cet état amoindri, elle constitue la lune de la planète qui lui succède. Toute planète physique nouvelle peut donc être créée suivant différentes méthodes, tout comme de nouveaux systèmes solaires l'ont été à l'origine ; notre terre semble avoir été conçue d'après un plan très analogue à celui de notre système solaire.

Dans les limites d'un espace déterminé, une nébuleuse planétaire fut développée ; la matière qui la composa, tirée de l'espace environnant, devait provenir, sans doute, soit de la désintégration de planètes précédentes qui s'étaient brisées, soit de matière météorique disponible appartenant au système universel. La nouvelle nébuleuse terrestre se développa autour d'un centre ayant, par rapport à la planète expirante, à peu près la position du centre de notre terre.

Mais cette agrégation de matière avait à l'état nébuleux un volume immensément supérieur à celui qu'occupe aujourd'hui la matière solide de la terre. Elle s'étendait largement en toutes directions, au point d'embrasser la planète ancienne dans son étreinte brûlante.

La température d'une nébuleuse initiale paraît considérablement plus élevée qu'aucune température connue ; en sorte que l'ancienne planète se trouva superficiellement surchauffée à ce point que toute sa matière atmosphérique, liquide et volatilisable, se convertit à l'état gazeux, et devint alors sensible au nouveau centre d'attraction de la nouvelle nébuleuse. C'est ainsi que l'air et les océans de la vieille planète furent entraînés dans la constitution de la nouvelle, et c'est là la raison pour laquelle la Lune, dans son état actuel, est une masse aride, luisante, sèche et sans nuages, inhabitable désormais pour tout être physique. Vers la fin du manvantara actuel, pendant la septième ronde, sa désagrégation sera achevée et la matière qu'elle retient encore en cohésion se résoudra en poussière météorique qui, mélangée à la masse de matière semblable, formera dans l'avenir de nouvelles nébuleuses planétaires.

Les changements qui se produisent de temps à autre dans l'économie intérieure du système solaire par la désintégration d'une ancienne planète ou la condensation d'une nouvelle, causent naturellement des perturbations dans les mouvements des planètes, et il est probable que ces perturbations jouent leur rôle dans le processus cyclique se poursuivant sur les mondes en activité durant cette période. Certains documents isolés, glanés dans la donnée occulte, font quelquefois allusion à des faits astronomiques qu'il semble difficile d'attribuer à l'intervention visible de causes cosmiques. Ils sont très probablement dus aux changements qui se produisent, à de rares intervalles, dans ce que nous pourrions appeler la configuration du système.

Une même génération d'hommes vivant sur la même planète ne peut jamais observer la formation d'un nouveau monde ou la destruction d'un ancien. Ces processus sont d'une lenteur excessive, comparés à la durée de la vie humaine. Mais dans les temps futurs, certains bouleversements surviendront forcément et les habitants raisonnables de quelque planète pourront alors observer la formation de mondes nouveaux. Le manvantara actuel du système de Vénus, par exemple, a tellement dépassé notre stade d'avancement, que l'humanité terrestre, à quelque future ronde de notre présent manvantara, pourra peut-être observer les préliminaires d'évolution de la planète qui succèdera à Vénus. Mais à cette époque la majorité de l'humanité sera elle-même si évoluée qu'aucun phénomène céleste ne lui paraîtra inintelligible ou inattendu.

Les sept grandes chaînes planétaires ont une évolution indépendante et leurs activités ne s'entremêlent pas durant leur cours normal. Mais l'aide mutuelle est la loi de la vie dans tout le système; aussi les diverses chaînes ne sont-elles pas rigoureusement privées de l'appui possible qu'elles peuvent se prêter mutuellement. Un seul exemple de cette communication interplanétaire suffira et, il est important de l'expliquer correctement, si nous voulons essayer de comprendre l'histoire de notre propre évolution. Le système de Vénus, nous l'avons dit, est dans la septième ronde de son cinquième manvantara, tandis que les habitants de la terre sont à présent dans leur quatrième ronde. Ceci veut dire que l'humanité de la chaîne de Vénus avait déjà atteint un niveau spirituel infiniment supérieur au nôtre, à l'époque des premières phases de notre évolution. Il arriva alors que quelques représentants de l'humanité la plus élevée de la chaîne de Vénus profitèrent de possibilités inhérentes à des plans spirituels infiniment élevés et communs à tout le système solaire pour se transporter, passagèrement, sur cette terre, pendant une partie de la troisième race et le commencement de la quatrième ; c'est ainsi qu'ils contribuèrent à l'instruction et à la direction de notre humanité.

Le lecteur, qui abordera pour la première fois ces conceptions pourra s'étonner que, dans la marche évolutive de cette période mondiale, un si profond abîme ait pu séparer l'humanité primitive de l'humanité actuelle ; c'est à cette dernière qu'appartiennent déjà ces Maîtres de Sagesse qui ont franchi, autant que nous pouvons en savoir, des altitudes spirituelles comparables à celles d'où descendirent nos instructeurs de Vénus. L'explication se trouve dans ce fait, qu'avant d'avoir atteint le point médian de tout manvantara, le processus d'évolution doit être considéré comme une descente progressive dans les différenciations de la matière. Nul être, si avancé soit-il dans l'évolution spirituelle, ne pouvait entreprendre de distancer considérablement ses compagnons avant que ne fût dépassé le point tournant du manvantara. La voie s'ouvrait alors librement devant lui. Il devenait possible à tout être, doué d'aptitudes spéciales, d'achever son complet développement dans une série d'existences relativement très courte ; alors que la Nature assigne libéralement, à l'humanité de nos races terrestres, toute la seconde moitié du manvantara pour accomplir cette œuvre. Avant le point médian de notre manvantara — c'est-à-dire avant la période moyenne de la grande race mère qui précéda la nôtre — il n'y eut point d'Adeptes appartenant à notre famille humaine ; en sorte que jusqu'à l'avènement de la grande race atlante, ou quatrième race mère, la chaîne terrestre n'eut à compter, pour sa haute direction spirituelle, que sur l'aide venue de dehors.

Le cours des progrès de l'humanité pendant cette période mondiale, par conséquent l'histoire des grandes races, serait mieux étudié dans les ouvrages théosophiques s'occupant spécialement de l'examen de ce magnifique développement. Néanmoins, si le lecteur désire se représenter le tableau mental du système entier, chose indispensable pour comprendre la signification rationnelle de tout ce qui concerne le progrès individuel de l'entité humaine, il faut qu'il saisisse le caractère général de l'évolution. En outre il est fort intéressant de remarquer comment l'étude de la grande évolution des races se rattache à celle de l'édification complète du système (1).

(1) Depuis l'époque où ce livre a été écrit (1896) de nouvelles recherches ont été faites à ce sujet et, si elles ne modifient que peu les premières données, elles apportent toutefois d'importantes additions à ce que nous pouvons savoir du processus général de l'évolution humaine dans notre manvantara. Nous allons les résumer en quelques mots :

Chacun des manvantaras qui a précédé le nôtre a donné cours à l'évolution de chacun des sept règnes de la nature, chaque manvantara faisant avancer d'un pas chacun de ces règnes. La monade humaine actuelle représente et est le fruit des stades d'évolution par lesquels elle a passé précédemment, c'est-à-dire de la monade animale du manvantara précédent et aussi des représentants de l'humanité lunaire qui n'ont pu poursuivre leur évolution dans la cinquième ronde de ce manvantara ; cette monade est aussi le fruit de la monade végétale du deuxième manvantara et de la monade minérale du premier manvantara.

Il en est de même aussi, par analogie, des règnes animal, végétal, minéral et élémentals de notre manvantara qui, eux aussi, sont les fruits de l'évolution des représentants de cette monade dans les manvantaras passés. Dans le manvantara lunaire l'humanité actuelle occupait la place du règne animal.

Il ne faudrait pas croire que nous étions, à proprement parler, les animaux de la Lune, nous étions plutôt *la vie* animant le règne animal pendant la période lunaire. En d'autres termes, la monade animale ou la vie animant ce règne animal de la Lune était ce qui est devenu les corps causals de l'humanité actuelle.

A la fin de chaque manvantara, l'humanité, arrivée à sa perfection relative, quitte l'évolution ordinaire de notre système en choisissant, suivant son degré d'évolution, l'une des sept voies ou possibilités qui lui sont réservées (Voir p. 263 et suivantes) ; et dans chaque manvantara cette perfection relative atteinte par l'humanité est d'un degré plus élevé que dans le manvantara précédent. Il en résulte que l'humanité qui a achevé son développement pendant le manvantara lunaire et qui a quitté l'évolution de notre système, n'est de longtemps pas arrivé au point qu'atteindra l'humanité à la fin du manvantara actuel.

Sur la planète Mars où s'incarna l'humanité avant le début de la période d'activité terrestre; cette humanité habitait déjà des corps physiques, et était douée

A la fin du manvantara lunaire, les Pitris de 1ʳᵉ catégorie étaient des entités, plus ou moins individualisées, du règne animal ; on les a divisés en 3 classes : la 1ʳᵉ classe comprenait ceux qui étaient complètement individualisés et pourvus d'un corps causal bien défini, ceux de 2ᵉ classe avaient ce corps causal moins bien organisé et ceux de 3ᵉ classe ne possédaient qu'un embryon de corps causal. Les Pitris lunaires de 2ᵉ catégorie ont été divisés en 4 classes inférieures et faisaient partie du règne animal. En résumé :

1ʳᵉ RONDE. — La 3ᵉ classe de Pitris passe dans l'évolution au début de la 1ʳᵉ ronde et prépare les formes des différents règnes de la nature, règnes élémentals, minéral, végétal, animal et humain. Puis se présentent les 4ᵉ, 5ᵉ, 6ᵉ et 7ᵉ classes de Pitris qui viennent successivement animer les formes préparées par les représentants de la 3ᵉ classe.

La 3ᵉ classe de Pitris passe définitivement à l'humanité à la fin de la 1ʳᵉ ronde.

2ᵉ RONDE. — L'humanité est représentée par la 3ᵉ classe de Pitris comme guide, la 4ᵉ classe tenant la place occupée par les sauvages de notre époque.

Les 5ᵉ, 6ᵉ et 7ᵉ classes de Pitris sont encore dans le règne animal.

La 4ᵉ classe de Pitris passe définitivement à l'humanité à la fin de la 2ᵉ ronde.

3ᵉ RONDE. — Au début, l'humanité est représentée par les 3ᵉ et 4ᵉ classes de Pitris.

Au milieu de la 3ᵉ ronde, la 2ᵉ classe de Pitris commence à s'incarner et marche en tête du mouvement de l'humanité.

La 5ᵉ classe de Pitris se perfectionne et entre dans le règne humain.

Les 6ᵉ et 7ᵉ classes sont encore dans le règne animal.

4ᵉ RONDE. — Au début, l'humanité est représentée par les 2ᵉ, 3ᵉ, 4ᵉ et 5ᵉ classes de Pitris.

La 6ᵉ classe commence à entrer dans le règne humain.

Au milieu de la 4ᵉ ronde, la 1ʳᵉ classe de Pitris commence à s'incarner et marche en tête de l'humanité sous la haute direction des Pitris solaires descendus de la planète Vénus.

La 7ᵉ classe commence à s'humaniser; elle représente, à notre époque, les sauvages les plus arriérés.

N. D. T.

d'une intelligence suffisante pour exécuter des travaux d'architecture et de mécanique, sous la direction d'instructeurs appartenant à une évolution supérieure. Après avoir terminé son cycle sur cette planète, la race humaine commença son existence sur la nôtre dans des conditions qui ne rappellent en rien notre vie physique actuelle. Leurs véhicules de conscience étaient composés de matière éthérée, inaffectés par la chaleur et le froid, et non encore soumis aux lois de l'usure et de la réfection qui agissent dans les organismes plus denses de l'époque actuelle. Les première et deuxième grandes races appartenaient à cet ordre. Au cours de la troisième s'accomplit la condensation du véhicule physique de la conscience humaine. L'homme de la quatrième race fut, à son début, beaucoup plus grand qu'il ne l'est présentement; il accusait déjà le modèle physique que nous lui connaissons et se divisait en deux sexes. Le processus d'évolution des rondes précédentes fut donc reparcouru, dans ces grands stades, pendant la ronde actuelle et d'un façon assez analogue à ce qui se produit dans la construction de chaque corps physique nouveau; tous les étudiants de l'embryologie le savent.

Il ne faut pas en conclure que toute la famille humaine de notre chaîne évolua absolument suivant le même plan, pendant la première moitié du manvantara actuel. Notre dernier manvantara, le troisième, ou manvantara Lunaire, ainsi nommé parce que la Lune était alors la planète physique de la chaîne, ne conduisit aucune de ses entités à des niveaux correspondants à ceux que l'humanité occupe aujourd'hui. Mais il donna, dans une certaine mesure, libre carrière au progrès individuel et, au moment de sa fin, laissa sa famille à différents degrés d'avancement.

Les divers besoins de la situation furent pourvus de la manière suivante : les plus développées d'entre ces entités ne s'incarnèrent pas dans les premières rondes du manvantara actuel. Ces rondes servirent de champ d'activité, sur des niveaux inférieurs d'existence, aux entités moins développées et, alors que ces dernières profitaient d'une nouvelle occasion pour accomplir la tâche évolutive qu'elles n'avaient pu réaliser convenablement pendant le dernier manvantara, les entités plus développées jouissaient de périodes spirituelles auxquelles les moins avancés ne prenaient aucune part. Ces périodes spirituelles furent analogues à des rondes supplémentaires; je n'entends pas dire qu'elles suivaient la marche de l'évolution autour des diverses planètes de la chaîne, mais qu'elles avaient une durée correspondante à des périodes de rondes. Elles furent au nombre de trois; et durant ce temps les entités les moins développées trouvèrent dans le manvantara actuel des occasions de progresser supérieures à celles que leur avait offertes le précédent; elles préparaient en même temps le terrain pour l'avènement de leurs frères aînés. Ceux-ci, parvenus déjà aux plus hautes possibilités du manvantara précédent, jouissaient, pendant le temps correspondant aux trois premières rondes, de conditions d'existence favorables à leur avancement spirituel. Ce ne fut donc qu'après ces trois longues périodes que les entités plus avancées du précédent manvantara s'incarnèrent dans celui-ci. Dans la phraséologie théosophique on les appelle Pitris Lunaires de première classe. Ce terme devient parfaitement intelligible et significatif lorsqu'on se souvient que Pitris a la même étymologie que père et signifie ancêtre.

La Lune n'est plus que le corps sans vie de la planète

qui supporta jadis la puissante vague de vie de la famille humaine. Elle se trouve réduite à des proportions relativement minimes, car non-seulement ses principes subtils se sont réincarnés dans la terre, mais une partie considérable de sa matière physique s'en est séparée pour fortifier le corps de son enfant ; nous savons déjà par quel moyen ce résultat fût obtenu.

Les représentants les plus avancés de la famille humaine s'incarnèrent donc pendant la période médiane de ce manvantara, c'est-à-dire la période actuelle d'activité mondiale; leur condition représentait alors le développement maximum réalisé dans le manvantara Lunaire (1), et en plus les progrès ultérieurs accomplis durant les trois périodes spirituelles. Pendant ce temps, les catégories qui s'incarnèrent dès les premières rondes de ce manvantara eurent l'occasion d'arriver assez près du même développement, tout en restant encore en arrière de cette première catégorie, que l'on peut considérer comme l'avant garde et que représente actuellement la fleur de notre race. Ce sont aujourd'hui les plus avancés d'entre les intellectuels, ceux surtout qui, dès l'aurore de la vie terrestre, témoignèrent d'aptitudes spirituelles, de tendances spéciales à l'étude des plus hautes destinées de l'homme et des conceptions religieuses les plus élevées; ce sont aussi spécialement ceux qui se sont adonnés à la philosophie occulte laquelle unit aux plus nobles aspirations une connaissance exacte des états hyperphysiques de l'existence. Nous pouvons donc considérer comme provenant de la première catégorie de Pitris Lunaires non-seulement ceux qui, dès qu'ils en eurent la possibilité, devancèrent le reste de l'humanité et qui, profitant largement de la

---

(1) Voir note page 258.

direction d'êtres plus évolués encore passèrent au rang d'Adeptes, mais aussi tous ceux qui, dans un sens quelconque sont leurs élèves, ou que leur genre de développement intellectuel et moral prédispose à devenir, après quelques incarnations encore, de futurs occultistes. Il ne faudrait pas en déduire qu'il soit impossible aux entités des autres catégories d'atteindre l'élévation spirituelle ; mais au stade d'évolution actuel, la grande majorité de ceux qui y parviennent sont des Pitris de première classe. Par la puissante force de l'évolution progressant à travers les rondes successives du manvantara, un grand nombre de Pitris des autres catégories accompliront graduellement certains progrès spirituels qui leur ouvriront une voie plus rapide vers les niveaux encore élevés accessibles pendant ce manvantara ; mais la première catégorie est appelée à les atteindre bien avant la fin du manvantara.

A cette époque, très éloignée encore, il sera théoriquement impossible à tous les membres de la famille humaine, dont la différenciation en entités spécifiques a été accomplie au cours du manvantara Lunaire, d'atteindre le sublime sommet. Les seules entités qui pourraient y arriver sont celles qui ont émergé du règne animal, comme entités bien définies, pendant les premières rondes du manvantara actuel. En tenant compte du nombre énorme des humains, et les probabilités en cette matière équivalent presque à des certitudes lorsqu'on considère un champ d'action aussi vaste, l'on peut admettre que les trois cinquièmes des entités constituant la famille humaine, celles qui ont émergé du règne animal durant la première moitié du manvantara, et celles aussi qui ont eu pour ancêtres des Pitris de première classe, arriveront à ce degré d'avancement approprié que j'ai appelé les sommets sublimes de notre manvantara. Les deux cinquièmes restant auront à jouer, dans le manvantara suivant, un rôle assez analogue à celui qu'on remplit les catégories supérieures de Pitris Lunaires au milieu du nôtre.

Sur ces trois cinquièmes la moitié environ arrivera à réaliser le progrès maximum que ce manvantara a pour but d'effectuer. Ce progrès élèvera chacun de ces élus dans une position si supérieure aux conditions de notre humanité actuelle que, par leur savoir, leur puissance et leur aptitude à exécuter les desseins du Cosmos, ils nous sembleraient, à nous, presque des êtres divins. Ils possèderont la pleine et entière compréhension de tous les pouvoirs, les forces et les capacités divines dont cette chaîne de mondes a été l'expression. Cette chaîne entière leur offrira dans ses manifestations matérielles, comme dans ses aspects astral et spirituel, un champ d'activité très familier. Ils pourront fonctionner, en pleine conscience, sur les plans de la Nature communs à tous ces mondes. Tous les globes de la chaîne leur seront aussi facilement accessibles que le sont actuellement pour l'homme, les différentes chambres de la maison qu'il habite. L'évolution morale, marchant de pair avec le développement de leur connaissance et de leur pouvoir, les mettra en parfaite harmonie avec la conception divine dont ce manvantara a été l'expression. Ils seront devenus des auxiliaires conscients et intelligents de l'évolution et, en ce qui concerne leur progrès ultérieur, ils n'auront qu'à choisir, parmi les voies d'évolution nombreuses et variées qui s'ouvriront à eux, celles qui leur paraîtront les plus favorables à l'accomplissement de desseins supérieurs encore à ceux que comporte directement notre manvantara. Ils pourront, ou bien continuer leur collaboration à cette chaîne d'existence en guidant et dirigeant le cours du progrès dans les manvantaras qui se succèderont, ou bien passer dans d'autres régions où doit, en quelque sorte, se parfaire l'œuvre finale à laquelle se rattache notre chaîne d'évolution; et l'on peut ajouter que cette œuvre se relie également à des opérations plus importantes que nous réservent les ressources inépuisables de la Nature. Ceux qui, tout en faisant partie des trois cinquièmes supérieurs, n'auraient pas tout à fait atteint à la fin du manvantara, le maximum de perfection mis à leur portée, mais qui néanmoins se trouveraient presque en voie d'y arriver formeront l'avant-garde de l'humanité dans le prochain manvantara, mais pour cela il faut que leur réception y ait été préparée, pendant les trois premières rondes et demie, par les efforts répétés des moins avancés.

Il est inutile, au stade actuel de notre développement, de chercher à concevoir la nature des progrès qu'ils entreprendront. Mais en cherchant à comprendre, même imparfaitement, la constitution et les proportions colossales du système auquel nous appartenons, il ne faudrait pas nous imaginer que ces mondes existent dans le seul but de favoriser l'évolution de cette famille humaine qui seule jusqu'ici a réclamé notre attention. Le monde qui nous entoure, sert de théâtre à la vie physique incarnée en d'innombrables formes, destinées peut-être, dans l'avenir, à s'adapter les unes aux autres, mais qui, pour le présent, se trouvent à des niveaux bien différents. La chaîne entière des mondes, est aussi le théâtre de bien des évolutions qui durant ce manvantara, ne sont pas destinées à fusionner les unes avec les autres. Beaucoup de ces évolutions se poursuivent ainsi autour de nous, et l'étudiant théosophe ne doit pas s'attendre à recueillir beaucoup d'informations sur elles; quelques-unes d'entre elles, seulement, nous sont partiellement connues. Certains processus d'évolution, actuellement en activité, concernent entièrement la conscience élémentale qui, projetée par l'infini, n'a pas encore pénétré assez avant dans les possibilités de la manifestation pour prendre part aux leçons de la vie physique. A l'autre extrémité de l'échelle, au delà de nos conditions d'existence, nous savons aussi qu'il existe un important système d'évolution supérieure à celui de notre humanité ; la terre est dans une certaine mesure la base, ou plutôt une des bases, sur lesquelles il repose.

La grande évolution des « Dévas » a pour expression un champ de conscience si élevé, qu'il s'est, pour ainsi dire, affranchi des nécessités de la manifestation physique. Au point de vue comparatif, les évolutions élémentales primitives, dont nous venons de parler, peuvent être considérées comme appartenant à l'échelon inférieur d'une grande échelle cyclique ou série d'évolution ; le développement de l'humanité a encore largement besoin d'un point d'appui physique qui serait au point tournant de l'échelle ; l'évolution des Dévas serait à l'échelon supérieur. Car, autant qu'il nous est possible d'en juger, l'évolution des Dévas a pour champ d'activité l'ensemble des sept chaînes de notre système solaire. Notre chaîne planétaire joue, dans l'évolution des Dévas, le même rôle qu'un globe de cette chaîne dans l'évolution humaine. On essayerait en vain d'apprécier plus exactement la destinée finale réservée à cette évolution supérieure; mais nous avons jugé opportun d'en faire mention pour deux raisons : en premier lieu, l'importante évolution, dont il s'agit, fait partie des diverses alternatives offertes aux membres de la famille humaine qui atteindront durant ce manvantara les niveaux supérieurs de l'évolution. De ce sommet sublime nous pourrons, si nous le jugeons à propos, passer dans l'évolution des Dévas et en suivre les destinées. La deuxième raison est l'importance extrême de se rendre compte que l'humanité n'est en quelque sorte qu'une roue dans le merveilleux engrenage du Cosmos entier, et non *la raison d'être* de cette œuvre. Des conceptions trop élémentaires relatives à la position de l'humanité dans le Cosmos auraient pour effet de rendre l'homme à la fois trop humble et trop arrogant. L'enseignement classique ravale entièrement les hauteurs sublimes que peut atteindre l'être humain ; il méconnaît d'autre part, et d'une façon tout aussi absurde, les proportions colossales du Cosmos, en considérant les intérêts de l'humanité comme, à peu près, la seule préoccupation de la Divinité qui y préside.

Après cette esquisse très superficielle du système auquel nous appartenons, il convient de passer à l'examen des méthodes par lesquelles nous pouvons nous élever à ces sublimes sommets, en devançant l'époque qui nous est assignée dans l'ensemble du système ; nous allons étudier les phases de développement spirituel, les différents degrés du sentier qui conduit aux stades les plus élevés de l'Adeptat ; nous serons alors en meilleure position pour envisager, aussi exactement que possible, la stratification finale de la famille humaine à l'expiration de ce manvantara.

CHAPITRE XI

LES FRÈRES AINÉS DE L'HUMANITÉ

Nous n'aurions jamais été en position d'acquérir la connaissance que nous possédons aujourd'hui des grandes chaînes d'évolution de ce système planétaire, si quelques individualités de la famille humaine n'avaient pu devancer le cours normal de l'évolution, et acquérir prématurément les facultés spirituelles inhérentes à une évolution supérieure, facultés qui ne seront accessibles à la totalité de notre race que dans un avenir très éloigné. Nous allons chercher à mieux comprendre ce qu'il faut entendre par devancer l'évolution normale ; puis nous approfondirons en détail certaines considérations qui démontrent que ceux d'entre nous qui pourraient accomplir cette œuvre n'iraient en aucune façon à l'encontre du plan évolutif normal. Ils se proposent, au contraire, d'unir le plus tôt possible leurs efforts individuels, si faibles soient-ils au début, au travail si grandiose de la nature, d'accomplir pour ainsi dire, en ce qui nous concerne spécialement, les desseins de la Providence, et de contribuer à la réalisation du programme qui concerne la majorité de l'humanité; si cette façon d'agir est comprise sous son véritable jour, on remarquera qu'elle s'harmonise avec le but normal de l'évolution. Car l'enseignement, qui permet à ceux qui le professent d'accélérer le cours de leur évolution, est en somme accessible également à tous et bien que tout homme puisse toujours choisir soit d'entraîner ses forces pour aider l'évolution spirituelle de l'humanité entière, soit au contraire de les exercer pour l'entraver, il est mathématiquement certain que, dans l'ensemble des individualités humaines, quelques-unes d'entre elles comprendront le but élevé de leur destinée et rempliront rôle de précurseur, absolument nécessaire à la prospérité de l'œuvre de ce monde.

En revoyant le cours de l'histoire humaine depuis quelques mille siècles, nous remarquerons que, dès les temps les plus reculés, quelques rares personnalités surent prévoir ce qui les attendait et, se servant de la lumière intérieure vivifiée par leurs propres aspirations, travaillèrent à leur développement et en vinrent à occuper dans la nature un sommet d'où ils pouvaient contempler le cours ordinaire de l'évolution humaine, tel que nous l'avons décrit dans les chapitres précédents. Les facultés humaines ont de telles potentialités, qu'à certains stades de son développement, l'homme incarné acquiert une vision, une clairvoyance même qui pénètre tous les plans de la nature où s'accomplit l'évolution normale déjà décrite; elles s'étendent même bien au delà, jusqu'à des degrés supérieurs de conscience spirituelle. D'un regard jeté en arrière cet homme peut alors observer l'œuvre accomplie jusqu'ici; la destinée et le but final du progrès humain ne lui sont pas moins clairement visibles. Rien de ce qui concerne le passé historique de cette terre, sans compter celui des autres globes reliés à notre chaîne planétaire, ne peut échapper à la vision d'une âme qui, dans son corps ou hors de son corps, peut fonctionner sur le plan dévakhanique, sans parler même des royaumes, plus sublimes encore, auxquels nous avons fait allusion. Il existe des méthodes qui permettent à l'homme incarné d'activer son évolution spirituelle jusqu'à obtenir la vision de ces plans; et comme nous avons, peu à peu, préparé le terrain pour rendre de nouvelles explications intelligibles, il nous sera possible d'exposer, avec une exactitude suffisante, le moyen d'atteindre à de telles hauteurs et de montrer quelques-unes des responsabilités encourues par l'acquisition de ce développement anormal. Notre sujet n'aurait pu être compris s'il n'avait été précédé d'un examen raisonné de l'ensemble du système évolutif auquel nous appartenons. Cela nous permet, à la fois, de comprendre la grandeur de l'œuvre accomplie jusqu'à ce jour, et la grandeur égale de celle qui nous est réservée. Nous ne pourrons apprécier correctement la nature de l'évolution spirituelle prématurée, ni comprendre la place qu'occupent dans la nature les représentants les plus avancés de notre humanité, si nous perdons de vue l'ensemble de la chaîne manvantarique.

Il existe aujourd'hui encore des êtres, vivant sur terre, appartenant réellement à notre famille humaine, et qui ont déjà atteint ce summum d'élévation que j'ai décrit comme le couronnement de notre évolution. S'il fallait compter, en supposant que cela fût possible, le nombre d'existences à traverser dans l'évolution normale, de l'époque actuelle à l'expiration de la septième ronde — chacune de ces vies séparées des autres par de longues périodes de repos spirituel et quelquefois par des expériences malheureusement très peu reposantes — nous arriverions à des chiffres à peine concevables en imagination. Quoique le point tournant du manvantara ne soit franchi que depuis un nombre d'années relativement faible, nous trouvons quelques uns des ascensionnistes les plus déterminés occupant déjà les sublimes sommets de notre système. Ceux qui peuvent réellement apprécier la grandeur de la tâche accomplie s'étonneront toujours qu'il soit possible d'atteindre ces hauteurs dans une brève série d'existences, même si ce noble but est poursuivi, dans chacune d'elles, avec une ardeur incessante. Quelquefois les personnes, qui entendent parler des capacités et des pouvoirs anormaux possédés par ceux qui ont devancé leurs compagnons, sont portées à croire, dans leur ignorance de ce que signifie cet avancement, qu'un effort sérieux, exercé dans cette direction, suffirait à réaliser leurs espérances, et qu'elles pourraient prendre leurs degrés dans la science occulte avec aussi peu de difficulté qu'elles en éprouveraient à le faire dans une école universitaire. Tout homme qui, par la pensée, aura compris la véritable signification de la haute initiation et la véritable place occupée dans la nature par ceux que nous appelons les grands Adeptes, appréciera l'absurdité de cette supposition. L'interval évolutif, qui sépare ces Adeptes de l'humanité ordinaire, peut être évalué à toute la deuxième partie de notre manvantara. Le processus d'initiation, conduisant à l'Adeptat supérieur, est en réalité un abrégé de cette deuxième moitié de manvantara : il permet d'acquérir en une courte série de trois, quatre ou six existences la connaissance, les facultés et la grandeur morale pour lesquelles la Nature nous a accordé, dans l'avenir, un laps de temps incommensurable. Nous examinerons plus minutieusement dans la suite quels sont les efforts nécessaires pour accomplir les premiers pas dans cette voie, mais il faut concevoir une idée générale de l'ensemble avant de pouvoir fructueusement en examiner les détails ; et l'idée principale que j'ai voulu faire ressortir dans mon exposé est celle-ci : Le point culminant de l'évolution comporte une corrélation intime entre le développement complet de l'individu et l'état de conscience qui lui donne, sur ces plans élevés, la mesure entière de la volonté dont l'Univers est la manifestation.

Il faut avouer cependant que des possibilités d'évolution accélérée existent pour certains hommes dont les aspirations spirituelles sont limitées et qui entrent dans la voie du développement dans un but purement égoïste. Ces hommes espèrent, par là, acquérir un surcroît de puissance, et dans les grandes potentialités qui s'éveillent en eux ils entrevoient un moyen d'arracher à la Divinité quelques-uns de ses trésors, pour les faire servir ensuite au seul triomphe de leur vanité personnelle, et cela pendant une période donnée, seule éternité dont ils aient souci (1). Celui qui entre dans le sentier du développement occulte inspiré par de tels motifs court très probablement au-devant d'un échec terrible ; il sera rejeté violemment dans la voie

---

(1) « Ils ont accentué leur personnalité (5e principe) en lui sacrifiant leur spiritualité qui est le 6e principe, l'étincelle divine en nous. Or, quand la personnalité s'évanouit, conséquence nécessaire lorsque, dans le cours des temps, toute la nature se spiritualisera, ils perdront tout et revenant en arrière auront à regravir l'échelle à partir du 1er échelon. C'est là la damnation éternelle des méchants, l'annihilation dont il est souvent parlé dans les traités occultes. Cela ne signifie pas un retour au néant absolu, mais une perte de tous les souvenirs qui s'amassent autour d'une individualité depuis le début de sa course cyclique. »
Traduit de *Man : Fragments of forgotten history*, page 86.

normale où il endurera de longues et horribles souffrances. Si pourtant, au prix de dangers indescriptibles, ce représentant de l'avancement égoïste réussissait (en supposant la réussite possible), ce succès serait déterminé, dès le début, par un état d'âme incompatible avec le bonheur. Au surplus, un développement spirituel aussi pernicieux ne pourrait certainement pas dépasser les limites de la période d'activité de notre planète. Ceux, au contraire, qui choisissent le sentier du service, le service de l'Idéal Divin, peuvent déjà atteindre, en ce manvantara actuel, le point culminant de l'évolution ; et ce point, loin d'être pour eux le but final, les conduira vers des béatitudes spirituelles que la pensée humaine, à son stade actuel, est hors d'état d'approfondir.

Ces altitudes leur ouvrent un horizon toujours infini, et ils peuvent nous communiquer quelques-unes de leurs impressions. C'est ainsi que, sans arriver à la conception de quelques états de conscience qui dépassent ceux de notre système, nous pouvons cependant pressentir, avec quelque certitude, la possibilité, pour l'humanité perfectionnée, d'un développement ultérieur, et de certaines conditions d'existence où l'individualité humaine s'unira aux hiérarchies gouvernant le Cosmos. Mais quittons, pour l'instant, ces considérations, et celles des grandes énergies spirituelles employées au mal, et passons aux occasions qui nous sont offertes d'accélérer légitimement notre évolution en suivant le sentier de l'Adeptat. Ce sentier, ne l'oublions pas, a pour objet d'abréger les spirales interminables de la grande voie que l'humanité devra parcourir pendant la deuxième moitié du manvantara (1).

(1) Spirales interminables si magistralement et si poétique-

L'accès de ce sentier n'est devenu possible qu'après la fin de la première moitié ; car le manvantara entier comporte un double processus — l'involution de l'esprit dans la matière, puis son évolution hors de la matière. Pendant la première moitié du manvantara s'effectue la descente dans la manifestation, et pendant la seconde, l'ascension hors de cette manifestation. Nous nous perdrions dans des hypothèses métaphysiques sans nombres en cherchant à comprendre quel profit l'esprit peut retirer de sa manifestation matérielle. Cet esprit étant la potentialité de toutes choses, y compris la manifestation physique, comment pourrait-il s'accroître, puisqu'il contient déjà tout en lui-même ? Ce problème deviendra peut-être plus intelligible lorsque nous aurons acquis une connaissance approfondie du système solaire ; les mystères du grand tout dont ce système solaire n'est qu'une très faible partie rentreront, peut-être alors, dans le champ de nos capacités mentales. Mais, pour le présent, toutes les hypothèses ne démontreraient que notre incompétence à expliquer les mystères qui nous touchent de plus près. La théorie de notre système planétaire, cependant, est intelligible. Les énergies spirituelles involuent dans la matière, puis elles en évoluent ; et cette évolution, qu'elle soit rapide ou lente, ne peut commencer avant l'expiration du processus d'involution. On ne saurait donc en entreprendre l'accélération qu'après avoir dépassé le point tournant du manvantara, puisque l'évolution, elle-même, ne commence qu'à ce point.

Pendant le manvantara précédent, les entités déjà

---

ment exposées dans l'introduction de *Vers le Temple* de Mme A. Besant.   N. D. T.

différenciées de la famille humaine se trouvaient, selon leur développement, plus ou moins capables de comprendre le vrai but de l'existence.

Aussi avons-nous vu que celles d'entre elles, qui profitèrent le mieux de leurs expériences, ne firent leur apparition sur notre chaîne que vers le milieu de la période mondiale. Elles s'incarnèrent alors pour devenir les frères aînés de notre race. Beaucoup d'entre ceux-ci remplirent avec zèle, dans ce manvantara, les obligations de leur existence ; ils formèrent ainsi l'avant-garde de notre humanité et profitèrent avec avantage de l'enseignement de ces êtres plus avancés encore, qui, issus d'une autre évolution, furent les premiers guides de notre famille humaine. Ainsi préparés, ils entrèrent dans le sentier qui s'ouvrait alors à l'humanité et qui les conduisit rapidement aux niveaux les plus élevés de la conscience et du pouvoir. La rapidité extraordinaire de leur progrès n'a rien qui puisse blesser le raisonnement, surtout si l'on réfléchit à la simplicité du principe qui sert de base au développement occulte.

L'unité de la conscience spirituelle est la première idée à saisir ; puis le sentiment illusoire de la différenciation qui en est la déduction logique. La première de ces idées éveille en nous un grand désir de réaliser cette unité de conscience, et par conséquent de nous identifier à l'Idée divine exprimée par le système auquel nous appartenons. La deuxième pensée, lorsqu'on s'en pénètre bien, détruit entièrement l'égoïsme. Ce vice caractéristique déraciné, la nature humaine n'offre plus aucune prise au mal, et commence alors à développer ses potentialités pour le bien infini, potentialités qui comprennent le savoir illimité. L'obstacle qui arrête la plupart d'entre nous, c'est que nous ne pouvons réaliser l'unité de la conscience spirituelle ; nous n'arrivons qu'à dissiper l'idée contraire, c'est-à-dire un égoïsme affaibli. Mais lorsqu'un homme est absolument pénétré de ces deux idées, il n'attache plus à ses sensations personnelles une importance plus grande qu'à celles de tout autre individu, car il comprend qu'elles ne sont toutes deux que des manifestations individualisées du même esprit agissant en lui ; et, après deux ou trois existences employées à dissiper les forces du mal engendrées par ses vies passées, il s'élèvera au niveau des Adeptes, bien rapidement comparativement à la durée d'un manvantara. Si, d'ailleurs, sa conscience est bien pénétrée de notre idée fondamentale, cet homme n'aspirera pas à s'élever au rang d'Adepte avant d'avoir accompli ce travail préliminaire.

La civilisation de l'Atlantide, tout avancée qu'elle fût sous bien des rapports, présente dans le milieu de son histoire une période marquée de décadence et d'avilissement. Pourtant, au sein même de ces troubles, quelques individus formant l'élite de la race Atlante profitèrent de l'enseignement d'instructeurs plus avancés encore, et commencèrent à donner à leur race des Adeptes de son « propre sang ». Quelque peu de science occulte suffirait cependant à nous faire sentir l'étrangeté de ce terme ; car l'organisme physique, qui d'après notre langage semblerait constituer à lui seul la race, n'a en réalité qu'une part bien restreinte dans l'évolution humaine. Aussi, dès la période moyenne de la race Atlante, les Adeptes n'ont jamais manqué à l'humanité ; il faut se souvenir que la mort n'a aucune action sur leurs conditions d'existence. Ils peuvent transférer leur activité sur les plans supérieurs de la Nature ; mais ceux-ci ne font-ils pas partie intégrante de notre monde au même titre que la manifestation physique. D'autre part, la réincarnation, lorsqu'elle est volontairement consentie par l'Adepte, bien qu'elle ne lui soit plus nécessaire, ne modifie en rien sa condition d'Adepte, et quant aux frères aînés qui, les premiers, s'élevèrent à cette condition, soit qu'ils aient accompli leur mission dans leur corps ou hors de leur corps, avec ou sans cet accessoire, ils n'entreprirent assurément aucune fonction nouvelle avant d'avoir été suppléés par d'autres Adeptes, sortis des rangs de l'humanité et prêts à présider à leur tour aux destinées des humains. Ce furent eux, ou leurs successeurs qui dirigèrent les grandes « Loges » occultes d'Initiation, à une époque bien antérieure aux plus anciens documents de l'histoire. L'existence de ces Loges, et les moyens d'en obtenir l'accès (pour les hommes résolus à subir l'entraînement nécessaire et animés des dispositions convenables), étaient mieux connus dans les temps anciens que dans ces derniers siècles.

Les frères aînés ne pouvaient compter sur de nombreux renforts pendant la prédominance de la race Atlante. Cette race était d'abord foncièrement égoïste; on pourrait même alléguer que cet égoïsme était nécessité par ses fonctions dans l'évolution, et que ces Atlantes ne furent pas plus coupables que ne l'eût été une troupe d'animaux placés dans les mêmes circonstances.

Parfaitement individualisés, mais c'était tout, ils eurent pour mission de conduire la multitude des humains jusqu'à la cinquième race, en développant suffisamment leur intelligence pour les mettre à même de comprendre la première leçon de l'arc ascendant du grand cycle, celle de l'union fraternelle. Les Atlantes étaient supérieurement organisés sous le rapport intellectuel, mais dépourvus de tout ce qui ressortait de l'intuition spirituelle. Les connaissances très-étendues qu'ils possédaient ont été perdues par les jeunes générations de la cinquième race, par nous-mêmes et nos ascendants immédiats.

Dépassant les limitations de nos sens physiques, ils avaient pénétré bien des mystères du plan Astral *et obtenu des* résultats encore insoupçonnés par la science actuelle. N'oublions pas que ces renseignements, puisés aux sources de la science occulte, concernent la race atlante à son apogée.

L'humanité est entrée dans son cinquième cycle douée de toutes les *capacités* intellectuelles nécessaires pour retrouver la science oubliée des Atlantas, et elle y parviendra certainement avec le temps. La réincarnation d'une race se comprend, par analogie, comme la réincarnation individuelle. La nouvelle personnalité arrivée à l'âge adulte entre en possession de toutes les potentialités engendrées par son Ego permanent durant la vie précédente ; et la race nouvelle hérite également, dans la même proportion, des facultés de celle qui la précéda. Les Atlantes furent des sommités intellectuelles ; nous ne leur sommes certainement pas très inférieurs, et la possibilité de les égaler nous sera donnée en temps voulu.

Quelque chose de plus encore nous sera accordé, si nous en avons le désir : l'éveil des facultés nécessaires pour comprendre les potentialités spirituelles de notre nature intime. La courbe descendante du grand cycle doit être envisagée comme une courbe d'élaboration ; la courbe ascendante, au contraire, favorise l'épanouissement, dans la ronde actuelle ; elle commence au point nadir de la quatrième race.

Selon la conception ésotérique, tout cycle évolutif

implique en quelque sorte un retour vers la condition primitive qui lui donna naissance. Il ne s'agit pas ici d'un simple retour vers le *statu quo ante*, sans l'acquisition d'aucun résultat.

Ce retour doit toujours produire un résultat, et ce résultat consiste ici dans l'individualisation de la conscience alliée à la spiritualité ; c'est la seule distinction qui différencie l'existence spirituelle d'où la race humaine émergea à l'origine, de l'existence spirituelle vers laquelle elle retournera finalement.

Tout écrivain qui s'occupe de ces mystères transcendants doit vivement sentir son impuissance à les concevoir et à les décrire dans un langage courant. Aussi renoncerait-on volontiers à cette prétention ; mais pour comprendre l'évolution spirituelle entreprise actuellement par l'humanité, il est indispensable d'enseigner ces conceptions finales, bien que notre esprit n'en puisse obtenir qu'une idée vague et inexacte. Il paraît certain qu'en pénétrant et dépassant même les profondeurs infinies de ces états spirituels, triomphe final de l'humanité perfectionnée, l'homme ne perdra jamais la conscience individuelle, ce trésor inestimable que la Nature mit tant de soins à élaborer.

On accuse souvent à tort la doctrine ésotérique orientale de concevoir la félicité suprême comme une annihilation extatique d'un genre spécial, constituant l'unique récompense des luttes et des souffrances endurées, ici-bas, pendant d'innombrables incarnations. Cette croyance décourageante repose en grande partie sur des analogies erronées, dont la plus gracieuse — celle de la goutte d'eau se noyant dans l'immensité des mers — est cependant fausse sous bien des rapports.

Aucune figure de rhétorique ne peut certainement rendre les subtilités profondes de la pensée qui cherche à comprendre l'incompréhensible et à dépeindre des états de conscience incompatibles avec les limitations du cerveau humain; mais la comparaison serait peut-être plus juste si l'on disait que la goutte d'eau, en atteignant l'état nirvanique, reçoit en son sein l'immensité de la mer; cette analogie peut n'être pas très claire, mais elle ne contient aucune idée fausse.

Je renonce à la tâche ardue de définir cet état spirituel que la philosophie orientale nomme Nirvana; je me bornerai à en présenter une conception moins imparfaite et moins bizarre que celle qui est généralement adoptée comme je l'ai fait pour la goutte d'eau, je comparerai cet état plutôt à l'absorption de la conscience universelle par l'individualité, qu'à l'absorption de l'individualité par la conscience universelle.

Quoi qu'il en soit, nous pouvons en conclure que le but de la Nature, en développant l'humanité, fut de créer des centres individualisés sur les plans spirituels qui, à l'origine du monde, projetèrent l'impulsion créatrice.

Est-il permis d'employer ce terme « origine » en parlant d'une Nature qui n'a ni commencement ni fin?

Il est impossible, en effet, d'assigner un commencement ou de prédire une fin à l'ensemble de la création, et l'une des plus graves erreurs, engendrées par les vues étroites de la théorie exotérique, est d'identifier, un peu trop légèrement, la famille humaine aux grandes éternités de l'espace et du temps. La science ésotérique, qui raisonne logiquement, considère l'humanité, son origine et ses destinées (quelle qu'en soit la durée) comme un épisode transitoire dans ces éternités.

Cet épisode doit prendre fin lorsque le pouvoir créateur, dont la mystérieuse activité développe le système planétaire, revient sur lui-même, transformé en centres individualisés. Quelle est la nature de ces individualités ? Selon notre hypothèse, elles participent de la nature humaine, puisqu'elles sont individualisées, et de la nature divine, puisqu'elles sont, une fois de plus, identifiées au pouvoir créateur de l'Esprit. Ce ne sont plus des hommes, mais des dieux. On ne peut dire qu'ils sont Dieu, ce mot ne pouvant désigner que l'Esprit Omnipotent Universel (autant que notre langage en peut exprimer l'idée) ; mais ils sont les agents de la divinité dispensant ses pouvoirs et exécutant ses décrets. La donnée ésotérique considère ces êtres perfectionnés, à la fois comme le résultat final du progrès humain et comme le pouvoir dirigeant d'une évolution future qui, dans l'ordre naturel, suivra celle où ils prirent eux-mêmes naissance.

« La légion des Dhyan-Choans », tel est le titre donné par la philosophie orientale à ce magnifique épanouissement de la race humaine.

Au stade actuel de l'évolution, il nous est possible à tous, hommes et femmes, de développer suffisamment notre individualité naissante pour atteindre à cette condition. Mais la hiérarchie spirituelle qui s'élève à cet état divin comprend bien des degrés intermédiaires ; et longtemps avant d'atteindre ces hauteurs, l'Ego qui évolue et cherche à se détacher des jouissances matérielles commencera à exercer dans la Nature certains pouvoirs, à y assumer certaines responsabilités qui l'associeront en quelque façon à l'idée divine.

Rappelons-nous aussi que, dans leur intelligence physique, la plupart des hommes ne sont conscients que du plan matériel où ils se manifestent. La conscience spirituelle qui les dirige s'exprime sans cesse dans le « Soi Supérieur; » mais l'attraction pour ce qui est matière, pour la vie matérielle, pour ses affections et ses jouissances s'oppose à ces aspirations latentes. Tant que dominera l'attraction matérielle, l'Ego, après la période dévakhanique qui suit la mort, sera encore entraîné vers la manifestation matérielle (1) par le karma de sa vie passée. Si, au contraire, la spiritualité s'affirme pendant la vie, de meilleures opportunités de développement s'offriront à la conscience spirituelle dans l'incarnation suivante ; et si elle sait en profiter, une sorte de contact s'établira rapidement avec les réalités sublimes des plans supérieurs. L'homme incarné sentira alors s'éveiller en lui de nouveaux sens, de nouveaux pouvoirs de perception, et ces facultés psychiques, dont la lumière indécise égare ceux qui les ont mal acquises, deviennent, lorsqu'elles sont bien dirigées, les voies de la véritable connaissance. Pour le vrai néophyte, ce sont les premiers liens d'union consciente avec le monde des Adeptes, avec ces frères aînés qui ont actuellement dépassé de beaucoup les conditions normales que la Nature assigne à l'humanité.

Guidé par leur lumière, le néophyte peut s'avancer sur le sentier qui conduit aux états d'existence supérieurs. Son initiation a commencé ; l'ardent désir du progrès spirituel grandit en lui et domine la force des désirs grossiers qui l'enchaînaient à la vie matérielle ; les attractions qui le poussaient à une incarnation normale ont cessé de l'asservir. Peut-être se feront-elles

---

(1) C'est-à-dire dans une nouvelle incarnation physique.
N. D. T.

sentir pendant quelques existences encore, après qu'il aura entrepris l'œuvre de son développement, peut-être aussi sera-t-il retardé par un obstacle imprévu. Mais s'il se montre résolu et persévérant, ses tendances spirituelles triompheront enfin. Il ne s'incarnera plus que volontairement, et pour mieux accomplir encore l'œuvre à laquelle il s'est voué, c'est-à-dire le développement spirituel de toute la race humaine. Lorsqu'il a atteint ce niveau, le néophyte coopère déjà à l'œuvre de la Providence, il est devenu l'instrument conscient de la volonté divine.

Je m'en tiens à cet exposé superficiel, me réservant de décrire plus tard les différents stades de l'initiation. J'ajouterai seulement une remarque. Celui qui pressent, même vaguement, les conditions d'existence de l'homme tout à fait spiritualisé, ne cherchera pas ailleurs le mobile de ses efforts à entrer dans la bonne voie. Considérons d'abord les motifs les plus nobles dont l'homme puisse s'inspirer; nous examinerons ensuite ceux qui, tout élevés qu'ils soient, se rattachent à l'intérêt personnel.

Il n'est pas douteux qu'un homme, dont la conscience spirituelle est bien développée, devienne, avec le temps, un collaborateur de la divine Nature, en tant que son désir d'acquérir des pouvoirs soit entièrement subordonné au soulagement de ses semblables et que ce sentiment altruiste soit positivement le seul mobile de ses efforts. Il se peut aussi que bien des personnes pressentant déjà, plus ou moins parfaitement, cette grande vérité, affirment que leur propre activité n'a pas d'autres motifs. Sans incriminer la confiance prématurée que leur inspire cette pureté d'intention, nous observerons que les hommes, appartenant encore au plan de l'incarnation, ne peuvent tous invoquer d'aussi nobles sentiments ; ils peuvent donc avouer sans crainte que l'abnégation, le courage physique indispensables au développement de la nature spirituelle, proviennent chez eux d'un vif désir d'entrer en relation plus intime avec les êtres glorieux qui, ayant brisé les liens de la chair, se sont élevés jusqu'aux régions supérieures. Ce n'est pas un sentiment de bas égoïsme qui leur fait considérer l'exaltation spirituelle comme digne, en soi, des plus nobles aspirations — surtout lorsqu'on lui compare l'existence matérielle.

L'homme pourra d'ailleurs, au cours de son pèlerinage, s'inspirer tour à tour de ces différents motifs ; mais ce serait une erreur d'augmenter inutilement les difficultés inhérentes aux premiers stades du développement occulte, et ceux qui veulent y entrer rendront courage à la pensée que, dès les premiers pas, ils trouveront dans cette voie une récompense digne de leurs efforts.

Ces considérations nous démontrent que la voie de l'initiation ou du développement occulte est une entreprise digne de tenter les plus nobles représentants de l'humanité ; aucune œuvre philanthropique ne saurait lui être comparée. On conçoit, en effet, que plus l'association de ceux qui atteignent l'adeptat grandit en nombre ou en puissance, plus s'accentue l'influence qu'ils exercent sur l'humanité entière ; ils activent son évolution spirituelle et l'affranchissent ainsi des terribles rétributions karmiques, causes de ses misères et de ses souffrances physiques, tandis que la simple philanthropie, impuissante à s'élever au delà du plan terrestre, est limitée dans le choix de sa sphère d'activité. Afin d'éviter ici tout malentendu, laissez-moi vous dire que la voie du développement occulte n'est pas une carrière qui puisse être choisie de préférence ou en remplacement d'autres œuvres de bienfaisance.

Lorsque des hommes de bien, mus par un noble sentiment de fraternité, entreprennent une œuvre quelconque de philanthropie, cette œuvre ne peut nuire en aucune façon à leur développement intérieur ; elle peut, au contraire, le servir si ces hommes joignent à leurs sentiments altruistes le désir de la connaissance spirituelle et s'ils font pour l'acquérir les efforts compatibles avec les devoirs et les responsabilités de leur vie. Ceux qui n'ont glané que quelques idées imparfaites dans la littérature orientale et dans les contes de la Yoga, commettent facilement l'erreur de s'imaginer que l'accès du sentier de l'Initiation conduit l'occultiste à se priver de tout commerce avec ses semblables, à s'absorber dans un égoïsme spirituel et à rechercher la béatitude spirituelle par la méditation solitaire et d'austères pratiques.

L'entraînement occulte exige indubitablement l'abnégation, c'est-à-dire l'absence de toute indulgence envers soi-même ; il faut aussi consacrer un certain temps, sans nuire pour cela aux devoirs altruistes, au développement intérieur de la conscience spirituelle ; il est d'ailleurs peu de carrières d'activité philanthropique où l'on ne puisse en trouver le loisir. Je dirai plus : le philanthrope actif se trouve, par cela même, dans des conditions d'avancement spirituel plus favorables que l'homme uniquement préoccupé de son développement personnel, bien que l'inactivité relative de ce dernier ne soit nullement blâmable.

Consacrons un instant à l'examen de quelques-unes des critiques les plus habituelles visant la condition des Adeptes et leur genre d'activité ; car la littérature théosophique moderne y a fait allusion dans ses publications. On a prétendu qu'en menant cette vie recluse (du moins en ce qui concerne leur existence sur le plan physique) ils négligeaient en égoïstes les terribles souffrances de l'humanité qu'ils pourraient si souvent soulager, s'ils quittaient leurs sommets élevés pour se mêler à la race humaine. Avoir le pouvoir d'agir sur la matière, de combattre la maladie et ne pas s'en servir aussitôt pour supprimer la misère et la douleur, semble indiquer, à la vue bornée de quelques-uns de nos moralistes, un manque de sympathie pour la souffrance et une négligence égoïste des occasions qui permettraient de la soulager.

Cette critique dénote une ignorance assez concevable des lois de la Nature et du but de l'univers — elle provient aussi de ce qu'on oublie totalement qu'en dépit des apparences, l'évolution de ce monde est peut-être régie par de justes lois et peut avoir en vue des intérêts bien plus importants que l'allégement des épreuves pénibles que la plupart des hommes se sont attirés eux-mêmes au cours de leurs vies antérieures.

Que l'on ne se méprenne pas au sens de mes paroles. La vue de la souffrance humaine, si légitimée qu'elle soit par les actes antérieurs de l'être qui la subit, éveillera toujours la plus vive et la plus tendre sympathie au cœur des vrais Maîtres de Sagesse. Mais, pour eux, cette sympathie ne peut être qu'associée à une faculté très étendue de clairvoyance qui leur permet d'apercevoir dans le passé les causes génératrices de cette souffrance, et d'escompter les résultats heureux que l'être éprouvé pourra retirer, dans l'avenir, de leur épuisement.

Pour nous, qui ne voyons que la souffrance, notre seul devoir est évidemment de la soulager dans la limite très restreinte des pouvoirs que nous possédons.

Si nous y réussissons, nous ne déjouons pas, pour cela, les desseins de la Nature ; nous y jouons plutôt, selon toute probabilité, un rôle partiellement inconscient, et le karma de l'infortuné que nous secourons peut être, dans une certaine mesure, considéré comme accompli, lorsque la force du destin nous met en rapport avec lui.

L'Adepte, au contraire, qui se trouve déjà en relation consciente avec les desseins de la Nature et n'est plus aveuglément soumis à cette pression du destin, se trouve dans une situation bien différente. Il n'est plus l'instrument obligé du karma. La grande loi, en effet, ne choisit pour instrument que des hommes appartenant au même plan d'existence que l'être infortune dont il s'agit. Si l'Adepte intervient, armé d'une connaissance ou d'un pouvoir semblable à celui dans lequel le résultat karmique tire son origine, il bouleversera naturellement l'ordre établi des choses. Un pareil obstacle apporté au cours des événements ne ferait très probablement qu'ajourner la souffrance qu'il semble vouloir apaiser, car la loi de karma exigera plus tard pleine et entière justice ; elle s'accomplira, peut-être, dans une autre vie qui, autrement, eût été libérée de l'ancienne dette si on avait laissé les événements suivre leur libre cours.

Les philanthropes, d'intelligence moyenne, s'efforcent, assez justement, de remédier aux douleurs humaines, mais leurs efforts n'ont, en somme, que peu d'efficacité, car pour combattre le mal il faut s'attaquer à ses sources profondes, autrement dit à ses causes fondamentales. Le philanthrope moderne attribue les causes de la misère et de la souffrance au mépris des lois économiques, et cherche à y remédier en enseignant la pratique de l'économie, de la tempérance et du travail.

c'est-à-dire de vertus dictées par un égoïsme éclairé. D'autre part l'Adepte, qui possède une conception plus haute des lois du karma, sait que la pratique des vertus économiques est insuffisante à affranchir la société des souffrances qui l'affligent ; car les épreuves atteindront toujours, sous une forme ou une autre, les êtres réincarnés qui n'auront encore vécu que dans un but simplement égoïste.

On ne peut échapper à la rétribution karmique des péchés commis envers l'humanité, tels que la cruauté envers ses semblables ou la dureté de cœur vis-à-vis de l'infortune. Les plus adroites combinaisons imaginées en vue de détruire la misère et de prévenir le crime ne réussiront pas à en garantir les générations futures avant que les hommes aient appris que, créant actuellement les conditions de leur réincarnation future, ils doivent conformer leur vie à cette loi inévitable, et travailler à l'épuisement des forces qui génèrent la misère et la souffrance, afin qu'à l'avenir celles-ci n'interviennent plus comme nécessités karmiques dans l'évolution universelle.

En conséquence, l'intérêt de l'Adepte est, avant tout, de se dévouer au développement de la connaissance et des aspirations spirituelles, car elles détourneront les hommes d'un attachement trop exclusif aux conditions matérielles de l'existence ; ils seront alors moins disposés à sacrifier sur les autels de l'intérêt personnel les inspirations humanitaires d'ordre plus élevé.

Je n'entends certainement pas expliquer ou justifier la ligne de conduite que la Fraternité des Adeptes s'est imposée envers l'humanité non-initiée. Je désire simplement prouver qu'avec notre connaissance, même limitée, des fonctions qu'ils exercent dans la nature, nous pouvons facilement réfuter une critique manifestement inqualifiée et inspirée par la plus complète ignorance du sujet en question. Les Adeptes ont à s'occuper, presque exclusivement, des intérêts spirituels de l'humanité; et, en ne considérant que ceux-ci, il est évident qu'à certaines époques de l'histoire leur influence peut être plus ou moins restreinte. Les destinées humaines procèdent par longues séries de cycles enchaînés les uns aux autres, et chacun de ces cycles a ses périodes de tendance spirituelle et de tendance matérielle.

Parfois les conceptions exotériques des religions humaines favorisent l'expansion de la vraie connaissance ; d'autres fois elles l'entravent. Ceux qui, devançant leurs contemporains, ont acquis le pouvoir et la béatitude du Royaume Divin, ne peuvent souvent faire davantage que protéger le petit nombre d'êtres qui, malgré les efforts et les dangers qui s'y rencontrent, les suivent péniblement sur le sentier du progrès.

En d'autres temps ils peuvent chercher à réformer les religions adoptées pour les mettre plus en harmonie avec les lois naturelles qui, de toute éternité, gouvernent l'évolution spirituelle. Mais, tout en agissant plus ou moins selon les temps, il est une œuvre toujours en leur pouvoir et à laquelle ils n'ont jamais failli, c'est celle d'entretenir le feu sacré, expression symbolique bien suggestive. Par leurs soins, il y aura toujours, sur terre, une communauté d'Adeptes prêts à instruire et à guider le nombre croissant de ceux qui, profitant de conditions cycliques plus favorables, se prépareront au sentier du développement intérieur et deviendront ainsi les collaborateurs de la Nature dans ses desseins les plus sublimes ; il ne faut pas perdre de vue que tous les stades préliminaires de l'évolution leur sont subordonnés.

Quant aux Êtres qui, depuis longtemps, ont atteint l'élévation du Royaume Divin, peut-être seront-ils appelés à d'autres conditions mystérieuses de repos et de béatitude ; sans en savoir beaucoup à ce sujet, nous pouvons raisonnablement supposer qu'ils y pénètreront l'un après l'autre, non sans avoir accompli la grande tâche qu'ils avaient entreprise et trouvé des successeurs, vainqueurs à leur tour dans la grande lutte et prêts à les remplacer.

Ce qui précède nous démontre que la Fraternité des Adeptes n'est pas seulement une organisation d'hommes extrêmement évolués et spiritualisés, mais encore une fraternité d'un caractère si élevé qu'elle se rattache à la grande Hiérarchie d'êtres supérieurs qui dirigent l'évolution spirituelle du monde. Quelques-uns d'entre ceux qui atteignent l'adeptat entrent à leur tour dans cette Hiérarchie, et l'on peut dire alors qu'ils guident et dirigent les manifestations multiples de la Volonté cachée qui les inspire. Cette idée, lorsqu'on la comprend bien, n'infirme en rien la conception religieuse, un peu vague, qui attribue la création du monde à Dieu ; pas plus que ce fait, que l'homme, spécialisant l'électricité et l'employant à des besoins déterminés, n'en infirme cette profonde vérité que l'électricité elle-même est une force puissante et toujours présente dans la nature. Il est absolument vrai que la Volonté Divine agit en se servant de puissances intermédiaires entre l'homme et Dieu ; c'est une interprétation scientifique des œuvres de la Nature et non le résultat de quelque croyance vague propre aux esprits peu cultivés qui n'ont jamais cherché à préciser leurs croyances.

L'idée d'un Être dirigeant consciemment l'évolution de l'humanité, dès son apparition dans notre Grande Période d'activité planétaire, est, je le répète, parfaitement raisonnable et s'harmonise avec les plus hautes conceptions religieuses. C'est d'ailleurs moins une idée qu'un fait réel constaté par ceux-là mêmes qui servent d'intermédiaires entre cet Être et le reste de l'humanité.

Par ces agents, quelques connaissances bien définies ont pénétré jusqu'à ceux d'entre nous qui, cherchant à s'élever, reçoivent déjà l'instruction des Adeptes. Il est certainement impossible à l'esprit incarné, prisonnier de son corps charnel et doué d'une conscience très limitée destinée à fonctionner sur le plan matériel, de concevoir une idée exacte des attributions de cet Être Suprême ; la connaissance de son existence est déjà un premier pas vers la compréhension de la hiérarchie spirituelle entière.

Quelques personnes supposent qu'un obstacle infranchissable sépare l'homme de Dieu ; ils considèrent l'humanité comme un composé d'unités individuelles et éternelles, qui, en regard de la Divinité, sont dans une limitation, un asservissement absolus, tels qu'un jouet entre les mains d'un enfant. Cette conception est vraiment humiliante pour l'être humain, et fait mépris de toutes les lois de la Nature ; car si elle était conforme aux faits, ces lois n'auraient aucun but, aucune raison d'être. Admettons, au contraire en principe, que l'homme, après avoir franchi le mystère de la mort, soit appelé à des destinées plus hautes, et élevé à une connaissance, une sagesse et une puissance vraiment divines, qui le feront ensuite participer — s'il s'en montre digne — à la direction spirituelle de toute sa race ; nous arrivons alors à une conception véritablement sublime du système de l'évolution humaine.

Cet ordre d'idées, plus encore que la doctrine de la réincarnation, nous montrera la triste erreur commise par quelques personnes lorsqu'elles considèrent la brièveté de chacune de nos vies terrestres, erreur causée par leur soumission voulue, ou inconsciente peut-être, aux dogmes d'une théologie étroite et bornée. Les vrais savants, admirateurs passionnés de la Nature et étudiants révérencieux de ses lois, sont particulièrement désillusionnés à la pensée que la mort, en désagrégeant le cerveau, dont ils cultivaient si intelligemment les facultés, anéantira en même temps le fruit de leurs travaux. La religion conventionnelle leur fait espérer, il est vrai, une sorte de survivance de la conscience ; mais un paradis, avec ses couronnes et ses harpes, avec les extases inintelligentes de ses fidèles devant « le trône » ; ce paradis, rêve de quelques prêtres ignorants, quoique bons et charitables, ne peut inspirer qu'un morne ennui à des hommes qui, déjà sur terre, possèdent de hautes aptitudes scientifiques et ont développé une grande énergie intellectuelle. Ils s'en détournent avec déplaisir sinon avec mépris, oubliant que les prêtres exposent peut-être une grande vérité en promettant la survivance de l'âme, quoiqu'ils la dénaturent ridiculement en l'entourant de détails à la hauteur de leur propre intelligence. Alors ces savants, qui sont eux-mêmes les vrais prêtres de la Nature, qui l'étudient et l'admirent, tombent dans une espèce d'altruisme découragé ; ils cherchent à se consoler dans l'espoir que leur œuvre sera reprise par leurs successeurs, lorsqu'eux-mêmes ne seront plus que poussière, et que leurs pensées s'évanouiront, semblables au soleil qui, ayant lui durant le jour, s'éteint à son déclin et disparaît dans la nuit.

La donnée théosophique leur offrirait dès les premiers pas, au lieu de ce triste avenir, une perspective des plus attrayantes. La persistance de la conscience individuelle — la réincarnation de l'Ego avec la connaissance et les expériences de chaque vie accumulées comme réserves prêtes à favoriser un progrès futur, comme facultés intellectuelles prêtes à entrer, une fois de plus, en activité; c'est la première grande loi de l'évolution, spirituelle, elle combat victorieusement cette conception, outrageante pour la Nature, que « la mort » du savant entraîne la perte de son savoir. Mais avec le temps le savant verra s'ouvrir devant lui un avenir bien plus haut, il s'éveillera à la perception de cette science supérieure qui peut harmoniser ses connaissances avec le grand plan d'évolution de la Nature et lui inspirer le désir de perfectionner sa nature individuelle afin de pouvoir se joindre aux Hiérarchies qui prennent part à la direction de l'univers. Mais il ne peut en arriver là s'il concentre ses facultés sur les seuls phénomènes du plan physique, car ce plan n'est qu'une des nombreuses facettes que nous montre la Nature. Si intelligemment, si fortement qu'il exerce cette faculté de concentration, elle ne pourra développer qu'une des nombreuses potentialités latentes en la nature de l'homme, et pour mériter une place dans le Royaume Divin il faut être plus que, ce que nous entendons communément par, un homme de science.

La science, telle que nous la comprenons ici-bas, peut être un excellent stimulant pour l'évolution spirituelle; mais un régime composé exclusivement de stimulants ne saurait entretenir la santé. Il faut étudier d'autres lois encore que les lois physiques de la Nature, avant de pouvoir maîtriser et utiliser les forces du plan spirituel. L'homme ne vit pas seulement de pain, et l'âme ne s'élève pas seulement par la science, (j'entends ici la science du plan physique). Le savant doit d'abord, s'il veut entrer en possession de l'héritage que lui réserve la Nature, comprendre le but qu'elle se propose pour pouvoir favoriser son exécution, et il doit unir ses aspirations à l'esprit dans lequel ce but fut conçu. Lorsqu'il l'aura fait et pas avant, les Frères Aînés de l'humanité seront prêts à l'admettre parmi eux.

CHAPITRE XII

LES ANCIENS MYSTÈRES

J'ai déjà cherché à établir la distinction qui existe entre la donnée théosophique et l'enseignement religieux, et j'ai démontré pourquoi, tout en différant largement sous certains rapports, ces deux enseignements ne sont point en réalité contradictoires.

En approfondissant davantage ce genre d'idées, nous sommes amenés à conclure que, jusqu'à une période historique assez récente, l'enseignement théosophique marchait de pair avec l'enseignement religieux ; l'un étant le complément, le couronnement de l'autre. Les enseignements désignés sous le nom « d'Initiation » dans l'ère des Mystères égyptiens et grecs, s'identifiaient de très près avec ce que nous appelons aujourd'hui la Théosophie. Cette conclusion se dégage presque avec certitude de l'étude des documents que nous possédons sur les anciens mystères, lorsqu'on les examine à la lumière de la doctrine théosophique. Il ne faudrait pas attacher une trop grande importance à l'idée, un peu facilement admise, que la Révélation chrétienne est venue se substituer à l'enseignement des mystères qui était suffisant à une époque où les peuples s'adonnaient généralement au polythéisme païen. Cet enseignement ne fut pas remplacé par la Révélation chrétienne, l'auteur de cette révélation en parle même constamment comme d'une instruction supérieure encore à celle qu'il donnait à la multitude.

La doctrine du Christianisme moderne fut substituée à la donnée ésotérique, non par le Maître de cette doctrine, ou par ses disciples, mais par l'Église, lorsqu'elle devint une puissance organisée ayant des intérêts temporels à sauvegarder, et qu'elle s'arrogea un despotisme spirituel en prétendant monopoliser la science spirituelle.

Ses prétentions s'accentuèrent de plus en plus dans les temps modernes en proportion inverse de la science spirituelle que possédait en réalité le clergé. Et lorsqu'on jette un regard en arrière sur la science spirituelle supérieure à laquelle prétendait, avec juste raison, le clergé des temps anciens, on ne peut se défendre d'une triste comparaison en reconnaissant que les prêtres des temps modernes ne se sont jamais distingués de leurs contemporains laïques par le savoir scientifique.

L'Église primitive européenne, au contraire, resta toujours en arrière des progrès réalisés par l'intelligence ; et pour imposer le respect aux populations, la hiérarchie ecclésiastique a dû en appeler à une superstition grossière, ou à un pouvoir temporel tyrannique. Cependant, en remontant plus encore vers le passé, longtemps avant la suprématie d'une église ignorante et frivole, nous trouvons une époque où l'on attribuait évidemment au clergé une science approfondie des mystères de la Nature, et dépassant de beaucoup celle que possédaient en général les séculiers. Les prêtres de l'ancienne Egypte furent de véritables instructeurs spirituels, et ceux qui étudient les antiquités égyptiennes, à la lumière des récentes investigations de la science occulte, leur reconnaîtront certainement cette science spirituelle qui s'accompagne du pouvoir de dominer les forces de la Nature.

Nous sommes quelque peu ignorants des « mystères » et des initiations de l'ancienne Egypte ; les recherches littéraires et archéologiques ne nous en ont pas appris grand'chose, et Sir Gardner Wilkinson avoue franchement que les seules sources où nous puissions retrouver quelque peu de leur caractère et de leur signification sont les renseignements un peu plus précis que nous possédons sur les mystères grecs d'Eleusis, qui certainement furent renouvelés des pratiques égyptiennes.

Mais il est de toute évidence que les Initiations égyptiennes avaient un caractère des plus sérieux. Elles étaient gardées de toute intrusion profane avec un soin si jaloux, on ne les abordait qu'après de si terribles épreuves, que le monde séculier devait en conclure que les Hiérophantes de ce temps possédaient une science et un pouvoir véritablement supérieurs, et s'élevaient bien au-dessus du niveau ordinaire de la population. S'ils n'eussent été que les organisateurs d'un cérémonial pompeux, les élèves n'auraient pas assiégé leurs retraites, prêts à affronter toutes les épreuves si rigoureusement imposées, pour s'efforcer d'être admis dans le cercle enchanté de la lumière spirituelle. Les mystères d'Eleusis eux-mêmes, qui, selon toute apparence plausible, ne furent qu'une reproduction bien dégénérée de l'ancienne organisation égyptienne, donnaient lieu, d'après les détails qui nous en sont parvenus, à une interprétation philosophique très élevée ; Thomas Taylor (1), l'infatigable traducteur de tant de littérature platonicienne et néo-platonicienne, nous dit dans sa dissertation sur les mystères :

« Ceux des ordres mineurs (2) sont l'interprétation occulte de cette sublime vérité, que l'âme plongée dans la matière réside parmi les morts, ici-bas comme dans l'après-mort. »

Et, citant Plotin, il ajoute :

« C'est pour cette raison que l'âme meurt par le vice autant qu'il lui est possible de mourir ; et mourir signifie, pour l'âme, descendre dans la matérialité et en absorber toutes les impuretés pendant son union avec le corps, puis, après avoir quitté celui-ci, rester plongée dans cette corruption jusqu'à ce qu'elle revienne à une condition supérieure, et élève son regard au-dessus de cette fange envahissante. »

Traitant ensuite des grands mystères, il dit : « De même que les cérémonies des petits mystères symbolisaient les angoisses de l'âme asservie à son corps, de même celles des grands mystères, plus secrets encore, faisaient pressentir, par de splendides visions mystiques, la félicité goûtée par l'âme ici-bas et là-haut, lorsqu'elle s'est enfin purifiée des souillures de la nature matérielle et qu'elle s'élève sans cesse vers les réalités de la vision intellectuelle. »

Le Dr Warburton, évêque de Gloucester vers le milieu du dernier siècle, est parfois cité comme un écrivain compétent dans les anciens mystères ; mais ses opinions sont trop entachées d'orthodoxie conventionnelle pour avoir une valeur réelle. Il cherche à

(1) *Eleusinian and Bacchic Mysteries*, édition de New-York 3 vol.

(2) Généralement appelés petits mystères.

démontrer que le but des anciens mystères était d'enseigner l'Unité de Dieu, contrastant ainsi avec le polythéisme de la théologie généralement professée avant l'ère chrétienne. Mais Thomas Taylor répudie hautement cette conception étroite. Après avoir exposé ces mêmes idées, il ajoute : « D'après ceci, le lecteur comprendra sans peine l'absurdité de la thèse du D' Warburton nous disant que le grand secret des mystères consistait à exposer les erreurs du polythéisme et à enseigner la doctrine de l'unité ou l'existence d'une seule Divinité..... Mais il n'est d'ailleurs pas surprenant que des hommes, n'ayant pas la moindre notion de la véritable nature des dieux, qui les considèrent comme de simples mortels déifiés, et qui mesurent les intelligences des anciens d'après la leur, en arrivent à forger un système aussi improbable et aussi absurde. »

Pour montrer que ces initiations étaient bien plus qu'une simple réfutation théorique des erreurs populaires, Taylor cite ces deux passages. Le premier est d'Apulée, qui décrit ainsi sa propre expérience des mystères : « Écoutez donc ; mais croyez, car je dis vrai. J'approchai des limites du trépas ; je foulai du pied le seuil de Proserpine, et j'en revins en passant par tous les éléments ; au milieu de la nuit je vis le soleil briller de son éblouissant éclat ; je m'approchai des dieux de l'enfer, des dieux du ciel ; je les vis face à face, je les adorai de près. Voilà tout ce que je puis dire (1). »

Le second passage est de Platon. Il décrit dans « Phèdre » la félicité de l'âme vertueuse avant sa chute dans une superbe allusion aux visions des arcanes mystérieuses.

(1) Apulée, *Métamorphoses*, t. II, liv. XI, p. 367. Bibliothèque franco-latine, Paris, C. L. Panckoucke, 1835.

« Il nous était donné de contempler la beauté toute rayonnante, quand, mêlés au chœur des bienheureux, nous marchions à la suite de Jupiter... nous jouissions alors du plus ravissant spectacle ; initiés à des mystères qu'il est permis d'appeler divins, nous les célébrions exempts de l'imperfection et des maux qui nous attendaient dans la suite ; nous étions admis à contempler ces essences parfaites, simples, pleines de calme et de béatitude et les visions rayonnaient au sein de la plus vive lumière, et nous étions nous-mêmes purs, libres encore de ce tombeau que nous appelons notre corps, et que nous traînons comme l'huître sa prison (1) ».

Selon Taylor, les mystères de Bacchus avaient une signification plus restreinte que ceux d'Éleusis.

« Il en est de même des mystères de Bacchus, et de ceux de Cérès qui, dans certains passages, traitent de la descente d'une intelligence partielle dans la matière, et des conditions où elle se trouve dans le logis obscur que lui fait le corps. Mais il semble y avoir une différence entre ces deux mystères. La fiction de Cérès et de Proserpine concerne la chute de l'âme intégrale, tandis que celle de Bacchus concerne la répartition et l'évolution de cette partie unique et suprême de notre nature que nous appelons « intelligence ». On retrouve dans ces deux fictions les traces d'une haute sagesse et d'une théologie abstraite fort ancienne, remarquable par sa perfection et par sa réalité. Les passages, déjà cités, d'Apulée et de Platon témoignent aussi que ces mystères s'associaient à l'exercice de ce qu'on nomme aujourd'hui les pouvoirs et facultés psychiques. Grâce à ces indices et aux découvertes

---

(1) *Dialogues* de Platon, édit. Charpentier, 1862.
Dialogues Socratiques, 2ᵉ vol., pp. 339, 340.

récentes qui nous éclairent de plus en plus sur la nature et l'importance de ces facultés, la situation prend une tournure plus intelligible.

A l'époque grecque, et plus encore à l'époque égyptienne, les mystères et les initiations qui s'y rattachaient constituaient un enseignement gradué de cette science occulte, édifiée au cours des âges par l'exercice répété des facultés psychiques, et accessible, aujourd'hui encore, à ceux qui voudraient employer ces facultés à la vérification de l'ensemble des connaissances de notre humanité. Ces facultés ont été, en grande partie, perdues ou étouffées par le développement de la civilisation moderne au bénéfice d'autres facultés d'ordre essentiellement physique. Aujourd'hui, un renouveau d'activité psychique s'éveille de toutes parts parmi les peuples mêmes les plus civilisés de l'Occident. Cette énergie, souvent mal dirigée, ou employée sans discernement, concourt par toutes ses manifestations à détruire l'incrédulité excessive et le matérialisme qui ont caractérisé à un suprême degré la dernière moitié du xixe siècle. Cette incrédulité a envahi la science profane dont l'agnosticisme reconnu tourne à l'athéisme. Elle a tari les sources vives de la religion; les églises, semblables à des squelettes que la vie a quittés, sont délaissées du plus grand nombre ; la piété seule de quelques enthousiastes les orne d'attributs plus poétiques que véritablement spirituels. On en a peut-être conservé les rites, mais les croyances qui devraient en former la base ne dérivent plus des méthodes d'investigation spirituelle qui pourraient seules conférer à leurs dépositaires ecclésiastiques une autorité suffisante pour les enseigner. Ces rites ne s'en transmettent pas moins de générations en générations avec une bigoterie d'autant plus intransigeante qu'elle s'avoue moins apte à retrouver leurs sources probables dans les règnes invisibles de la Nature. Cette théologie chancelante, conservée comme les pétales d'une fleur desséchée, sert peut-être mieux les intérêts d'une église, préoccupée par une organisation sociologique si compliquée, qu'un projet progressif et vivant d'investigation spirituelle.

Mais ni les intérêts de l'Église, ni le matérialisme ne pourront lutter contre une conviction qui s'affirme toujours davantage, celle que la race humaine possède des facultés qui lui permettent de percer le voile de la matière ; si nous l'envisageons comme un fait positif, nous ne sommes plus obligés d'en nier l'évidence ou de réfuter, par de simples conjectures, l'opinion des écrivains du temps qui prétendaient que, dans les mystères de la Grèce et *a fortiori* de l'Egypte, les initiés recevaient une révélation psychique.

Cette idée est d'ailleurs partagée par l'écrivain russe Ouvaroff (1) dans son *Essais sur les Mystères Eleusiniens* dont la première édition fut publiée en 1812. L'auteur dit dans sa préface :

« Le but que je me propose dans cet écrit est de montrer que non seulement les mystères des anciens étaient l'âme du polythéisme, mais encore qu'ils étaient issus de la source unique et véritable de toutes les lumières répandues sur le globe (2) ».

Il attribue aux mystères une origine hindoue, se

---

(1) Ouvaroff, célèbre homme d'état Russe, 1773-1855, a été ministre de l'Instruction publique, président de l'Académie des Sciences et correspondant de l'Institut de France.
                                                                N. D. T.
(2) Cette citation et les suivantes sont extraites de l'édition originale en langue française, dans *Étude de Philologie et de Critique*, par M. Ouvaroff. — Paris, Firmin-Didot frères, 1845.

basant pour cela sur l'identé des mots Κονξ, Ομ, Παξ, ou Conx, Om, Pax, qui terminaient les mystères d'Eleusis, avec le sanscrit *Canska, Om, Paksha*. Le premier signifie « objets du désir », le deuxième est la syllabe sacrée usitée en Orient et le troisième Pakscha, est identique au latin *vix* — changement, cours, direction du devoir.

Après avoir fait la distinction des grands et des petits mystères, Ouvaroff ajoute :

« Nous le répétons, il ne faut pas se dissimuler l'impossibilité de déterminer, d'une manière positive, les notions que recevaient les épopies (initiés aux grands mystères) ; mais le rapport que nous avons reconnu entre ces initiations et la source véritable de toutes nos lumières suffit pour croire que, non seulement ils y acquéraient de justes notions sur la Divinité, sur les relations de l'homme avec elle, sur la dignité primitive de la nature humaine, sur sa chute, sur l'immortalité de l'âme, sur les moyens de son retour vers Dieu, enfin sur un autre ordre de choses après la mort, mais encore qu'on leur découvrait des *traditions orales*, et même des *traditions écrites*, restes précieux du grand naufrage de l'humanité.

« Il n'est pas probable, en effet, que l'on se soit borné, dans l'initiation supérieure, à démontrer l'unité de Dieu et l'immortalité de l'âme par des arguments philosophiques. Clément d'Alexandrie dit expressément (1), en parlant des grands mystères : « Ici finit tout enseignement ; on voit la nature et les choses.

« D'ailleurs, les notions morales étaient trop répandues pour mériter seules, aux mystères, les magnifi-

(1) Strom, V, cap. I.

ques éloges des hommes les plus éclairés de l'antiquité; car, si l'on suppose que la révélation de ces vérités eut été l'unique objet des mystères, n'auraient-ils pas cessé d'exister, du moment où ces vérités furent enseignées publiquement ? Pindare, Platon, Cicéron (1), Epictète, en auraient-ils parlé avec tant d'admiration, si l'hiérophante s'était contenté de leur exposer de vive voix ses opinions, ou celles de son ordre, sur des vérités dont ils étaient eux-mêmes pénétrés ? D'où l'hiérophante aurait-il tiré ces idées ? Quelles sources avait-il à sa disposition, qui fussent demeurées inaccessibles à la philosophie ? Concluons donc que l'on découvrait aux initiés, non seulement les grandes vérités morales, mais aussi des traditions orales et écrites qui remontaient au premier âge du monde. Ces débris, placés au milieu du polythéisme, formaient l'essence et la doctrine secrète des mystères. »

Quelques écrivains, pour dénigrer les mystères, prétendent qu'ils s'accompagnaient quelquefois d'excès licencieux. Cette critique s'adresse surtout aux mystères orphiques. Ouvaroff dit à ce sujet :

« Nous avons dit que les mystères de Bacchus, très intéressants à développer, portent un caractère entièrement opposé à celui des Eleusinies. Cette opposition est très frappante au premier aspect. Et quelle conformité, en effet, pourrait-on trouver entre la licence sau-

---

(1) Cicéron, s'adressant à Atticus, en fait le tableau suivant : « De tout ce que votre Athènes a produit et répandu parmi les hommes d'excellent et de divin, rien de plus excellent que les mystères, qui nous élèvent d'une vie rude et sauvage à la véritable humanité : ils nous initient dans les vrais principes de la vie ; car ils nous enseignent non seulement à vivre agréablement, mais encore à mourir avec de meilleures espérances. »
De Leg., II,   N. D. T.

vage du culte bachique, et le caractère sévère et la haute destination du culte de Cérès ?

« Cependant, après un mûr examen, on voit que cette opposition réside plutôt dans la forme extérieure que dans l'esprit des deux cultes ; elle disparaît même entièrement, lorsqu'on s'élève à l'idée-mère, au type véritable des deux institutions. Quand on ne s'obstine pas à reconnaître dans Cérès et dans Bacchus deux personnages historiques, quand on les considère, à leur origine, comme deux symboles d'une puissance quelconque de l'univers, on les voit s'identifier de manière à ne plus offrir d'opposition que dans la forme extérieure, c'est-à-dire, dans cette partie qui dépend tout entière des hommes, des circonstances locales et des destinées politiques des peuples. Le culte de Cérès et le culte de Bacchus (1) ne peuvent appartenir qu'à un seul principe ; et ce principe se trouve dans la force active de la nature, envisagée dans l'immense variété de ses fonctions et de ses attributs. »

---

(1) Le mythe de Bacchus a été la source la plus féconde d'incertitudes et de contradictions. Hérodote (lib. II, cap. XLVII) assure formellement que Bacchus venait d'Egypte, et qu'il était le même qu'Osiris la puissance *démiurgique* de l'univers. Mélampe lui donna le nom grec de *Dionysos* et l'importa en Grèce à peu près en même temps qu'on y apporta la vigne.

On s'accorde généralement à distinguer trois Bacchus qui ne sont que la représentation de la même idée, c'est-à-dire d'Osiris:

Le premier Bacchus est Zagreus, fils de Jupiter et de Proserpine, se rapproche le plus de la tradition égyptienne. Déchiré par les Titans, il correspond bien à Osiris tué par Typhon.

Le deuxième Bacchus, le conquérant, fils de Jupiter et de Sémélé, est déjà très hellénisé, aussi appelé Bromius.

Le troisième Bacchus, le médiateur, est le Bacchus des mystères d'Eleusis, qui paraissait au 6e jour des Eleusinies. Voir Nonnus : *Dionys.*, l. XLVIII, v. 958 et Aristophane, *Ran*, V, p. 40 et seq.

N. D. T.

La neuvième édition de l'« Encyclopedia Britannica » contient un traité important sur les mystères, par W. M. Ramsay. L'auteur y mentionne d'abord avec éloge l'important ouvrage de Lobeck « Aglaophamus » (1) qui, cependant repousse l'idée que les mystères « aient contenu une révélation primitive de la vérité divine ». Mais M. Ramsay reconnaît ensuite la faiblesse de certains arguments de Lobeck, et insiste particulièrement sur les témoignages nouveaux qui se sont accumulés depuis l'époque « et qui prouvent que certains documents rejetés par Lobeck, comme n'ayant aucun rapport avec la religion éleusienne, s'y rattachaient réellement ».

Cet article expose le sujet à un point de vue tout à fait moderne et au sens strictement érudit ; il ne s'inspire, en aucune façon, de l'aspect psychique des mystères ; ce qui fait d'autant mieux ressortir la grandeur d'idées et l'austère noblesse qui les caractérisaient. M. Ramsay écrivait : « Le peuple n'était pas seul à croire à l'effet rénovateur et salutaire des mystères ; cette croyance était partagée par beaucoup d'esprits sérieux et distingués : Pindar, Sophocle, Socrate, Plutarque, etc. Platon, qui ne trouve pas de termes assez énergiques pour flétrir l'effet démoralisant des mystères orphiques, parle avec le plus grand respect de ceux d'Eleusis... « Celui qui a été initié sait ce qui doit assurer son bonheur dans la vie future... » D'après Sopater, « l'initiation établit un lien de parenté entre l'âme et la Nature divine ; Théon de Smyrne assure que le dernier stade de l'initiation est l'état de félicité et de ravissement divin qui en résulte... L'étude des auteurs anciens nous prouve largement que

---

(1) Écrit en 1829.

les mystères étaient indépendants de tout enseignement dogmatique ; la croyance même à une vie future qui, d'après les auteurs anciens, s'y associait toujours, n'était pas rigoureusement imposée aux initiés. On les laissait libres de s'en convaincre par eux-mêmes, d'après les images qui leur étaient présentées. »

Ces diverses citations s'accordent à nous présenter les mystères sous un jour des plus sérieux, qui les identifie avec ce que nous appelons aujourd'hui la donnée théosophique, et cette donnée nous aide d'autre part à combler les lacunes de notre exposé. Aux temps antiques, les prêtres étaient vraiment à la hauteur de leur mission d'instructeurs, parce qu'ils étaient en relation psychique avec les sources de la sagesse suprême. Mais le stade d'évolution de l'humanité qui les entourait ne leur permettait pas de communiquer leur connaissance à la multitude. Le peuple n'avait pas alors une culture spirituelle suffisante pour comprendre et mettre en pratique l'éthique pure et austère de l'enseignement occulte.

J'effleure simplement un problème qui mériterait d'être mieux approfondi ; mais il me suffit d'indiquer ici les motifs très compréhensibles qui rendaient alors circonspects les dépositaires de la science spirituelle. Par l'action de certaines lois naturelles (la Bible y fait clairement allusion dans des passages souvent mal interprétés), la connaissance des possibilités de l'évolution spirituelle entraîne une grande responsabilité. L'homme n'ayant pas encore compris qu'il est en son pouvoir de s'élever, par la pureté de sa vie, à des conditions d'existence supérieures, peut vivre moins vertueusement, sans encourir une grande responsabilité. S'il agit mal, les lois naturelles lui imposeront la souffrance, dans la vie même où il a péché ou dans une autre, s'il fait le bien, tôt ou tard, le bonheur l'en récompensera, qu'il comprenne ou non la loi. Mais si, par des moyens quelconques, il acquiert la connaissance spirituelle, s'il comprend les hautes possibilités de l'être humain, et la loi qui rend certaines lignes de conduite favorables, d'autres au contraire nuisibles au développement spirituel ; et si cet homme, ayant ainsi vu clairement la bonne voie, s'engage ensuite dans la mauvaise, il eût mieux valu pour lui n'être pas éclairé. C'est pourquoi les prêtres d'autrefois, ces sages qui étudiaient les mystères de la Nature et non des rites illusoires, s'abstinrent de répandre imprudemment leur science dans des récipients inaptes à la contenir. Les critiques modernes comprennent mal cette réserve, ils ignorent, en effet, que la religion pourrait être un agent plus puissant qu'elle ne le paraît actuellement. Nos églises ont oublié le véritable esprit de la religion et n'en ont conservé que quelques dogmes d'une apparence brillante et que leur insignifiance même, permet de propager ouvertement ; ceux qui y croient peuvent devenir meilleurs ; ceux qui n'y croient pas n'en seront pas plus mauvais, s'ils peuvent en assimiler quelques bons préceptes. Mais les Maîtres des mystères donnaient un tout autre enseignement. Ils avaient à mettre sur la voie du développement occulte les hommes qui en étaient dignes, et mon objet, dans cet ouvrage, est précisément d'expliquer où ce développement peut conduire. Mais si l'on admet déjà qu'il puisse conduire à quelque résultat, on comprendra aussi que le secret des mystères avait sa raison d'être.

En Egypte, ce secret semble avoir été gardé plus strictement encore — et la plupart des étudiants en occultisme remarqueront combien les mystères égyptions avaient plus de portée que les reproductions qu'on en faisait en Grèce.

Sir Gardner, qui recueillit si minutieusement les moindres indices propres à nous éclairer sur les mœurs des anciens Égyptiens et leur vie sociale et religieuse, avoue franchement la peine qu'il eut à se documenter sur les secrets de l'initiation. Il témoigne cependant de l'émotion que ce sujet provoquait dans tous les esprits.

« La cause principale de l'ascendant qu'ils (les prêtres) exerçaient sur l'esprit du peuple, était l'importance attachée aux mystères, que les prêtres seuls comprenaient parfaitement ; leurs secrets étaient si sacrés, que bien des membres du clergé n'étaient pas admis à y participer. On ne choisissait pour l'initiation que ceux que leurs vertus rendaient dignes d'un tel honneur. Le fait est prouvé par cette attestation de Clément d'Alexandrie : « Les Égyptiens ne confiaient pas leurs secrets à tous et ne dégradaient pas, en le révélant aux profanes, le mystère des choses divines, réservé à l'héritier présomptif du trône et aux seuls prêtres qui excellaient en sagesse et en vertu.

« D'après ce que nous en avons appris, les Mystères se divisaient en Grands et Petits Mystères, et pour être admis dans la catégorie supérieure, il fallait avoir préalablement franchi les grades inférieurs qui, sans doute, se divisaient chacun en dix degrés différents. On exigeait de l'aspirant à l'initiation une réputation pure et intacte, et l'on recommandait aux novices l'étude des préceptes propres à purifier l'esprit et à encourager la vertu. L'honneur de s'élever des petits aux grands mystères était aussi recherché que difficile à obtenir. Celui qui ambitionnait ce grand privilège devait se distinguer par des aptitudes plus qu'ordinaires.

Malgré son renom indiscuté de savoir et de moralité, il devait se soumettre aux plus rudes épreuves et les supporter avec une grande résignation morale ; quant au cérémonial consistant à passer sous le glaive de l'hiérophante, c'était simplement l'emblème de la régénération du néophyte.

« Les prêtres seuls avaient le privilège d'être initiés aux grands mystères ; ainsi un prince, fût-il héritier présomptif et membre de l'ordre militaire, ne participait pas à ces secrets importants et n'était pas initié avant son avènement au trône, alors qu'en vertu de son pouvoir royal, il devenait membre du clergé et chef suprême de la religion. »

« Il est avéré, cependant, que plus tard beaucoup de laïques, entre autres quelques Grecs furent admis aux petits mystères ; mais pour ceux-là mêmes, le stage dans les différents degrés dépendait d'une stricte observance des règles prescrites. »

La loi qui prescrivait tant de circonspection dans l'enseignement de la haute science se trouva justifiée, au moyen-âge, par un motif entièrement nouveau. Lorsque l'Église chrétienne exotérique, devenue un véritable instrument de tyrannie, exerça son redoutable pouvoir contre les séculiers, l'instructeur assez imprudent pour dévoiler la haute sagesse, contenue dans les secrets de l'initiation, aurait couru le risque, non seulement d'augmenter indûment la responsabilité de ses fidèles, mais encore d'être lui-même, condamné au bûcher.

On conçoit donc qu'en présence d'un tel risque les occultistes du moyen-âge prirent grand soin de voiler les quelques révélations, qu'ils osaient encore faire, sous un symbolisme presque impénétrable.

Mais la donnée théosophique moderne nous donne

la solution de leurs énigmes, et à l'aide de ses lumières nous voyons reparaître la philosophie des anciens mystères dans cette fraternité des Rose-Croix si méconnue et si discutée.

CHAPITRE XIII

LA THÉOSOPHIE AU MOYEN-AGE

Les étudiants de la sagesse ésotérique, dont l'objet principal est d'étudier et de comprendre les principes de l'évolution spirituelle, savent déjà que ces principes furent en tous temps reconnus par les mystiques de tous les pays. La haute science qui les résume n'est pas une invention des Théosophes modernes, ni l'apanage d'un petit groupe d'adeptes, jaloux de la dérober aux recherches de tous les philosophes. L'irruption soudaine de certaines données occultes en relation avec les lois naturelles, la façon dont elles se sont imposées aux esprits contemporains, depuis quelques années, pourraient suggérer cette idée. Mais plus nous comprenons les enseignements occultes, mieux nous les retrouvons dans la littérature philosophique et religieuse des premiers âges; ils s'y voilent sous différents symboles; mais l'identité des idées-mères et du sens intime des termes décèle une commune origine.

On a déjà beaucoup écrit — il serait à souhaiter qu'on écrivît davantage encore — pour prouver combien la gnose chrétienne s'identifie avec la science ésotérique dans ses points les plus importants. La disparition graduelle des conceptions gnostiques, étouffées sous les dogmes rigides et étroits que les églises reconnues avaient intérêt à imposer, offrirait un sujet d'étude intéressant, qui nous éclairerait sur les causes de la dégénérescence à laquelle sont vouées les croyances populaires. Mais, tandis que l'ésotérisme chrétien s'obscurcissait graduellement, comprimé par la puissance grandissante de l'Église pendant le moyen-âge, ses doctrines essentielles, qu'aucune persécution ne pouvait soustraire à l'attention des esprits éclairés, cherchèrent d'autres débouchés en raison même de cette compression et échappèrent ainsi à l'attention publique. La philosophie essentielle de la religion se sépara de l'image grossière sous laquelle on la représentait, elle s'entoura d'un voile impénétrable à tous, sauf à quelques initiés et l'Eglise se montra aussi incapable de le soulever que le laïque ignorant. Ce voile fut la science si décriée qu'on nomme l'alchimie, cette théorie dont les écrivains de la Rose-Croix se firent les principaux propagateurs. Tournée en dérision, aujourd'hui encore, par une génération matérialiste qui a le tort d'interpréter, toujours au sens littéral, les termes symboliques de la vérité cachée, l'alchimie n'en est pas moins l'expression cryptographique d'une profonde sagesse spirituelle.

Cette opinion ne constitue pas une théorie hypothétique, née du désir de retrouver quelques traces de la donnée ésotérique dans la littérature du moyen-âge ; c'est un aperçu très exact, au même titre que l'interprétation d'un cryptogramme est reconnue exacte, lorsqu'on y trouve un sens. Les journaux nous offrent un exemple analogue dans ces annonces mystérieuses, dont les caractères semblent groupés d'une façon indéchiffrable et par lesquelles certaines personnes s'amusent à correspondre. Si nous voyons qu'en remplaçant tous les a par des b, tous les c par des d, et ainsi de suite, nous arrivons à traduire ce message dans un langage intelligible, nous sommes convaincus d'avoir saisi le système employé par l'auteur du cryptogramme. Ainsi en est-il du symbolisme, en apparence ridicule, de l'alchimie : si, pour en déchiffrer le sens, nous prenons la bonne clé, il nous apparaîtra plein de cohérence. Nous avons aujourd'hui cette clé : ce sont les données que la Théosophie enseigne à tous depuis quelques années. L'obscur verbiage des ouvrages alchimiques s'éclaire quand nous le lisons dans l'esprit ésotérique, quand nous nous efforçons de saisir, non pas les interprétations relatives à la transmutation du plomb ou de l'antimoine en or, mais celles qui décrivent le processus de développement du Soi supérieur par la purification du Soi inférieur, ce qui constitue le véritable développement occulte.

Par le fait, le *magnum opus*, toujours poursuivi par les vrais alchimistes, c'était la transmutation de la conscience physique de l'homme en cette conscience divine. Les indications et les recettes qu'ils ont laissées, qui paraissent insensées lorsqu'elles sont interprétées par les chimistes du dix-neuvième siècle, deviennent l'expression d'une haute philosophie spirituelle et s'harmonisent parfaitement avec les lois qui régissent l'évolution de l'homme, dès que nous prêtons un sens symbolique aux formules bizarres de cuisson, de distillation, de mercure des sages, de l'eau de feu et des ferments.

Il serait facile de puiser, dans les livres d'alchimie, assez de citations pour prouver que les auteurs entendaient traiter leur sujet au sens spirituel. On pourrait tout aussi bien donner aux personnes de bonne volonté une suite de lectures qui pourrait relever dans leur estime cette alchimie si décriée par la littérature pseudo-scientifique du xix⁰ siècle.

Mais, avant d'en venir aux citations qui pourront nous ouvrir une méthode d'investigation rationnelle, il est bon de donner un aperçu succinct des conséquences indirectes qui résulteront de nos découvertes.

Ce que nous avons dit jusqu'ici de l'alchimie est la stricte vérité. Les vrais alchimistes étaient des philosophes spirituels qui se consacraient à l'œuvre importante de développer les possibilités divines latentes en leur nature humaine ; c'étaient des étudiants de la vraie religion, au sens le plus élevé du terme — des hommes que leur intelligence avait affranchis des dogmes plus ou moins bizarres de l'église exotérique et qui, à l'abri des grosses erreurs d'un clergé égoïste et frivole, cherchaient encore à s'associer à la volonté de Dieu ; ils s'efforçaient, pour ainsi dire, de s'identifier aux desseins de la Nature, à la loi d'évolution spirituelle, en un mot, au principe du bien qui réside dans l'univers. Alors que les prêtres et ministres d'une religion, indignes de ce nom, tuaient, volaient et torturaient tous ceux qui s'opposaient à la tyrannie intéressée exercée par le clergé sur les croyances populaires, les alchimistes, par leur vie pure et pleine d'abnégation et par de hautes aspirations, cherchaient à élever le niveau moral d'une humanité qui se souillait des pires excès. Par une méthode qui ne diffère pas essentiellement de la nôtre, ils essayaient de gravir, jusqu'à un certain point, le sentier du développement occulte conduisant à l'Adeptat. Mais, dira-t-on, pourquoi persister à écrire dans d'aussi mauvaises conditions, puisqu'ils ne pouvaient être compris que par ceux dont le savoir était égal au leur?

S'il avaient enseigné ouvertement leur doctrine du salut, ils eussent été brûlés avec leurs livres, par autorité de l'église. Était-il alors vraiment utile d'exposer ces doctrines dans un langage inintelligible à ceux qui eussent pu profiter de la leçon?

Il y a deux réponses à cette question :

1° Les alchimistes, qui se comprenaient entre eux, paraissent avoir pensé qu'ils seraient compris aussi des hommes assez mûrs d'esprit pour bénéficier de l'enseignement occulte. Nous ignorons dans quelle mesure leurs espérances ont pu se réaliser ;

2° Un autre motif pouvait encore les pousser à écrire, malgré l'alternative de rester souvent incompris : c'était celui de se reconnaître entre eux.

En effet, un véritable occultiste était *seul capable* d'écrire un traité sur l'alchimie, sur la manipulation du plomb, du soufre, du mercure, sur la poudre de projection rouge et blanche, etc., etc., de connaître le « jargon » usuel des creusets, des sublimations, de la coagulation des teintures fugitives, etc., et capable surtout d'y intercaler cette doctrine ésotérique du développement occulte que nous avons aujourd'hui le privilège d'étudier ouvertement. L'auteur d'un ouvrage semblable était ainsi reconnu pour un des leurs par tous les occultistes qui le lisaient.

N'oublions pas cependant que, parmi les vrais occultistes déguisant sous la symbologie alchimique la théorie du développement occulte, il se glissait aussi beaucoup d'avides chercheurs d'or, qui, incapables de comprendre le but élevé de l'alchimie, l'étudiaient dans un espoir de lucre, à seule fin de produire le précieux métal. Les vrais alchimistes, aussi clairement qu'ils le pouvaient sans trahir leurs secrets, s'élevaient constamment contre cette fausse interprétation de leur science ; mais la cupidité humaine, sans cesse en éveil, espérait toujours trouver, par les procédés alchimiques, un moyen rapide et sûr de faire fortune. C'est pourquoi, au moyen-âge, bien des gens, très différents des vrais alchimistes que nous avons dépeints, dépensèrent beaucoup de temps et d'argent à essayer les propriétés et les réactions du mercure, du sel, du soufre, et de toutes autres drogues ou préparations chimiques, pour arriver à fabriquer l'or; ils n'aboutirent qu'à un triste échec.

Peut-être ont-il écrit quelques-uns des nombreux traités d'alchimie qui existent encore actuellement, pour y relater leurs expériences et discuter les causes probables de leur insuccès. Ces chercheurs malheureux de la pierre philosophale peuvent avoir découvert, par l'effet du hasard, quelque nouvelle combinaison chimique, vengeant ainsi l'alchimie du dédain profond que lui témoignent les encyclopédies modernes et l'opinion générale. On croit, en effet, que tous les alchimistes, du premier au dernier, furent des chercheurs d'or, qui échouèrent dans leur entreprise, *ex necessitate rei*, mais qui, dans leurs vaines recherches, établirent cependant les bases de la chimie moderne. Ils sont, en réalité, loin d'avoir fait en ce sens autant qu'on leur attribue. Mais comment admettre que cette longue succession de savants, dont les écrits nous révèlent l'esprit philosophique et éclairé, aient tous été dupes d'une vaine illusion engendrée par leur cupidité? Les commentateurs modernes, assez abusés pour le croire, seraient eux-mêmes le plus triste exemple d'illusion volontaire que puisse offrir l'histoire de l'alchimie.

Avant de commencer l'étude détaillée des ouvrages alchimiques, je voudrais encore présenter quelques observations.

Négligeons les nombreux chimistes alchimistes — expérimentateurs abusés cherchant, pour s'enrichir, la pierre philosophale — et occupons-nous seulement des véritables philosophes alchimistes qui suivaient la voie du développement occulte avec des fins bien plus élevées que les expériences éphémères de la vie terrestre. Examinons à la lumière des données occultes déjà acquises les conséquences qu'aurait entraînées, pour eux, la découverte de la vraie pierre philosophale, c'est-à-dire le secret du véritable développement spirituel.

On se rappelle que le développement ésotérique, tout en se basant sur les principes de l'éthique, souvent enseignés avec peu de discernement par les religions exotériques, poursuit un but bien autrement grand qu'une félicité spirituelle et inintelligente. La religion nous enseigne, en effet, qu'après une vie pieuse et méritante nous jouirons au Ciel d'un bonheur éternel. La donnée ésotérique nous exhorte également à la piété et aux vertus, et nous engage ainsi à nous mettre en harmonie avec les plans supérieurs de la Nature ; mais elle nous conseille, en outre, de développer certaines facultés, certains états de conscience correspondant aux possibilités latentes du principe divin dans l'homme.

Au-dessus de l'humanité se trouve tout un monde d'êtres accessible à ceux qui veulent bien suivre la bonne voie. Les véritables alchimistes aspiraient à « l'Adeptat », comme diraient aujourd'hui les Théosophes, et certains indices démontreront à l'étudiant occultiste que certains d'entre eux avaient atteint cette condition. Mais, si quelques-uns sont devenus Adeptes, ils ont dû acquérir des pouvoirs sur les lois les plus obscures de la nature et la connaissance des forces qui sont au-delà du plan physique; et ces privilèges ont dû avoir, entre autres résultats, celui de les investir d'un pouvoir sur la matière bien supérieur à celui des chimistes ordinaires.

Depuis quelques années, les phénomènes occultes se sont multipliés, non seulement à la connaissance d'étudiants en théosophie, mais encore en présence de certains spiritualistes curieux du merveilleux. Beaucoup de ces phénomènes sont tout aussi inexplicables que la transmutation des métaux.

Donc, toute question d'évidence mise à part, l'étudiant occultiste reconnaîtra que la transmutation des métaux peut être rangée dans la catégorie des phénomènes occultes que tout Adepte digne de ce titre est capable d'accomplir.

Cette réflexion nous mettra à même de comprendre la surprenante découverte réservée à ceux qui prendront la peine d'étudier la littérature alchimique. Notre tâche deviendrait écrasante s'il nous fallait prouver que certains alchimistes ont pu accomplir positivement cette expérience physique si discutée, et réussir à produire un métal aurifère tangible avec lequel on put frapper monnaie.

Dans l'étude de l'alchimie, des préjugés enracinés peuvent aveugler, jusqu'à l'évidence, quelques esprits contemporains, et certains faits de son histoire peuvent blesser leur orgueil. Et, pourtant, dans la mesure où l'on peut ajouter foi à la tradition historique, nous dirons que Nicolas Flammel et Raymond Lully, entre autres, ont pu réaliser positivement la fameuse transmutation.

On nous demandera, sans doute, s'ils furent, en raison de leur pouvoir extraordinaire, des personnages vivant dans le faste et l'opulence ? Nullement, Flammel dépensa certainement des sommes énormes pour élever et entretenir des églises ; Lully fournit à Édouard II beaucoup d'or pour subvenir aux frais des Croisades ; mais, chose digne de remarque, l'Adepte qui *possède le pouvoir* de faire de l'or est toujours un philosophe trop spiritualisé pour se complaire dans une existence fastueuse.

Ceci est, au reste, tellement compréhensible que l'idée de discuter le pouvoir des vrais alchimistes, sous prétexte que plusieurs d'entre eux vécurent retirés et pauvres en apparence, ne peut émaner que d'un esprit vulgaire et borné. En outre, les alchimistes vrais ou faux eurent beaucoup à souffrir de leurs contemporains : on les emprisonnait si souvent et on les torturait même pour leur arracher leur secret. Un philosophe des plus sincères, l'alchimiste Alexandre Sethon, auteur du remarquable traité : l'Entrée libre au palais secret du Roi, écrit : « Je suis contraint de fuir de royaume en royaume, comme chassé par les Furies..... Aussi, quoique possédant toutes choses, n'ai-je ni jouissance ni repos, sinon dans la vérité, qui est ma seule joie..... Je suis entravé jusque dans mes œuvres de bienfaisance par la crainte d'être soupçonné et arrêté. J'en fis l'expérience en pays étranger, où j'avais administré des médicaments aux malades abandonnés par les médecins. Lorsque le bruit de leur guérison se fut répandu, on présenta un rapport sur mon élixir, et je dus me déguiser, me raser la tête et changer de nom pour ne pas tomber entre les mains de gens pervers, qui eussent tenté de m'arracher mon secret, dans l'espoir de produire de l'or. »

On ferait une longue histoire des persécutions subies par les alchimistes, malgré les soins qu'ils mettaient à éviter tout conflit avec une église hostile ; mais je me bornerai à donner un aperçu succinct de la situation ; le lecteur trouvera dans les ouvrages cités plus loin tous les détails qui s'y rattachent.

Presque tous les critiques matérialistes ont prétendu que, si les alchimistes avaient vraiment réussi dans leur entreprise, les tourments infligés à beaucoup d'entre eux auraient dû suffire pour arracher leur secret; l'esprit du siècle est, d'ailleurs, toujours prêt à nier l'existence d'un secret qui n'a pas été révélé. Mais certaines notions de la science occulte qui nous sont partiellement connues nous donnent la clé de ce mystère. Le premier pas à faire, pour celui qui voulait obtenir le pouvoir de transmuter le plomb en or, était de transformer d'abord sa nature humaine en une nature presque divine. Il était donc présumable que l'avide chercheur d'or ne pourrait s'y résoudre et, incapable même de comprendre cette idée, n'y verrait qu'une ruse destinée à égarer sa curiosité; mais la connaissance des principes élémentaires de la science occulte éclairent aussitôt ces énigmes alchimiques, qui resteraient insolubles sans son secours.

Cependant, si ces alchimistes étaient de vrais philosophes spirituels, pourquoi choisir d'aussi dangereux symboles que l'or et l'argent ? N'était-ce pas précisément calculé pour éveiller la cupidité des foules et s'exposer ainsi à des périls aussi graves, dans un autre genre, que ceux qu'ils cherchaient à fuir ? Nous répondrons à cela qu'ils n'avaient pas inventé, mais retrouvé ce système symbolique, déjà employé à une époque très antérieure à l'ère chrétienne et à son clergé tyrannique. La version alchimique de la philosophie spirituelle, remonte à la période d'Hermès Trismégiste, considéré, par quelques auteurs, comme un personnage fabuleux et, par d'autres, comme un Adepte ; roi d'Egypte, il vivait environ deux cents ans avant l'ère chrétienne. Quoi qu'il en soit, les écrits qui lui sont attribués sont fort anciens ; ils constituent la source de cette philosophie hermétique qui, au moyen-âge, se confondait entièrement avec la donnée alchimique. Mais depuis quelques années, depuis l'extension du mouvement théosophique, cette forme de science ésotérique a beaucoup séduit certains esprits inquisiteurs par sa source relativement occidentale. Au surplus, jusqu'à une époque très récente, le mystère hermétique résumait, pour les investigateurs européens, toute la sagesse occulte, et ils n'avaient pas d'autres méthodes ou systèmes d'enseignement à suivre que ceux-là.

Il faut aussi se rappeler que la puissante attraction exercée par la symbologie alchimique sur les étudiants du moyen-âge venait précisément de ce qu'ils en comprenaient la double signification. Au sens littéral, elle faisait allusion à un phénomène occulte extrêmement intéressant pour tout investigateur des mystères profonds de la Nature ; tandis qu'au sens symbolique, cette littérature traitait de la sublime transformation spirituelle qui unit la nature inférieure de l'homme à sa nature spirituelle ou divine.

Je cite en passant quelques extraits des écrits alchimiques qui, à l'appui de notre première opinion, prouvent que les alchimistes avaient en vue quelque but transcendant. Beaucoup d'entre eux l'expriment même si clairement, qu'il semble difficile qu'on ait pu se méprendre sur leurs intentions.

Examinons d'abord « A New Light of Alchemy »,

attribué à Michaël Sendivogius. L'auteur parle, dans sa préface, de nombreux « livres altérés et de recettes falsifiées mis en circulation par des imposteurs ou des êtres oisifs et malfaisants, qui prétendent que l'âme peut être extraite de l'or ». Puis il ajoute :

« Cependant, que les fils d'Hermès le sachent bien, cette sorte d'extraction de l'âme par le procédé vulgaire de l'alchimie n'est qu'une illusion, tandis qu'au contraire l'homme peut, au sens philosophique, sans fraude ni subterfuge, réussir à communiquer vraiment au plus vil métal la couleur de l'or... J'affirme, en connaissance de cause, qu'à celui-là, les voies de la Nature sont ouvertes, qu'il peut y pénétrer plus profondément, rechercher jusqu'à ses plus intimes secrets et, avec l'aide de Dieu, en obtenir la connaissance... Je dois conseiller ici à mon aimable lecteur de ne pas interpréter mes écrits trop à la lettre, mais d'avoir surtout égard aux possibilités de la Nature, afin de ne pas regretter par la suite son temps, ses peines et son argent prodigués en vain. Qu'il considère que cet art est pour le sage et non pour l'ignorant, et que l'interprétation spéciale aux philosophes ne saurait être comprise de prétendus savants vaniteux et railleurs... Car c'est un don de Dieu ; et, en vérité, il ne peut être obtenu que par la faveur divine, lorsque Dieu éclaire l'entendement de l'homme, et que celui-ci y joint une humilité pieuse et patiente ou la démonstration oculaire d'un maître expérimenté.— C'est pourquoi Dieu, dans sa justice, rejette loin de lui ceux qui lui sont étrangers et ne leur livre pas ses secrets. »

J'emprunte au texte même un passage facile à interpréter et écrit dans le style symbolique de l'alchimie :

« Le soufre » — employé évidemment ici pour symboliser la conscience de l'homme — « n'est pas le dernier des principes, parce qu'il constitue une partie du métal » — l'homme lui-même — « oui, en vérité, et la partie principale de la pierre philosophale; bien des sages ont laissé des écrits contenant diverses appréciations très exactes sur le soufre. Oui, Geber lui-même, dans son premier livre, si excellent, en parle ainsi : « Par le Dieu suprême, il illumine tout corps, car il est la lumière de la lumière et de la teinture. »

Il est urgent d'expliquer ici que, dès qu'on commence à lire les alchimistes, on s'aperçoit de suite qu'ils n'ont pas de code fixe qui permette de retrouver toujours la même idée sous le même symbole. L'esprit de Dieu manifesté dans la conscience de l'homme est quelquefois appelé soufre, d'autres fois mercure. L'homme normal non régénéré, sujet de leur art et objet de la transmutation, est quelquefois symbolisé par le plomb, l'antimoine ou quelque autre métal plus commun encore ; et, dans un désir anxieux de mettre en garde ceux de leurs lecteurs qui pourraient les interpréter au sens ésotérique, les alchimistes les avertissent sans cesse que « leur mercure et leur soufre » n'ont rien de commun avec le mercure et le soufre ordinaires. Le sujet de la transmutation est aussi quelquefois désigné par « Saturne », et quelques termes astrologiques, tels que, Sol, Luna et Vénus, sont employés pour exprimer quelques autres idées connexes. Chaque écrivain se fait sa loi en cette matière.

Quelquefois cependant, sans donner aucun avertissement qui puisse être compris du lecteur « ignorant », les alchimistes abandonnent tout à fait leurs symboles, et paraissent faire des remarques imprévues sur la nature de l'« artiste » qui cherche la pierre philosophale ; ils discutent en langage usuel quelques-uns de leurs plus graves mystères, et ces passages n'échappent à la curiosité des profanes que parce qu'ils semblent n'avoir aucun rapport avec le sujet en question. Ainsi lisons-nous dans « The New Light of Alchemy » :

« Que l'investigateur de cette science sacrée sache bien que l'âme, qui est, en l'homme, le monde inférieur ou microcosme prenant la place de son centre, est souveraine et se trouve dans le souffle vital, dans le sang le plus pur. Elle régit l'esprit, et l'esprit régit le corps... car l'âme, qui différencie l'homme des animaux, agit dans le corps, mais possède une activité plus grande hors du corps... Ainsi en est-il de Dieu, le Créateur de toutes choses ; il fait naître en ce monde toutes les choses qui sont nécessaires à ce monde; en ce sens, il est inclus dans le monde, et c'est pourquoi nous croyons que Dieu est partout. D'autre part, sa sagesse infinie l'exclut du corps de l'univers en lui permettant d'opérer en dehors de ce monde et de concevoir des œuvres beaucoup plus grandes... L'âme imagine, mais elle n'agit que par l'intermédiaire de l'esprit ; tandis que Dieu exécute toutes choses au moment même où il les conçoit... Dieu, par conséquent, n'est pas contenu dans le monde : il y est comme l'âme est dans le corps; son pouvoir absolu est indépendant de l'univers. De même, l'âme de tout homme possède son pouvoir absolu lorsqu'elle est séparée du corps. »

L'auteur de ce passage était certainement très au fait de l'important phénomène psychique qui préoccupe actuellement les plus avancés de nos occultistes. En outre, sa manière d'envisager la création — en considérant le monde matériel comme une manifestation de l'esprit sur le plan physique — s'élève à la hauteur des plus profondes conceptions théosophiques. Il est assez plaisant de comparer ces idées si philosophiques avec la prétendue religion enseignée par les églises d'alors, où ces mêmes conceptions se retrouvent dénaturées jusqu'à l'absurde ; et surtout lorsqu'on réfléchit que, de nos jours encore, la plupart des esprits cultivés (exception faite de ceux que l'enseignement occulte a éclairés) accorderaient au théologien, même du moyen-âge, une certaine considération, et regarderaient l'alchimiste comme un fou, égaré par la plus vulgaire superstition. Or, il n'est rien de tel qu'une étude comparative des alchimistes pour nous faire apprécier, à sa juste valeur, l'orgueil aveugle qui, pendant la dernière partie du xixe siècle, passa couramment pour de l'intelligence.

Voici maintenant une citation alchimique plus obscure, tirée de « Aula Lucis », par Thomas Vaughan. Vaughan écrivait généralement sous le nom d'Eugène Philalethes, vers le milieu du xviie siècle. Certains écrivains, dit-il, ont préféré, au début, cacher la vérité plutôt que la déguiser. Il se propose de prendre un moyen terme et de n'être ni trop clair ni trop obscur ; mais nos lecteurs modernes trouveront probablement qu'il craignait surtout d'être trop clair. Il parle en ces termes de la pierre philosophale, de cet esprit divin nécessaire à la transmutation de la nature inférieure de l'homme :

« C'est un dissolvant minéral et subtile, une eau tellement fluide et spirituelle, d'un éclat si translucide, qu'aucune liqueur semblable n'existe dans la nature, qu'elle seule... Et je dis qu'on l'a jusqu'à la fin appelée une pierre, afin qu'aucun homme ne puisse connaître ce qu'on désignait par ce terme. Puis il s'étend longuement sur la « matière primordiale », qui, dit-il, pourrait se décrire assez exactement par des contraires — étant très faible et cependant très puissante, semblable au feu qui ne brûle pas, à l'eau qui ne mouille pas, etc. Il la nomme, le mercure, la risée des fols et le prodige des sages. Ceci doit certainement représenter la conscience, l'aspiration spirituelle chez l'homme incarné, ou encore la première influence du Soi supérieur dans la conscience physique.

Changeant ensuite de métaphore, il appelle le sujet qu'il traite « notre source scellée ». « Au fond de ce puits est étendu un vieux dragon, presque endormi. Si vous le pouvez, éveillez-le et faites-le boire ; il recouvrera alors sa jeunesse, et ses services vous seront acquis à jamais. En un mot, séparez l'aigle du lion vert, puis coupez-lui les ailes, et vous aurez accompli un miracle... »

« L'aigle (1) représente l'eau, car elle est volatile et, pareille à l'aigle, s'élève dans les nues. Mais je n'entends nullement parler ici d'une eau ordinaire. Le lion vert est le corps, la terre magique avec laquelle il faut couper les ailes à l'aigle, c'est-à-dire que vous devez le retenir, afin qu'il ne puisse plus s'envoler. »

---

(1) L'*Aigle*, ou oiseau d'Hermès, représente l'eau fugitive dans ses sublimations ; le *Lion vert*, ou minerai de Mercure, est cette terre magique des philosophes qui ne mouille pas les mains et a la propriété de réduire et de volatiliser tous les métaux, comme le lion, roi des animaux, a le pouvoir de les tous détruire. Dans ce jargon obscur des alchimistes nous trouvons encore les expressions de : *Lion vert des fols* (vert-de-gris et mercure sublimés), *Lion rouge* (teinture d'or, ou élixir parvenu au rouge parfait), *Lion volant* (synonyme d'aigle ou de sublimation), *Lion ravissant* (correspondant au dissolvant universel). Pour plus de détails, voir : *Les Douze Clefs de la Philosophie*, de Basile Valentin, traduit de l'original en 1670.

N. D. T.

Cette incertitude, ces changements constants dans les allégories alchimiques les rendent assurément très difficiles à traduire en langage intelligible. Pourtant, il est clair que Vaughan fait ici allusion aux facultés psychiques supérieures que l'on peut employer pour prendre conscience, sur un plan élevé, de la Nature, tout en les laissant en relation avec la conscience psychique.

Dans un traité très fantastique du xviii° siècle, intitulé « The Hermetical Triumph », on insiste spécialement sur l'avertissement habituel, au cours d'un dialogue entre « l'Or » et « la Pierre ». L'Or soutient avec persistance l'opinion matérialiste de la science, tandis que la Pierre lui oppose sans cesse des idées dans ce genre :

« Mais, quand ils — les vrais philosophes — désignent clairement l'or et le mercure comme les principes de leur art, ils n'emploient ces termes que pour dérober leur science aux ignorants et à ceux qui en sont indignes, parce qu'ils savent très bien que ces esprits vulgaires ne s'attachent qu'au nom des choses, aux recettes et aux directions qui sont écrites, sans examiner si leurs opérations reposent sur une base solide. Les sages, au contraire, considèrent toutes choses avec prudence, regardant comment elles concordent et s'harmonisent entre elles, et par ce moyen ils pénètrent jusqu'au cœur même de l'art. »

Jusqu'ici, toutes mes citations ont été tirées des quelques ouvrages que j'ai indiqués ; mais, de seconde main, il sera facile d'en trouver beaucoup d'analogues dans deux ouvrages, de date récente, écrits dans le but d'exposer la signification réelle et les mystères des sciences hermétique et alchimique. J'y renvoie donc ceux de mes lecteurs désireux de pousser ce sujet plus loin et d'acquérir la notion complète des principes que j'ai sommairement exposés. Le premier de ces ouvrages, et le plus important, est devenu très rare : l'auteur a fait son possible pour le retirer de la circulation, sous l'impression que son exposé péchait trop contre cette règle : « Ne donnez pas aux chiens ce qui est saint, et ne jetez pas vos perles aux pourceaux. » Le titre complet de cet ouvrage est : « Recherche suggestive sur le Mystère Hermétique, accompagnée d'une dissertation sur les plus célèbres philosophes alchimistes ; essai entrepris pour retrouver l'ancienne expérience de la Nature. » Ce traité anonyme fut publié en 1850. Il renferme de très nombreux et très intéressants témoignages, constatant que quelques vrais alchimistes — ceux que leur développement spirituel avait préalablement rendus Adeptes dans la manipulation des forces secrètes de la Nature — ont positivement accompli l'expérience physique de l'alchimie à laquelle s'attaquèrent en vain tant d'autres qui n'étaient pas adeptes. Ce livre entre profondément dans le sens ésotérique du sujet, et donne, au cours d'une revue très complète de la littérature alchimique, de nombreuses citations se rapportant à l'interprétation spirituelle de l'allégorie entière.

Entre autres extraits, il donne une traduction du *Tractatus Aureus*, ou Livre d'or d'Hermès, concernant le secret physique de la Pierre philosophale, « lequel », dit-il, « est considéré comme l'un des écrits alchimiques les plus anciens et les plus complets qui soient et comme un exposé en forme d'*epitome* de l'ensemble de cette science ».

De nos jours, on ne trouverait pas ce traité d'une clarté lumineuse. Nous y lisons, par exemple :

« Sachez donc que les anciens philosophes faisaient

de l'eau un composé de quatre substances ; une en deux, et trois en une, dont le tiers est la couleur, c'est-à-dire une sorte d'humidité coagulée ; mais les deuxième et troisième eaux sont la valeur du Sage. »

On retrouve jusque dans le *Tractatus Aureus* les avertissements habituels dont nous connaissons la raison ; par exemple :

« Sachez que je donne à cette matière le nom de pierre ; mais on l'appelle aussi la partie féminine de la magnésie, ou la peule, ou le lait volatil, ou encore l'huile incombustible, afin qu'elle demeure cachée au sot et à l'ignorant. »

Et plus loin :

« O vous, fils de la Sagesse, brûlez donc ce corps d'Airain dans un brasier ardent ; il vous cédera alors de bonne grâce tout ce que vous en souhaitez. Et faites en sorte d'empêcher ce qui est volatil de s'envoler, au moyen de ce qui ne peut voler. »

Nous retrouvons ici une autre version du Lion vert et de l'Aigle de Vaughan, allusion voilée aux possibilités contenues dans la culture des facultés psychiques supérieures.

Sans paraître avoir eu connaissance de l'ouvrage « Recherche suggestive », un écrivain américain, nommé Hitchcock, publia, en 1857, comme amplification d'un petit pamphlet écrit deux ans auparavant sur le même sujet, un petit livre intitulé : « Remarques sur l'Alchimie et les Alchimistes. » Une introduction un peu surannée nous fait pressentir les convictions que va développer l'auteur. Il annonce que son livre « indique une méthode pour découvrir la véritable nature de la Philosophie Hermétique ; il démontre que la recherche de la Pierre Philosophale n'avait pas pour objet la découverte d'un agent de transmutation pour les métaux et, enfin, que son livre est publié dans l'intention de laver d'un opprobre immérité la réputation de toute l'association de ces grands penseurs des temps passés ». Au début du livre, l'auteur explique comment le pamphlet original, eut pour but de répandre une idée qui l'avait fortement impressionné, celle que la Pierre Philosophale était un simple symbole, et que les alchimistes ne recherchaient pas l'or, mais, en réalité, la sagesse, tout en se gardant soigneusement d'en laisser échapper le nom. Ce pamphlet ayant été attaqué, d'une façon aussi violente que stupide, dans la « Westminster Review », l'auteur, en 1856, revint à la charge, justifiant à nouveau ses arguments ; il les amplifie encore dans le livre que nous avons sous les yeux.

« J'affirme », dit-il, « que l'unique sujet de l'alchimie est l'Homme. Mais chaque écrivain le désigne généralement par un pseudonyme de son choix : c'est pourquoi l'un parle *d'antimoine*, l'autre de *plomb*, celui-ci de *zinc*, celui-là *d'arsenic*. » Il cite à l'appui cette phrase d'un écrivain alchimiste : « Lorsque notre ouvrage est encore brut, nous l'appelons notre eau permanente, notre plomb, notre Saturne, notre Jupiter ; s'il a déjà subi la décoction, nous le nommons argent, puis magnésie ou soufre blanc. Lorsqu'il est rouge, on l'appelle pigment aurifère, corail, or, ferment ou pierre ; ou bien encore on le désigne comme l'eau translucide de couleur céleste. »

Il est aussi intéressant qu'instructif de suivre M. Hitchcock, recherchant ces métaphores compliquées dans le dédale des deux cents volumes d'alchimie qu'il assure avoir compulsés. Et je ne puis comprendre comment un esprit réfléchi le suivrait jusqu'au bout sans être convaincu qu'il se trouve sur la piste de la véritable interprétation. M. Hitchcock n'était pas assez occultiste pour découvrir tout ce que renferme la philosophie alchimique ; mais le théosophe de notre génération, s'il a profité de toutes les opportunités qui lui sont offertes, doit être à même de comprendre mieux encore que lui ce sujet. Bref, l'excellent ouvrage de M. Hitchcock servira toujours à quelques-uns de mes lecteurs comme introduction au sujet, si, intéressés par ce que j'en ai dit ici, ils désirent poursuivre une investigation tout à la fois rebutante et captivante, si je puis employer cette expression paradoxale bien en harmonie avec l'esprit des auteurs que j'ai cités. L'alchimie, M. Hitchcock en convient, peut avoir passé à jamais, sans espoir de retour : « Cela peut être », dit-il ; « mais les questions qui ont préoccupé les alchimistes n'ont pas passé et ne passeront pas tant que l'homme sera errant sur cette terre, parce que ce sont les plus intéressantes qu'il soit donné au cœur humain d'approfondir. Et si ces questions prennent leur origine dans l'homme, leur solution doit embrasser à la fois le microcosme et le macrocosme. »

CHAPITRE XIV

L'INITIATION AU TEMPS ACTUEL

Si nous comprenons bien la portée de l'initiation dans l'ancienne Égypte et si nous la rattachons, dans une juste mesure, à cet aperçu général de l'évolution naturelle que la donnée ésotérique nous expose, la simple réflexion nous démontrera que le sentier de l'ancienne initiation est encore accessible aujourd'hui. Accessibles aussi, dans une certaine mesure, sont ceux de nos prédécesseurs qui, dès les premiers stades de l'évolution du monde, s'élevèrent au-dessus des lois qui gouvernent les incarnations périodiques de l'humanité ordinaire. Ils ont pu atteindre une condition d'existence plus haute se caractérisant, d'un côté, par une longévité considérable et, de l'autre, par une persistance plus extraordinaire encore des pouvoirs qui leur sont nécessaires pour fonctionner sur les plans élevés de la Nature. Ils n'en sont pas moins accessibles à nos recherches, non parmi la foule affairée qui encombre nos cités, mais dans de profondes retraites, où le véhicule physique, qui leur permet encore de prendre contact avec notre plan d'existence, se trouve à l'abri de la contagion magnétique qui se dégage des centres plus peuplés, et les rendrait incapables d'exercer les hautes fonctions spirituelles que comporte maintenant leur rang élevé dans la Nature.

Au reste, de tels êtres sont dans des conditions d'existence si différentes de celles de l'humanité ordinaire qu'il serait plus juste de les considérer comme de grands esprits qui conserveraient, sur terre, un corps physique pour en faire usage dans des circonstances urgentes, que comme des êtres humains possédant le pouvoir de s'élever à certains états spirituels de la Nature. De plus, dans le long intervalle qui s'est écoulé depuis les anciennes initiations de la période égyptienne, de nombreux néophytes sont entrés dans le courant de l'évolution supérieure, en outre de ceux qui ont rejoint le sentier à cette époque reculée. Les occasions de se faire initier n'ont jamais fait défaut; mais, après avoir jeté un dernier éclat en Grèce, les initiations étaient retombées dans l'oubli, et on en avait perdu la trace.

Le caractère des épreuves a dû forcément se modifier graduellement, afin de s'adapter aux nécessités de l'époque; car la race humaine, uniquement préoccupée des progrès de la science, négligeait temporairement toutes considérations d'un ordre plus élevé. Mais à aucune époque de l'histoire du monde, le sentier de l'initiation n'a été absolument fermé. Il a toujours été accessible à ceux dont les aspirations spirituelles d'une vie antérieure ont développé, dans les vies suivantes, ces facultés supérieures de vision et de conscience que nous appelons aujourd'hui psychiques, et qui en sont les conséquences karmiques ; ce sont ces facultés qui leur ont facilité l'accès de la connaissance supérieure.

L'homme qui veut entrer aujourd'hui dans la voie

du développement occulte n'est plus obligé de se présenter dans un temple déterminé et de devenir le disciple d'un Hiérophante visible à tous ses fidèles. Il existe pour lui un temple intérieur auquel ses propres facultés psychiques (puisque, dans notre hypothèse, il en possède) lui donnent accès. C'est par ces moyens que la corporation des Adeptes initiés s'est maintenue jusqu'ici, quoique, en aucun temps peut-être, dans l'histoire de notre race, elle n'ait été aussi peu nombreuse qu'aujourd'hui. Le cycle qui développe une grande activité dans le domaine des connaissances physiques, l'ère scientifique *par excellence* — en donnant au mot « science » l'acception limitée que nous lui donnons depuis peu — a pour corollaire forcé une période de stagnation spirituelle. Ces deux phases de progrès ne se nuisent pourtant en rien : avant d'atteindre à leur complet épanouissement, les plus hautes aptitudes scientifiques peuvent et, vers la fin, doivent s'unir à un grand développement spirituel. Mais les forces de l'évolution naturelle, considérées dans leur ensemble, provoquent à certaines époques une impulsion plus prononcée vers les sciences physiques ; tandis qu'en d'autres temps, cette impulsion reste latente, et les aspirations spirituelles reprennent l'avantage.

Nous voici arrivés à ce fait important, qu'aujourd'hui comme jadis, quoique avec d'autres méthodes de développement, la voie de la haute perfection spirituelle est accessible à tous ceux qui y apportent les aptitudes requises jointes à d'ardentes aspirations ; et cette haute perfection spirituelle, au sens où nous l'entendons, comprend notamment la connaissance, le pouvoir et ce progrès que l'on accomplit comme un devoir. Le magnétisme, la clairvoyance, la transmission de pensée, le spiritisme, en un mot toutes ces petites manifestations d'un pouvoir anormal qui attirent aujourd'hui l'attention ne sont que l'écume d'une grande vague ; elles dérivent de certaines lois naturelles des régions supérieures. Or, l'initiation permet à l'aspirant de pénétrer jusqu'aux sublimes mystères de ces régions, pourvu qu'il dirige ses efforts vers la bonne voie.

Je pourrais dire, en quelque sorte, que l'initiation nous est aujourd'hui plus accessible que jamais, parce que les hautes autorités dirigeant les conditions de ce genre d'avancement ont compris la nécessité de rendre à tous la situation plus intelligible qu'elle ne le fut durant les douze siècles d'obscurité qui précédèrent le nôtre. Un grand progrès a été réalisé, vers ce but, par ce que nous pouvons appeler le mystère psychique, quoique la science physique officielle se soit refusée à le comprendre dans ce sens. Laissé à ses seules ressources, privé d'une direction intelligente, ce genre de développement risquait de prendre une tournure inquiétante pour le bonheur futur de la race humaine.

Je l'ai dit plus d'une fois, le véritable progrès occulte s'accomplit en partie double par le développement d'une moralité très élevée, et par l'acquisition d'un savoir très approfondi ; sans ce double effort, l'homme actuel ne saurait évoluer jusqu'au règne supérieur de la Nature, règne presque divin, si nous le comparons au nôtre. Et cette évolution seule peut favoriser l'éclosion du savoir et des pouvoirs latents en la nature de l'homme. Mais il suffit déjà d'un développement moins complet pour conférer à l'humanité des pouvoirs surpassant celui de nos sens physiques. De même que la rosée du ciel descend sur le juste comme sur l'injuste, de même, en quelque sorte et dans une certaine limite, la connaissance est aussi accessible à l'être pervers qu'à l'homme de bien ; et lorsqu'elle est acquise par des hommes qui ne sentent pas suffisamment la grande responsabilité qui leur incombe, il peut en résulter, pour eux et pour les autres, de désastreuses conséquences. Au résumé, la connaissance, acquise dans l'étude des sciences physiques, pourrait déterminer, lorsque ces sciences auront dépassé de beaucoup le niveau atteint pendant le XIXe siècle, certaines conditions d'existence où ceux qui posséderaient cette connaissance deviendraient ce que le monde du moyen-âge appelait des magiciens noirs. Le nom que nous leur donnons importe peu ; mais il est de fait que la connaissance théorique des profonds mystères de la Nature, en relation avec les forces spirituelles et psychiques, peut être acquise par des individus qui n'ont pas les mobiles élevés dont s'inspirent ceux qui l'obtiennent en suivant ce que les occultistes appellent la voie de droite.

Aussi, le temps est-il venu où les progrès de la science rendent impossible, à tous les points de vue, le maintien de l'ancien système, qui entourait d'une réserve excessive les mystères de l'initiation. Tel est actuellement l'état des choses. Durant les longues périodes où la race humaine n'était douée que d'un développement bien imparfait, on a jugé plus sage, dans son propre intérêt, de lui laisser ignorer les forces terribles que la science occulte place au pouvoir de l'homme. Aujourd'hui, son intelligence grandissante le met en état d'apprécier la valeur de ces forces sans même recourir aux enseignements de l'initiation. Il devient alors opportun, pour ceux qui dirigent cet enseignement, de devancer l'expansion anormale des découvertes psychiques, pour les guider dans la voie qui leur a été préparée. Cette voie, c'est le développement théorique de la science spirituelle, qui mettra les hommes de toutes races en état de comprendre les horizons pleins d'espérance que la Nature réserve à cette sagesse suprême. Connaître la nature des forces qui agissent sur les plans supérieurs de la Nature, et les employer à satisfaire des désirs égoïstes inspirés par les intérêts transitoires de ce monde, c'est ravaler notre humanité, c'est insulter à ses plus nobles attributs. La seule méthode rationnelle et progressive par laquelle l'humanité puisse atteindre son développement consiste à subordonner les conditions de l'existence physique aux intérêts spirituels, qui leur sont supérieurs. Si, au contraire, on intervertit le cours normal des forces et des pouvoirs appartenant au plan spirituel, pour les employer à des fins qui concernent le plan physique, cette opposition aux desseins de la Nature l'outrage dans ses plus hautes conceptions. Ce n'est plus un acte coupable et mauvais, à l'instar des péchés légers commis sur le plan physique, c'est, en réalité, l'essence même du mal, ce que les premiers théologiens appelaient pécher contre le Saint-Esprit, sans même prévoir jusqu'à quel point ils seraient mal compris.

Nous sommes maintenant à même de nous rendre compte par quelle suite de circonstances les méthodes et systèmes d'initiation, dérobés pendant de si longs siècles à la connaissance des peuples, se révèlent aujourd'hui lentement et graduellement à une génération qui, au premier abord, semble singulièrement peu apte à ce genre d'enseignement. La plupart des hommes de notre époque sont, en effet, bien peu préparés à les recevoir, et il en sera de même, longtemps encore, des générations qui nous suivront. Mais, d'autre part, ceux qui nous ouvrent cette voie ne se sont jamais attendus à voir les hommes accourir en foule vers eux, et leur fournir de nombreux prosélytes.

Tout ce qu'ils peuvent espérer et même désirer, c'est de trouver des élèves persévérants parmi ceux qu'un ardent désir de science et d'expérience spirituelle a déjà détournés des plaisirs et des ambitions de la vie courante. Mais le petit nombre d'hommes qui s'engageraient dans cette voie épuiseraient en songes creux, en essais infructueux, l'ardeur de leur dévouement, si les possibilités de la situation n'étaient pas généralement connues, et l'évolution resterait stationnaire.

Il faut nous souvenir que ce vaste plan, comme les premiers chapitres de ce livre l'ont déjà expliqué, ne consiste pas uniquement dans la perpétuation de l'espèce humaine, mais aussi dans son évolution vers des conditions d'existence supérieures. On constate assurément que la Nature répand à profusion, sur la surface du globe, ces innombrables unités de conscience différenciées que nous appelons hommes et femmes ; ce sont autant de germes qui donneront naissance, ultérieurement, peut-être à des êtres spirituels d'un caractère infiniment plus élevé. Mais, tandis qu'elle se montre si prodigue de semences dans les organisations inférieures, elle considère le germe humain tout autrement que celui du chêne. Le gland, en effet, s'il n'a pas germé, peut se résoudre en ses éléments constitutifs, sans avoir à souffrir de n'être pas devenu chêne. Rien n'est perdu dans ce cas, sinon la peine que la Nature a prise de produire ce gland. Mais l'être humain, dans son aspect supérieur, peut être vraiment considéré comme le germe de quelque chose d'infiniment plus grand : il possède déjà en lui un foyer de conscience divine qui subsistera pendant un temps incalculable, noyau vibrant de souffrance ou de joie.

Qu'il veuille ou non s'unir consciemment au grand but de la Nature pour y coopérer, ses destinées différeront entièrement, en l'espèce, de celles d'une semence végétale, qui se désagrège et disparaît lorsqu'elle n'a pu atteindre son parfait développement.

Nous avons déjà démontré que l'homme ne peut parvenir au but final de son existence que par l'union consciente de sa volonté avec les pouvoirs et les forces de la Nature qui agissent en lui. En conséquence, s'il désire progresser dans le système d'évolution universelle, infiniment plus complexe que ce qu'on appelle quelquefois le système de la création, son avancement doit dépendre, au stade actuel de notre développement terrestre, d'une connaissance exacte des efforts nécessaires pour réaliser l'union consciente dont nous parlions plus haut. En d'autres termes, il devra un jour ou l'autre en arriver à cette initiation qui forme l'objet actuel de notre étude.

Cette conception qui semble remettre les destinées d'un homme entre les mains de ses semblables, si avancés soient-ils en sagesse et en pouvoir spirituel, peut, au premier abord, froisser les idées de quelques-uns d'entre nous ; la plupart des gens, en effet, lorsqu'ils envisagent l'existence à venir, sont élevés dans la croyance que le meilleur parti à prendre est de vivre, ici-bas, dans un juste discernement du bien et du mal, et, quant au reste, de s'en confier aveuglément à la miséricorde de Dieu. Mais, si l'on analyse intelligemment notre exposé, on verra qu'il ne s'y oppose nullement. Nous soumettons, au contraire, ce grand problème aux conclusions de l'expérience acquise dans les conditions de la vie que nous connaissons, et il en est de même de tous les problèmes moins importants.

Celui qui veut récolter de bons fruits sur un pommier sauvage ne se livre pas à une douce quiétude, à une confiance pieuse en la bonté de cette puissance qui dirige le développement du règne végétal comme celui de l'évolution humaine. Cet homme sait que les pouvoirs de la Nature lui viendront en aide s'il travaille conformément à ses lois. Il étudie alors ce qu'on en peut connaître avec d'autres hommes qui les ont observées avant lui et, appliquant ses connaissances au but qu'il se propose, il réussit à améliorer son fruit.

Je pense que tous les doutes à ce sujet se dissiperont d'eux-mêmes, le jour où la situation sera un peu mieux comprise. L'existence d'êtres humains infiniment plus avancés que leurs contemporains et restant cependant en relation avec notre terre sera reconnue comme une nécessité métaphysique, par tous les esprits lucides qui aborderont ce sujet.

Une question plus grave et plus sérieuse pourrait embarrasser ici ceux qui persévèrent dans la recherche de la voie : comment l'aspirant peut-il entrer en relation avec ses frères plus avancés, avec ces Instructeurs ou Maîtres de la sagesse ésotérique ? Je vais essayer de résoudre cette question délicate; mais ce genre de sujet ne peut être traité en quelques mots. Il n'existe certainement, pas plus aujourd'hui qu'autrefois, une agence officielle où puissent s'adresser ceux qui éprouvent le réel désir d'une direction spirituelle bien entendue. Dans les ouvrages occultistes du moyen-âge, il est souvent question, au point de vue symbolique, de portes qui s'ouvrent toujours devant celui qui frappe ; ce genre de phrase a le don d'irriter les esprits occidentaux, car ils ont perdu le sens de ce symbolisme élevé et, tout en préférant parfois rester dans l'ignorance de ces sujets, ils exigent néanmoins, si l'on consent à dévoiler quelque peu ce qu'ils désirent savoir, qu'on le leur dise sans détour et d'une façon compréhensible. En réalité, les premiers pas vers les Maîtres de l'initiation ne peuvent se faire qu'à l'aide de ces facultés supérieures que l'initiation a précisément pour mission de développer chez l'homme. Notre raisonnement semble entrer dans un cercle vicieux. L'aspirant à la science spirituelle la désire justement afin d'éveiller, dans les mystérieuses profondeurs de son être, les sens supérieurs qui conduisent à la perception psychique. En sorte que, lorsqu'on lui dit que ces sens sont indispensables pour parvenir jusqu'aux Maîtres, il se plaint d'être mystifié par un paradoxe et de n'avoir pas avancé d'un pas. Ce paradoxe, il faut pour l'élucider se rémémorer la doctrine déjà exposée en détail dans ce livre, et qui nous décrit la méthode dont la Nature se sert pour hâter l'évolution de l'âme humaine. Il faut se souvenir que la réincarnation est le lot de tout être humain, et appliquer ce principe à toutes les considérations, et surtout à tous les mystères qui se rattachent à l'étude de l'évolution spirituelle.

Avant de compléter mon exposé préparatoire, je dois ouvrir une parenthèse pour expliquer qu'il est des cas fortuits où certaines influences spéciales, déterminées par le karma des vies antérieures, peuvent placer l'homme en relation avec les Maîtres spirituels ou, plutôt, lui faire entendre qu'il pourrait bénéficier de leur enseignement sans faire des efforts surhumains et sans même posséder des aptitudes psychiques déjà développées. Mais, avant d'entrer dans le détail de ces cas exceptionnels, considérons d'abord la règle normale. D'après cette règle, lorsqu'une personne a éprouvé, au cours d'une de ses nombreuses existences, un sérieux désir d'atteindre à la sagesse spirituelle, son premier effort vers la haute initiation doit consister à diriger ses pensées vers ce grand problème et à en faire l'objet d'une étude intellectuelle. Celui qui désire entreprendre un genre d'évolution spirituelle qui lui donne accès à l'évolution supérieure (la seule qui puisse être appelée spirituelle, doit s'appliquer à comprendre, à apprécier la nature de la tâche qu'il entreprend, ainsi que les attributs des Êtres qui président aux avantages et aux opportunités de l'initiation.

En présentant ainsi la chose, je parais m'écarter des doctrines préconisées, avec tant d'enthousiasme, par la littérature théosophique récente, qui, de préférence à tout travail intellectuel, recommande le dévouement, la philanthropie, l'altruisme et la pureté morale, parce qu'elles sont, par leur effet préparatoire, tellement supérieures à tout effort intellectuel, qu'il devient presque superflu d'imposer un autre genre de travail aux candidats à l'initiation.

Pourtant, en disant que la question demande d'abord à être étudiée intellectuellement, je ne néglige pas l'efficacité préparatoire des qualités morales, j'en tiens compte, au contraire ; car, pour concevoir comme je l'entends le sujet dans son ensemble, il est nécessaire de comprendre que ces qualités sont les éléments essentiels de l'état intérieur qui nous mène aux réalités de l'initiation. Notre enthousiasme pour la beauté morale et pour la vertu, dans leur sens abstrait, ne doit pas nous faire perdre de vue cette grande vérité : dans l'effet normal des lois qui régissent l'évolution spirituelle, la vertu — pratiquée pendant plusieurs existences successives, bien entendu —

doit avoir pour résultat final le bonheur, et non pas nécessairement le progrès spirituel. Les causes génératrices de ce progrès seront la vertu jointe à la conception intelligente du grand système régissant l'évolution spirituelle et du but que la Nature se propose en développant l'humanité. Aussi répéterai-je encore que le premier effort du débutant dans la voie de l'initiation doit porter sur l'étude et le travail intellectuel, dans la mesure des capacités mentales qu'il possède déjà. Il doit acquérir un aperçu exact des principes qui règlent l'évolution spirituelle et, en outre, éprouver l'ardent désir d'en pressentir les réalités et de braver les épreuves nécessaires pour en pénétrer les mystères. Si au cours d'une de ses existences, un homme éprouve ces dispositions intérieures, elles produiront infailliblement leurs conséquences dans la vie suivante, sous forme de dons psychiques; cet homme pourra entrer alors en relation consciente avec les Maîtres supérieurs, pourvu qu'il en ait encore le désir et qu'il dirige ses efforts vers ce but.

Je ne crois pas qu'il y ait dans la littérature occulte du moyen-âge, dans la psychologie moderne, ni même dans la théosophie, d'ouvrage traitant spécialement des circonstances qui favorisent le développement de ces facultés psychiques, si mystérieusement belles quelquefois, mais que l'observation de la vie nous fait juger, d'autres fois, si douloureuses. Nous les nommons habituellement dons psychiques, suivant le terme employé par un système fort peu éclairé sur les attributs de l'homme. Ce mot « don » appliqué à ce genre de faculté, comme, d'ailleurs, à tout autre talent, semble partir d'un sentiment de vénération, de gratitude envers la puissance inconnue qui nous a donné l'existence; mais une observation plus pénétrante nous démontrera que le sentiment de voir telle ou telle faculté accordée capricieusement, sans avoir été méritée par un effort sérieux, implique toujours un blâme envers l'omnipotence, tout au moins un reproche à cette justice qui nous semble inséparable de l'idée d'omnipotence.

Une des conceptions les plus claires, dans l'étude de l'évolution spirituelle, nous explique, au contraire, que les facultés mentales, les dons psychiques et même tous les talents supérieurs acquis dans les arts ou dans tout autre branche de l'activité humaine proviennent toujours d'un effort déterminé, d'une activité bien définie ou, pour m'exprimer plus clairement, du karma généré dans les vies précédentes. Ceux qui étudient les sciences physiques sont enthousiasmés par la merveilleuse conception de cette grande loi qui nous expose la conservation de l'énergie régissant tous les genres de forces perçues jusqu'ici par nos sens physiques. Il est étrange qu'ils demeurent insensibles à la conception encore plus élevée de cette loi, lorsqu'elle s'applique aux forces supérieures qui régissent la cause et l'effet de l'action spirituelle.

Or, il est tellement important de comprendre l'action, sur les plans supérieurs, de cette loi, connue depuis si longtemps, que l'étude de la théosophie pourrait presque se définir par cette phrase : la conservation de l'énergie sur le plan moral. Un homme, considéré sous le rapport intellectuel, artistique et moral, est exactement ce qu'il s'est fait lui-même pendant ses existences antérieures, quel que soit le moment où nous le considérons. Il progresse dans chaque existence, d'après les chances favorables ou désavantageuses de son entourage, qui est lui-même la conséquence physique et extérieure de ses actions précédentes, c'est-à-dire du karma généré dans des existences plus lointaines encore. Son libre arbitre, sans cesse actif, lui permet, d'ailleurs, de modifier ces conditions d'existence selon la rapidité de son avancement, pour les adapter à ses besoins ; et les facultés dont il fera preuve, à des stades ultérieurs d'existence, ne seront que la conséquence directe d'efforts et d'aspirations antérieures. En étudiant la doctrine de la réincarnation, qui se rattache à ce sujet, nous avons déjà montré, par quelques exemples, comment se développent les aptitudes pour la musique ou les langues étrangères. Les capacités de l'Ego, stimulées par les efforts de toute une vie, appliquées à un genre de travail spécial, renaîtront lorsque cet Ego se réincarnera, et, s'il les exerce encore, elles se développeront dans des limites indéterminées. L'enfant qui, à six ans, est déjà un génie musical, est le rejeton karmique d'un grand musicien du temps passé ou, plutôt, sa personnalité nous représente la réincarnation de ce musicien. Celui qui, dans une époque reculée, fut linguiste a peut-être oublié, en revenant sur terre, les vocabulaires et les règles grammaticales qu'il avait apprises, mais sa nature aura conservé une grande affinité pour ce genre de science ; aussi pourra-t-il faire avec très peu de peine plus de progrès qu'un autre n'en ferait dans de longues années de travail. Il en est ainsi des aptitudes scientifiques, des goûts littéraires et aussi des facultés psychiques.

Si, au cours de ses existences, un homme éprouve le désir vif et constant de pénétrer les mystères du plan psychique, s'il entre en relation sympathique avec des personnes que leurs facultés mettent en état de pénétrer ces mystères, et qu'en outre, il étudie ce sujet autant que le lui permettent les circonstances, le résultat karmique de ces bonnes dispositions s'épanouira sous forme de facultés psychiques. Il pourra dès lors exercer celles-ci librement, lorsqu'il renaîtra sur le plan physique — toujours en admettant qu'aucune cause karmique indépendante n'y mette obstacle. En y réfléchissant, on verra que cette simple loi, si clairement démontrée par la connaissance que nous avons aujourd'hui des principes du karma et de l'évolution spirituelle, peut s'appliquer indistinctement à toutes les investigations relatives aux facultés psychiques, variées et contradictoires, que nous observons dans la vie. Celles-ci se montrent quelquefois sous la forme d'une admirable clairvoyance spirituelle, qui met son heureux possesseur en relation avec les plans d'existence supérieurs et leurs habitants. D'autres fois, elles ont pour effet de rendre les yeux sensibles à des phénomènes astrals, qui, sans provenir d'un plan élevé de la Nature, échappent encore à la vue physique normale. Ces facultés s'unissent tantôt à un caractère très élevé, inspiré des plus nobles intentions, tantôt à une nature basse et cupide; elles peuvent même s'allier — le cas est rare heureusement — à une malveillance positive et aux tendances les plus perverses.

Mais, dans ces différents cas, les facultés psychiques, en elles-mêmes, sont toujours le fruit du désir que l'on a eu de les posséder, et des efforts accomplis dans ce but. Le caractère qui les accompagne n'est que l'expression normale, sur le plan physique, des tendances et des efforts générés par l'individu pendant ses vies antérieures. Le désir ou l'effort produira son effet aussi infailliblement que la balle lancée par un fusil fait sa trouée dans l'air. Le but atteint par cette balle dépendra de la direction imprimée à l'arme; mais ceci est une tout autre question. Si l'on veut bien approfondir ces réflexions, on verra qu'elles s'appliquent à toutes les manifestations si complexes de la « médiumnité », selon l'expression du spiritisme moderne. Les singularités médianimiques que nous observons dans la constitution psychique peuvent être considérées comme des dons merveilleux ou néfastes ; mais ce sont des effets qui ne peuvent se produire sans causes. Nous avons vu, d'ailleurs, que les qualités morales ou mentales qui se révèlent par le caractère sont des effets, dont la cause doit être cherchée dans les efforts de leur possesseur à une époque antérieure de son évolution.

Ces progrès psychiques irréguliers, pourrait-on dire, sont assez mystérieux, assez intéressants, pour faire l'objet d'une étude spéciale, indépendamment de notre sujet actuel, qui traite des conditions dont on doit s'entourer de nos jours pour s'approcher du seuil de l'initiation.

Afin d'en avoir une idée exacte, il faut nous reporter au processus normal de la réincarnation. Nous comprendrons alors comment le secours d'un Adepte peut, à certains stades de l'évolution, hâter les progrès de ceux que l'espoir d'un avancement plus rapide détermine à faire quelques sacrifices.

Considérons premièrement le but défini que se propose la Nature dans les expériences dévakhaniques prolongées qui séparent les existences terrestres ; ce but est le développement de l'âme, et ce développement se produit par les expériences et les activités de la vie responsable. Pour ceux qui accomplissent ce travail uniquement pendant la vie physique — et c'est le cas de la plupart des êtres qui nous entourent — les actions de l'existence physique représentent une quantité considérable de matériaux mal amalgamés, qui demandent à être triés et épurés avant que l'Ego permanent puisse en extraire ce qui doit contribuer à son expansion. L'entité se trouve précipitée dans le monde astral, accompagnée des habitudes, des tendances et des désirs qu'elle a générés pendant sa vie ; c'est encore, à proprement parler, un être du plan physique, et le cours habituel de ses pensées ne l'a pas mise en état de profiter, dans toute leur étendue, des opportunités de la région astrale, et moins encore de passer à des conditions plus pures et plus spiritualisées. Il lui faut, en quelque sorte, s'accoutumer aux plans d'existence élevés et laisser sa conscience s'y épanouir en proportion des efforts réalisés dans cette voie.

Peut-être comprendra-t-on mieux l'absorption graduelle, dans l'Ego permanent, du fruit des expériences et des luttes de la vie, si l'on considère l'ensemble de l'évolution sous un autre aspect. Le centre de conscience actuel destiné à grandir et à s'épanouir — l'Ame, au sens le plus élevé, le plus profond du mot — est assurément engendré sur un plan spirituel supérieur ; mais à l'origine, ce centre de conscience ne possède aucun attribut spécial; c'est une individualité, mais une individualité sans caractéristiques. L'âme est, en quelque sorte, poussée à s'extérioriser: elle suit le courant de la manifestation à travers les différents plans, et ne trouve de repos que lorsqu'elle a achevé la lente descente de l'esprit dans la matière. Ses yeux s'ouvrent alors sur le plan physique, elle y prend conscience de la création objective et éprouve pour la première fois la sensation de la vie. Au début de sa longue évolution, se voyant environnée de toutes parts par le monde objectif, ses premières conceptions font naître en elle le sentiment de la séparativité, sentiment souvent considéré comme l'hérésie fondamentale de la métaphysique. Cette âme, en s'éveillant sur le plan physique, se sent distincte de l'univers, et, quelles que soient les modifications qu'il puisse subir dans la suite, ce sentiment est pour l'Ego embryonnaire le premier aspect de l'individualité. Pour employer un langage enfantin, bien applicable aux conditions inférieures de la vie terrestre comparée à l'état spirituel, dès que les facultés réflectives de l'Ego se développent, il commence à « se reconnaître ». Il cherche à se rendre compte du monde physique, des êtres semblables à lui qui l'entourent, et saisit les occasions qui se présentent de faire l'expérience des sensations — dont quelques-unes lui paraissent agréables et d'autres douloureuses.

L'âme, à ce stade, peut être considérée comme un germe presque informe sur le plan spirituel supérieur (plan aroupique du Dévakhan), relié à la vie terrestre par un fil (1) mince et incolore, et commençant à jeter des racines, à s'épanouir dans la couche inférieure avec laquelle il est en contact. Toutes les connaissances, les émotions et les expériences engendrées par son épanouissement sont recueillies par ce fil qui, passant par les plans intermédiaires de la Nature, se relie au germe spirituel.

Que pourra récolter l'âme de ces expériences ? Fort peu de chose le plus souvent; mais ce peu lui est rapporté par le fil qui, après la mort, remonte vers les régions supérieures en traversant tous les plans intermédiaires de la Nature. Ceci s'effectue assez lentement, parce que les expériences recueil-

(1) Soutrâtmâ, littéralement âme-fil, le fil lumineux de la Monade immortelle et impersonnelle auquel nos vies terrestres sont enfilées comme des perles à son collier. Il absorbe les réminiscences manasiques de toutes nos vies précédentes.
N. D. T.

lies, quel qu'en soit le nombre, doivent être purifiées et allégées de tout ce qui appartient aux plans inférieurs, et ne peut, en conséquence, s'exprimer que sur ces plans. Lorsque le fil est tout à fait contracté et que l'expérience astrale qui suit la mort est épuisée, les quelques pensées ou sentiments susceptibles d'expression sur les plans supérieurs sont conservés par l'Ego. Celui-ci, après que ces divers processus ont été accomplis, ne trouve que peu de chose pour sa subsistance, mais pourtant il en recueille quelque profit. Il devient un peu plus conscient de sa propre région, ou plutôt (car il y est toujours théoriquement conscient) je dirai qu'il devient un peu plus apte à donner à cette conscience des aspects variés.

A ce degré, quelque inférieur qu'il soit, ce fil grossira au fur et à mesure qu'il redescendra des plans supérieurs pour se manifester à nouveau dans la région la plus propice à lui procurer la sensation de la vie physique ; ce fil constituera un canal mieux approprié pour ramener à l'Ego les fruits qu'il pourra recueillir dans cette deuxième série d'expériences. La personnalité par laquelle s'exprimait l'âme dans la vie précédente est depuis longtemps évanouie, s'étant désintégrée durant le mouvement ascensionnel de la conscience spirituelle après la mort ; mais elle se trouve en grande partie recréée pendant la descente de cette fibre-racine dans les divers plans de la Nature, parce que celle-ci attire à soi la matière propre à exprimer les caractéristiques qu'elle présentait déjà dans la vie précédente. Ceci n'implique pas une récupération des principes astrals et même manasiques inférieurs de l'existence précédente, comme une description imparfaite de ce processus a pu le laisser supposer aux étudiants de la première heure ; mais l'Ego attire à nouveau des principes identiques de la matière des divers plans qu'il traverse ou à travers lesquels il projette sa racine. Toutes les comparaisons de ce genre pècheront nécessairement par quelque chose; mais, en tous cas, lorsque la personnalité reparaît sur le plan physique, elle se trouve reconstruite, si l'on peut employer ce terme, avec des matériaux semblables à ceux qu'elle avait accumulés, par ses propres activités, dans la vie précédente.

Pour mieux comprendre cette opération nous pourrions étudier, d'après la donnée ésotérique, les règles par lesquelles l'âme réincarnée est mise, à nouveau, en relations avec son ancien Karma. Toutes les causes qu'elle a mises en activité dans sa vie précédente, tout le Karma qu'elle a généré ont formé l'image qui lui servira d'expression pendant sa vie suivante. Cette image est construite, autant que nous pouvons le concevoir, sous la direction d'agents spirituels très élevés, qui régissent, dans leurs grandes lignes, les destinées de ce monde. Ce travail s'effectue à l'issue de la vie terrestre, lorsque toutes les causes karmiques sont générées et que l'image astrale attend la personnalité réincarnante, ainsi que la mise en activité des pouvoirs de la Nature qui président à sa renaissance. Par ce procédé, le double éthérique est créé avant le corps physique, et devient ensuite l'agent qui guide le dépôt des molécules physiques au fur et à mesure de la croissance du corps ; il obtient par ce moyen une forme qui répondra exactement aux besoins de sa personnalité, et c'est ainsi que cette dernière portera la récompense ou le châtiment de ses actions passées.

Les explications deviennent maintenant difficiles, parce que ce sujet se rattache à beaucoup de choses que nous n'avons pas cru nécessaire de détailler dans ce livre.

Pour saisir l'aspect clair, symétrique, scientifique même de ce processus, il faudrait mieux comprendre le rang occupé dans la Nature par ces Êtres prodigieux que la littérature occulte appelle Lipikas, et avoir, en outre, une idée exacte des ressources et des instruments que le règne élémental peut leur fournir. On désigne quelquefois ces Lipikas comme les Seigneurs du Karma et, par le tact admirable dont ils font preuve en gouvernant les destinées des hommes, et en discernant leurs mérites et leurs démérites lorsqu'ils reviennent sur terre, ils réalisent bien la conception que nous nous formons généralement de la Providence. L'étudiant occultiste observera, au cours de ses progrès, que bien des conceptions de ce genre seront plutôt confirmées qu'infirmées par les notions plus exactes qu'il acquerra dans la suite; — confirmées, non dans leur expression matérielle, mais dans la signification intime de l'idée. C'est ainsi qu'au moment de la réincarnation l'entité est lancée, sur le plan d'existence physique, dans des conditions déterminées par les attributs, le caractère, les désirs et les tendances qu'elle possédait avant de quitter la terre.

On a dit avec raison que les diverses personnalités de l'existence terrestre sont des manifestations transitoires de l'Ego et qu'elles se dissipent avec le corps physique et la matière astrale qui les composent; cependant, comme nous venons de le démontrer, chaque personnalité nouvelle est reconstruite si exactement sur le modèle de la précédente, qu'à l'exception des circonstances extérieures de la vie, qui varient selon le Karma, elle est à tous égards comme la répétition de cette personnalité. Ce n'est pourtant pas la même, mais elle est animée par le même centre de conscience, tandis que ses attributs et ses caractères nouveaux sont tirés des réserves de la Nature ; cette personnalité reparaît donc sur le plan physique à peu près semblable à ce qu'elle était dans sa dernière incarnation.

Ces opérations périodiques suivent leur cours : la personnalité erre d'abord et s'égare, très peu impressionnée par la voix de la conscience, qui est l'expression de son Soi supérieur sur le plan physique. A peine même l'entend-elle aux premiers stades de son évolution, à moins que ses conseils n'aient rapport aux genres d'activités spéciales qui, durant la vie précédente, ont fourni au Soi Supérieur des attributs permanents. Il est vrai que nous considérons ici l'humanité à un stade d'avancement très inférieur. Longtemps avant d'avoir atteint son développement actuel elle avait déjà passé par quelques centaines de vies successives, qui toutes avaient apporté un faible contingent à la conscience permanente du Soi supérieur ; et l'influence de celui-ci sur les existences suivantes s'était accrue en proportion.

La voix de la conscience, cette intuition intérieure, détermine parfois l'action dans les cas mêmes où il ne s'agit pas de discerner le bien du mal, et elle peut devenir active dans la personnalité, qui représente l'Ego sur le plan physique. Cette personnalité se trouve ainsi guidée ici-bas, en bien des circonstances, et incitée à contribuer toujours davantage au développement de l'Ego — à l'évolution de l'âme. Un canal plus large, si je puis employer cette métaphore, relie alors la vie physique et le plan spirituel, dans lequel se trouve centrée la conscience de l'Ego permanent, et lui permet d'acquérir, après chaque incarnation, une expérience plus étendue. L'entité pourra renaître, comme avant, entourée de beaucoup d'éléments qu'elle avait rejetés en s'élevant sur les plans supérieurs de la Nature ;

mais elle en attirera graduellement d'autres plus aptes à s'exprimer sur ces plans élevés et à représenter les caractéristiques de l'Ego individuel sur le plan inférieur.

A l'origine, comme je l'ai expliqué, l'Ego ne se préoccupe que peu ou point de la personnalité qui le représente et qui habite le plan physique. Mais il arrive un moment où ces deux influences, celle du monde objectif environnant et celle de la conscience intime, se font équilibre. Plus tard encore la conscience intime arrive à prédominer positivement. La personnalité commence alors à comprendre les fins élevées pour lesquelles elle fut créée ; ses relations avec le monde extérieur en subissent l'influence, et, lorsqu'elle se concentre encore en elle-même, après la mort, sa tâche devient plus importante. Les éléments dont sa personnalité s'était entourée sur le plan physique se dissipent aisément sur les sous-plans astrals, car l'entité réelle se sent capable d'activité sur les régions spirituelles de la Nature ; et elle y retourne avec joie, sentant que là-haut se trouve le centre véritable de son existence. Lorsqu'elle aura réalisé ces conditions, l'âme, en voie de développement, sera parvenue à un stade d'évolution où des possibilités anormales pourront intervenir pour hâter encore ses progrès.

Sous quelle forme ces possibilités vont-elles se présenter?

Je vais essayer de l'expliquer. Lorsque l'Ego, par des progrès assez rapides dans le sentier de l'initiation, a réussi à entrer en relations personnelles avec l'un de ces grands Adeptes, celui-ci pourra imprimer une direction nouvelle à son développement. Cet Ego alors deviendra capable de postuler ce que les occultistes nomment la réincarnation immédiate. S'il a été assez digne et irréprochable dans sa vie précédente, pour n'encourir aucune responsabilité grave envers les Seigneurs de Karma, son Maître, pendant la durée de son prochain stade, pourra remplir vis-à-vis de lui le rôle de la Providence. Dans cette hypothèse, la volonté du Maître est si étroitement unie à l'Idée divine qui régit le monde, qu'il possède de ce chef des pouvoirs d'une nature divine. Ce Maître peut alors guider l'âme du néophyte dans son incarnation suivante ; il peut même le faire avant que celui-ci n'ait traversé la période dévakhanique intermédiaire. L'âme peut être arrêtée sur le plan astral où elle n'a que peu d'éléments à épuiser, puis de là revenir se manifester immédiatement sur le plan physique, afin de ne pas interrompre la suite des efforts entrepris dans un but de purification, efforts qui ont formé la note caractéristique de sa vie précédente.

Cette seconde vie, qu'elle peut commencer après un intervalle de quelques années — voire de quelques semaines, si les circonstances s'y prêtent — n'est, en ce qui concerne ses états de conscience, qu'une suite ininterrompue de sa vie précédente. L'être ainsi réincarné artificiellement pourra se rappeler tous les détails de sa dernière existence, sitôt que le nouveau corps auquel il est associé aura atteint son parfait développement. Dans la période intermédiaire, et jusqu'à ce que le nouveau corps ait acquis sa pleine maturité, il continuera à fonctionner en pleine conscience sur le plan astral, dans le véhicule approprié qu'il a conservé de sa vie précédente.

Ces deux existences se confondent d'une façon merveilleuse, sans qu'il en résulte aucune solution de continuité. L'ancien véhicule astral n'est pas abandonné avant que le nouveau corps ait atteint un développement suffisant pour former autour de lui un nouveau véhicule astral répondant aux exigences de l'entité à laquelle il est destiné. Les liens occultes que cet homme aura formés ne se briseront plus; ses re? tions avec les Maîtres et leur entourage n'auront jamais été interrompues et, au cours de la vie nouvelle qui l'attend, il se retrouvera en contact avec d'autres hommes qui, comme lui, ont entrepris cette évolution anormale. Il en résulte que, si cette réincarnation immédiate se produit plusieurs fois au cours de son évolution, le néophyte pourra accomplir en quelques siècles des progrès qui, sans ce moyen, exigeraient au moins deux fois autant de milliers d'années.

Il est vrai que ce temps épargné n'a pas une grande importance, à un certain point de vue. En négligeant certaines considérations, on pourrait même objecter que l'évolution normale conviendrait aussi bien au néophyte, et lui serait même plus agréable sous bien des rapports. Il jouirait d'abord, en pleine conscience, de la félicité intense des plans spirituels supérieurs. Chaque vie nouvelle réveillerait en lui, en vertu des lois normales de l'évolution, le vif désir d'avancement qui l'animait déjà à la fin de sa vie précédente.

Que gagnerait alors le néophyte à une réincarnation immédiate? pourrait nous demander l'observateur superficiel.

Cette question comporte deux réponses: l'une assez intelligible, lorsqu'on l'envisage à un certain point de vue; l'autre, au contraire, très abstraite. La plus compréhensible a trait aux relations du néophyte avec le Maître auquel il s'est attaché.

Les expressions servant à peindre les affections, les liaisons ordinaires de la vie, seraient impuissantes à rendre le sentiment d'ardente affection qu'éprouve le disciple lorsqu'il a atteint la condition qui lui permet d'entrer en relations personnelles avec un Être d'une nature si élevée, avec l'un de ces grands Adeptes qui sera, désormais, l'influence prédominante de sa vie.

Un de ses désirs les plus intenses sera d'entrer dans une intimité plus franche, plus étroite, si l'on peut dire, avec le Maître. Il aspirera de toutes ses forces au jour où son propre avancement l'élèvera non loin de la région où brille la lumière qui guide son destin. Par conséquent, s'il s'attardait à suivre le cours de l'évolution normale, s'il jouissait pendant quelque mille ans de la félicité dévakhanique, le Maître vers lequel tendent tous ses désirs pourrait, pendant cette longue période, être appelé à des fonctions supérieures encore dans l'ordre de la Nature. Il deviendrait alors inaccessible à son élève, si celui-ci progressait trop lentement.

Bien que l'élève, éclairé sur la situation et désirant la réincarnation immédiate, soit surtout inspiré par l'amour très concevable qu'il porte à son Maître, il faut encore tenir comtpe d'une considération plus complexe. La renonciation à l'existence dévakhanique ne semblera peut-être pas d'une grande importance, si on l'envisage avec l'intelligence relativement peu éclairée de notre plan. Tant que les exigences de l'avancement dépendent largement des conceptions de la vie présente, l'individu qui cherche, pour gagner du temps, à éviter la période dévakhanique et qui entrevoit les avantages que lui offre la réincarnation immédiate, la considérera, à tous les points de vue, comme une éventualité très désirable. Peut-être parlera-t-il même avec dédain, et cela par ignorance, de l'inutile perte de temps qu'entraînerait le séjour habituel en Dévakhan. Il est facile d'afficher une superbe indifférence pour des privilèges que nous ne pouvons apprécier. Mais les conditions de la vie dévakhanique sont si merveilleuses, si sublimes, si pleines de félicité, que nul ne peut les sacrifier volontairement sans un profond sentiment des réalités qu'implique cette renonciation. Aussi n'est-il permis à aucun disciple de choisir — bien que son choix soit une des conditions exigées pour obtenir cette faveur — sans être préalablement mis en mesure d'apprécier exactement la nature de son sacrifice. Il doit donc être mis à même, en se dégageant de son corps, de passer sur le plan d'existence dévakhanique avant l'expiration de sa vie physique. Il pourra donc en apprécier la réelle valeur, et, s'il opte ensuite pour la réincarnation immédiate, il le fera en connaissance de cause. Cette considération contribuera à équilibrer son choix. Je passe maintenant à la seconde raison qui pourrait encore l'engager à choisir la réincarnation ; elle ne peut être définie complètement, mais il est facile de s'en faire une idée approximative.

La renonciation au dévakhan — que le néophyte ne peut accomplir, je l'ai déjà dit, qu'en ayant pleine conscience du véritable caractère de ce sacrifice — constitue une sorte d'offrande de son bonheur personnel sur l'Autel du Devoir. Le disciple renonce à la félicité qui lui est due pour s'unir plus tôt à ceux dont toutes les énergies sont dévouées à activer l'évolution de la race entière. En faisant ainsi, il se montre doublement loyal envers la Grande Cause, car le sacrifice qu'il fait produit une sorte de réaction compliquée qui ne peut être parfaitement comprise qu'au stade d'avancement permettant ce sacrifice. Mais à ce stade, le sentiment altruiste qui pousse le disciple au sacrifice est plus impérieux que les plus nobles et les plus élevées des considérations personnelles. Dans un temps éloigné, lorsqu'aura grandi le nombre des êtres assez avancés pour suivre la voie du développement occulte et comprendre ses mystères sublimes, on appréciera mieux la force de ces considérations. Déjà nous sentons tous, d'une façon générale, combien l'égoïsme est odieux et l'altruisme admirable; cette perception n'est que la vague prescience d'une puissante loi morale. Cette loi donne au disciple, en vertu de chaque sacrifice qu'il lui est donné de faire tout en progressant, l'énergie sans cesse croissante d'accomplir les devoirs, toujours plus nombreux, que lui imposent son dévouement et son désir d'être utile.

Lorsqu'une influence bienfaisante rayonne d'un centre de conscience individualisé, cette même influence se déverse avec abondance à l'intérieur de cette individualité. Il est difficile de rendre ces idées en termes plus précis ou mieux appropriés, car nous essayons ici d'adapter notre pensée à des conceptions analogues à cette énigme mathématique qu'on nomme la quatrième dimension. Comment une source intarissable et qui se renouvelle sans cesse pourrait-elle émaner du centre intérieur d'une individualité quelconque ? Et néanmoins les personnes que la vision astrale met à même de pénétrer plus profondément dans la nature subtile que ne nous le permettrait le plus puissant des microscopes, ces personnes comprennent nettement que chaque atome — qui par lui-même est un organisme compliqué, composé de la matière du plan immédiatement supérieur — est un tourbillon de forces émergeant d'un centre intérieur, indépendant de toute cause extérieure à lui-même. Tout atome constitue, sous la couche qui l'enveloppe, une intarissable source d'énergie. Cet exemple de l'atome ne peut nous expliquer par quel mystère cette source spirituelle d'une force inépuisable, existant dans l'individualité, doit sans cesse se prodiguer pour pouvoir couler sans obstacle ; mais l'analogie nous aidera un peu à comprendre cette idée.

Il faut aussi reconnaître que bien des compensations adoucissent l'amertume du grand sacrifice que fait le disciple en renonçant au dévakhan. La réincarnation immédiate met sa conscience en relation, non seulement avec sa vie précédente, mais encore avec les conditions d'existence intermédiaires, vécues en partie dans l'intimité de son Maître et d'autres condisciples très évolués ; de plus, lorsqu'il se réincarne, il devient capable de se servir consciemment des sens correspondant aux régions supérieures. Sa nature se trouve, de la sorte, adaptée à toutes les régions, jusques et y compris le plan dévakhanique, où il n'a pas le privilège d'habiter constamment, mais qui lui est ouvert lorsque les circonstances de la vie physique lui permettent de quitter son corps pour quelque temps. Tous les liens existant entre les différents plans ont été complètement développés. Il est positivement aussi facile à l'être ainsi réincarné, comme à ceux qui, par une autre voie, ont atteint le même stade de développement, de quitter leur corps que d'ôter leur chapeau. La conscience n'est jamais interrompue par cette opération, que l'entité vraie abandonne son corps, ou qu'elle en reprenne possession.

Il est certain que la plupart des êtres humains quittent leur corps pendant le sommeil, sans en avoir connaissance ; cette extériorisation peut être observée par ceux dont la clairvoyance est suffisante ; mais elle s'exécute alors d'une façon si confuse que ce changement de condition s'accompagne presque toujours d'un intervalle d'inconscience qui coupe le fil conducteur.

Le retour de l'âme vers son corps s'accompagne du même intervalle d'inconscience, en sorte que les facultés du cerveau reflettent très imparfaitement les expériences que pourraient faire ces âmes pendant qu'elles sont séparées de leur corps ; et, dans de telles conditions, ces expériences n'ont que peu d'importance. Puis, les personnes dont il s'agit ici sont peut-être trop peu développées pour jouir d'une véritable activité de conscience sur le plan astral même, sans parler des plans supérieurs. Mais, pour l'élève en occultisme, l'intervalle non conducteur a été supprimé. Le stade qu'il a atteint lui donne droit à l'aide d'un Maître, et voici comment elle lui est donnée.

Durant toute la vie qui sert d'introduction à sa réincarnation immédiate, il possède la conscience parfaite des autres plans de la Nature, ainsi que la possibilité de communiquer avec le Maître en quelque lieu que celui-ci se trouve. Car il faut se souvenir que l'Adepte, tout en accomplissant la majeure partie de son œuvre sur des plans spirituels très élevés, est cependant obligé, dans l'intérêt même de cette œuvre, de rester en relation avec l'humanité et de lui consacrer, dans un corps physique, une partie de son temps. En conséquence, le Maître vit d'une vie physique, toute retirée qu'elle soit et quel que soit l'éloignement du pays où l'on peut le rencontrer. Cela permet au disciple, dans son corps astral, de communiquer avec lui n'importe à quel moment, s'il peut le recevoir ; il lui suffira d'endormir volontairement son corps physique, de le quitter, et une seconde après il se trouvera près de son Maître. Il communique avec lui sur tous sujets d'état de conscience, de pensée, d'étude, d'activité, d'objectivité vis-à-vis d'autres disciples possédant les mêmes aptitudes ; et il le fait aussi facilement que s'il se trouvait encore dans son corps physique. Il en résulte que la vie qu'il entreprendra, dès la maturité de l'instrument physique préparé pour sa réincarnation immédiate, sera une existence cent fois bénie, et que ceux-là seuls qui sont versés dans l'enseignement occulte peuvent réellement apprécier.

Le disciple atteint alors ce stade étrange où ses activités physiques, quoique très importantes encore, plus même qu'elles ne l'étaient dans ses existences antérieures, se subordonnent aux activités spirituelles. Il pourra les exercer sur les plans supérieurs de la Nature, indépendamment de son corps et même de sa vie physique. Dans le cas que nous considérons, sa conscience physique gardera, en outre, le reflet de ses expériences ; il se souviendra à l'état de veille de tout ce qu'il aura fait sur les régions supérieures et, dans la limite du possible, réalisera en sa conscience physique beaucoup d'états de conscience nouveaux, inhérents aux plans dévakhaniques et aux autres. Ces plans sont accessibles au disciple, malgré la renonciation dont j'ai parlé, parce que, une fois réincarné sur le plan physique, il lui est possible de passer à volonté dans l'état de conscience dévakhanique ou d'en sortir quand la voix du devoir l'appelle ailleurs.

Considérons maintenant les premières mesures que l'aspirant devra prendre pratiquement lorsqu'il se décidera, pour la première fois, à s'élever au-dessus de l'évolution normale de l'humanité et à entrer en contact avec ces possibilités glorieuses.

CHAPITRE XV

LE SENTIER DE PROBATION

Au premier aperçu de notre sujet, les étudiants de la littérature occulte moderne, s'ils en ont bien compris et accepté les belles conceptions, seront peut-être portés à croire qu'ils ont à se faire présenter dans quelque fraternité occulte pour se voir initier à des mystères insoupçonnés et y subir séance tenante de solennelles épreuves. La porte est ouverte à tous ceux qui frappent — nous dit l'aphorisme bien connu. « Le royaume des Cieux doit être pris d'assaut », suivant une autre phrase symbolique qui a le don d'irriter, parfois, ceux qui manquent d'une direction intelligente. A quelle porte doit-on frapper ? Quelle brèche faut-il emporter d'assaut ? La réponse se dégagerait d'elle-même de tout ce que nous avons écrit précédemment ; mais le moment est venu de nous expliquer avec franchise et précision. Il me faut ajouter cependant que les étudiants ne me comprendront que s'ils ont saisi, dans son ensemble, l'exposé préliminaire de l'évolution humaine tel que nous le présente la donnée théosophique.

Il est impossible à l'aspirant qui veut gravir le sentier des hautes initiations de monter plus de quelques échelons au cours de l'existence où il commence à entreprendre cette grande œuvre. C'est la principale raison pour laquelle il ne peut espérer être mis en rapport, au début de ses efforts, avec les Maîtres qu'il désirerait obtenir pour guides. La première tâche qui lui incombe est le développement de son caractère, de façon à se rapprocher de la perfection qui représente le but de ses efforts. Les impatients trouveront peut-être cette perspective décourageante, mais il n'existe pas de voie plus rapide où l'on soit dispensé d'acquérir ces caractéristiques intérieures qui seules permettent de participer à la sagesse et aux pouvoirs des Adeptes de la grande Loi.

On se tromperait étrangement en considérant le développement des facultés psychiques comme la chose la plus importante. Les gardiens de la science que recherche l'aspirant se sont consacrés à la tâche sublime d'activer, de favoriser l'évolution *spirituelle* de l'humanité, et non de lui enseigner simplement la manipulation des forces subtiles de la Nature, sans considérer à quelles fins ces forces seraient appliquées dans la suite. Ils ne désirent pas seulement des disciples capables d'exercer leur puissance sur les plans supérieurs de la Nature, mais des collaborateurs à cette grande œuvre de dévouement qui consiste à élever le niveau de l'humanité en lui inspirant des pensées et des sentiments plus nobles que ceux qui animent aujourd'hui la plupart des hommes. Un ardent désir de percer les mystères fascinants du monde hyperphysique, soutenu même par la force et le courage, ne saurait constituer une préparation suffisante à la véritable initiation occulte. L'élève accepté doit faire preuve de certaines qualités qui puissent le rendre apte, avec le temps, à seconder ceux qui ont pour mission, dans le système gouvernemental du monde, de diriger et de protéger l'évolution de l'humanité. Il doit, en outre, se rendre digne d'être présenté par son Maître à la hiérarchie occulte, et admis au nombre de ceux qui sont définitivement entrés dans le sentier. L'impatience qui pousserait le néophyte à s'élever contre ce programme trop exclusif — du moins pourrait-il le croire — n'aidera en rien à son avancement. Les pouvoirs et les facultés observés chez quelques personnes et dont le charme a peut-être captivé son imagination, peuvent avoir été acquis par des méthodes irrégulières, très impropres à favoriser l'évolution ultérieure. Mais les Hiérophantes de la grande Fraternité Blanche n'accorderont ces pouvoirs qu'à l'aspirant qui se distinguera par certaines qualités morales propres à leur inspirer confiance, parce que ces Maîtres de Sagesse sont aussi des Maîtres en Suprême Compassion et qu'ils veulent être assurés que le disciple n'emploiera pas au mal le pouvoir et les nouveaux sens de perception qu'il convoite.

Dans quel but propagerait-on publiquement des informations qui permettraient au premier venu, et sous un prétexte quelconque, d'entrer en relations personnelles avec les Maîtres les plus élevés ? Le fait qu'il existe *un sentier*, que l'étudiant spiritualiste peut aborder, est suffisamment démontré à toute personne ayant assez d'intelligence pour étudier le sujet dans la littérature théosophique actuelle. L'enseignement que les Maîtres Adeptes ont largement répandu y est clairement exposé, *et pour la première fois, dans un langage précis et intelligible*. Cet enseignement indique aux nouveaux aspirants les conditions indispensables au développement occulte. S'ils accomplissent le travail préliminaire de préparation que leur nature doit subir, le Karma leur offrira infailliblement, au plus tard dans la vie suivante, l'occasion de poursuivre leurs progrès sous la direction personnelle d'un Maître, auquel, par le fait même de leur préparation, ils auront fait un inconscient appel. La présence de ce Maître ne leur sera peut-être pas sensible, mais la réaction occulte de leurs efforts aura sûrement attiré son attention.

Voyons maintenant plus en détail le genre de préparation qui doit amener ce résultat. Il n'y a là ni secret ni mystère. Le perfectionnement moral exigé pour l'initiation actuelle, qu'il s'agisse de néophytes orientaux ou occidentaux, se décompose en un certain nombre de qualités, et l'acquisition de ces qualités forme les différents stades de ce que nous appellerons le sentier de probation. Quelques écrivains les ont assez exactement décrits comme constituant les premiers stades de l'initiation qui conduit à l'Adeptat. Mais, quoique l'acquisition de ces qualités puisse imprimer à l'aura de l'aspirant certaines caractéristiques qu'un Adepte pourrait reconnaître, il serait impropre de les considérer comme autant d'examens passés dans un ordre régulier. Ces qualités peuvent au début s'acquérir à un degré plus ou moins parfait. On ne peut guère, en effet, exiger de l'aspirant qu'il les possède toutes parfaitement, alors qu'il est encore en dehors des stades réguliers de l'initiation ; car l'être idéal qui les réunirait ainsi toutes deviendrait par cela même digne de l'initiation supérieure. La seule chose exigée du commençant est de montrer des dispositions sincères et sérieuses à acquérir ces qualités, et, au cas où quelques-unes d'entre elles prédomineraient déjà dans son caractère, il lui suffira de posséder les autres à un degré imparfait pour parvenir à son but. Cette assurance consolante préservera le débutant du découragement qu'il pourrait ressentir en se croyant obligé par les autorités occultes à réaliser, complètement et dès ses premiers pas, des conditions qui ne semblent compatibles qu'avec une élévation morale presque surhumaine. Et maintenant, passons aux qualités qui doivent faire l'objet de ses efforts.

Ces qualités peuvent parfaitement se définir dans notre langue et ne nous obligent pas à recourir aux termes sanscrits ou palis usités dans l'Orient. L'idée, quel que soit le langage employé, est d'ailleurs la partie essentielle à retenir. Le premier but des efforts du néophyte pourrait être appelé la « Soumission au Soi supérieur ».

Il doit chercher à approfondir, en ce qui le concerne, la signification de cet enseignement occulte qui nous représente ce Soi supérieur comme l'élément impérissable de notre conscience, qui croît et se développe en se manifestant sur le plan physique par des incarnations successives. Chaque incarnation nouvelle fait naître des émotions, des désirs, des caractéristiques variés, qui se groupent temporairement autour du Soi supérieur, et constituent la personnalité, le masque physique de l'âme immortelle, c'est-à-dire l'homme terrestre, tel que le connaissent les autres hommes. Mais ceci ne constitue pas le véritable être permanent, l'être « réel », comme l'appellent certains écrivains, par contraste avec la personnalité « irréelle ». Cette distinction est juste lorsqu'on la saisit bien ; mais le terme « irréel » appliqué à la personnalité terrestre — à cette manifestation si dense, si clairement délimitée pendant sa durée — ce terme semble quelque peu absurde et froisse peut-être ceux qui cherchent à s'exprimer correctement. Quoi qu'il en soit, nous pouvons en inférer que la personnalité, considérée comme l'ensemble de ses caractérisques, est impermanente, bien qu'elle soit en tous temps pénétrée et inspirée par le Soi supérieur permanent. Si cette conception semble embarrassante, on la comprendra peut-être un peu mieux en réfléchissant d'abord à cette vérité évidente, que le corps physique, par lequel s'exprime la personnalité, est lui-même impermanent par rapport à cette personnalité. Avec une certaine imagination, toute personne un peu apte à étudier sérieusement l'occultisme sentira qu'elle pourrait encore être *elle-même* dans une autre incarnation, avec un nouveau corps et un entourage différent. Nous possédons sur ce point le témoignage de ceux qui sont déjà assez avancés dans le sentier et peuvent se souvenir de leurs vies passées ; ils nous assurent qu'en jetant un coup d'œil rétrospectif sur leurs incarnations, ils sentent qu'elles étaient réellement leur propre expression, en dépit des grandes différences de condition physique et d'entourage qu'elles présentaient. Parvenu à ce stade d'évolution mentale où chaque manifestation physique est considérée comme une phase temporaire de l'être, l'aspirant est bien prêt de se rendre compte que quelques-uns des états de conscience attachés à sa personnalité sont tout aussi transitoires que la forme extérieure de son corps.

Lorsque cette conception est bien saisie, l'étudiant a fait un grand pas vers l'acquisition de la première qualité (1) du sentier de probation. Pour la développer

---

(1) En phraséologie hindoue cette 1re qualité est appelée Vivéka.

il devra s'appliquer à la réaliser dans la vie pratique ; il lui suffira souvent d'apprécier combien sont insignifiants, en réalité, les intérêts propres et les occupations de cette personnalité impermanente, comparés à ceux qui favorisent l'évolution du Soi supérieur — l'être réel dont les progrès, une fois accomplis, ne se perdent plus. L'acceptation complète de cette grande vérité ferait certes de l'homme incarné un philosophe si sublime qu'il semble exagéré de l'exiger du simple aspirant commençant à gravir le sentier du développement spirituel. Le temps viendra où le disciple, au cours de son évolution, devra posséder dans une absolue perfection les conditions précitées. Mais, au début, on ne saurait les lui imposer comme préparation préliminaire à son admission. Ce qu'on attend de lui, c'est une conception sérieuse de l'état idéal auquel il vise, jointe à quelques efforts sincères, et déjà couronnés d'un succès relatif. Il n'est guère admissible qu'un homme, vivant dans le monde, inconscient encore à l'état de veille du monde spirituel qui plane au-dessus du nôtre, puisse être totalement indifférent aux ambitions et aux désirs de ce monde. Nous verrons, par contre, qu'un attachement exclusif aux objets de convoitise et d'ambition humaines serait incompatible en soi avec les premières aspirations mêmes de l'homme vers le développement occulte. Celui dont les activités terrestres sont inspirées par la soif du luxe, des richesses et du bien-être, ou encore par le désir d'être applaudi et de l'emporter sur ses rivaux, celui-là n'a même pas posé le pied sur le premier échelon du sentier, lors même qu'il se sentirait porté, dans ses moments de loisir, à réfléchir sur la donnée ésotérique et à en comprendre intellectuellement les vérités. L'homme désirant sérieusement s'élever sur l'échelle de la création doit sentir, dès les premiers pas, que les liens qui l'enchaînaient jadis aux choses de ce monde se relâchent considérablement. Ces choses ne peuvent lui devenir complètement indifférentes, mais elles commencent à lui sembler bien instables, et, graduellement, sa conscience intime lui révèle que les seules choses dignes de ses efforts se trouvent dans certains plans de la Nature où les conditions d'existence sont aussi étrangères à nos exigences physiques qu'à nos plaisirs. Ce changement s'opérera plus ou moins complètement, suivant les aptitudes des aspirants, mais il est nécessaire que le néophyte l'éprouve, s'il ne veut retomber dans la lente évolution normale et subir, pendant des âges, l'interminable série des existences successives. Si chacune de ces existences peut être quelque peu meilleure que la précédente, il n'en est pas moins vrai que plusieurs d'entre elles peuvent présenter une amère rétrogression sous le rapport des conditions du bonheur terrestre, et bien d'autres encore justifier la philosophie pessimiste qui se verrait tristement confirmée par l'expérience humaine, si l'état de conscience du plan physique, avec ses épreuves incessantes, était le seul qui soit accessible à notre famille humaine. Si de plus nobles mobiles nous attirent vers le développement occulte, cette dernière pensée doit nous servir de stimulant. Le sentier est rude, peut-être, mais la seule autre alternative — cette interminable évolution normale — attriste encore davantage l'imagination par les souffrances qu'elle entraîne presque toujours dans la suite.

Quelle est maintenant la nouvelle qualité (1) qui contribuera à former le caractère de l'aspirant ? Son

---

(1) 2ᵉ qualité ou Vairâgya.

but, ne l'oublions pas, est de s'unir aux êtres que leur stade d'évolution individuelle met à même de jouir, s'ils le jugent à propos, d'une existence de félicité parfaite, félicité qui ne saurait être comprise par des êtres d'un développement spirituel inférieur, mais qui exerce une si vive attraction sur ceux qui peuvent la pressentir. Lorsque ces grands êtres y renoncent, lorsqu'ils restent liés au plan d'existence physique par l'incarnation, ils ne sont mus par aucun motif personnel. Seul, le désir d'être utile à leurs semblables les inspire, à l'exclusion des avantages éventuels qu'ils en pourraient retirer. Aussi l'aspirant qui veut suivre leurs traces doit-il cultiver cette disposition d'esprit dont ils nous offrent l'exemple parfait, c'est-à-dire qu'il doit tendre à l'exaltation spirituelle, non pour la félicité qui l'accompagne, mais pour les occasions qu'elle lui fournira de collaborer au relèvement, en bloc, de la condition humaine. Mais, comme je l'ai déjà dit en parlant de la première des qualités requises, la « soumission au Soi supérieur », il serait bien exigeant de demander au simple aspirant de s'élever d'emblée à une condition morale aussi haute, c'est-à-dire que le désir seul d'être utile à ses semblables soit l'unique mobile de ses efforts dans la voie du progrès, et qu'il soit dépourvu de toute ambition spirituelle pour les félicités des plans supérieurs ; mais il doit, toutefois, en reconnaître le si noble mobile, et en faire l'application immédiate au problème de la vie. Il ne doit pas travailler avec l'idée d'assurer par là sa propre félicité spirituelle. En faisant le bien, il ne doit pas laisser luire en son imagination l'espoir d'une récompense future quelconque sur un autre plan d'existence. La plupart des gens vertueux font peut-être habituellement le bien sans se préoccuper de la récompense. Ils le font parce que c'est leur devoir et, en agissant ainsi, peut-être sont-ils plus près qu'ils ne le savent eux-mêmes de la voie conduisant à la véritable initiation. Mais, d'autre part, les éthiques de la civilisation occidentale, sanctionnées par les religions (quelles qu'elles soient) sont remplies de promesses relatives à la félicité spirituelle de la vie future. La donnée occulte, en exposant les motifs propres à déterminer l'aspirant à s'élever dans la hiérarchie de la Nature, nous propose un idéal plus élevé et y ajoute la connaissance des lois qui régissent cet avancement, et qui dérivent de l'unité de conscience existant sur certains plans élevés. Le profit de l'un est, en quelque sorte, le profit de tous, et l'avancement de tous est, en un certain sens, nécessaire au progrès d'un seul. Une compréhension exacte de cette idée prête à l'altruisme le caractère d'une force scientifique, et nous montre aussi qu'il ne devient une force que s'il procède réellement d'une vraie sympathie pour l'humanité.

L'assimilation de ces idées, dans une mesure raisonnable, et des sentiments qu'elles éveillent, constitue *la seconde qualité* que l'aspirant doit s'efforcer de posséder. On l'a quelquefois décrite comme l'indifférence aux fruits des bonnes actions; mais cette définition est sèche et peu expressive; il vaudrait mieux dire: l'indifférence à la récompense personnelle constituant le fruit d'une bonne action ou encore, plus succinctement, le dévouement à l'idée abstraite du bien. La plupart de mes lecteurs trouveront sans doute cette vertu plus facile à pratiquer que l'indifférence aux objets et désirs terrestres; mais c'est simplement parce que nous sommes, pour la plupart, pénétrés de l'idée que l'existence terrestre doit être suivie d'une autre; la pratique du bien ici-bas nous assure par conséquent le bonheur là-haut. Il y a probablement des cas qui confirment l'inexactitude de cette théorie — surtout s'il s'agit d'un avenir assez lointain. Mais l'existence qui, pour la première fois, sera caractérisée par le dévouement au devoir sera, pour l'aspirant, le prélude d'une succession d'efforts et de sacrifices. Avant de pouvoir être qualifié, au point de vue occulte, comme ayant acquis ce dévouement au bien, il doit envisager cette éventualité avec un courage serein, et sans que son enthousiasme en puisse être refroidi.

Poursuivons l'étude du développement intérieur qui précède l'initiation, et envisageons un groupe de six qualités, ou habitudes mentales (1), exigées de l'aspirant.

La première est souvent appelée la discipline de la pensée. On la désigne aussi quelquefois comme la pureté de la pensée, ou le *contrôle de la pensée*. Il est certain que le contrôle absolu de la pensée ferait instantanément de l'homme un magicien ; d'autre part, une mentalité qui serait purifiée à ce point que nulle tendance mauvaise, basse ou impure ne saurait s'y glisser (même pour en être chassée aussitôt), mettrait la personnalité privilégiée presque en état d'entrer en Nirvana. Mais bien qu'il soit assez improbable qu'un simple aspirant puisse remplir entièrement cette condition, il ne peut cependant continuer ses progrès si sa pensée est indisciplinée et demeure le jouet des circonstances qui tourbillonnent autour d'elle. Le contrôle ou la discipline de la pensée est un travail énorme, qui, de plusieurs façons différentes, et pendant long-

---

(1) L'ensemble de ces six qualités ou vertus est souvent appelé Shatsampatti, et se décompose en Shama, Dama, Ouparati, Titiksha, Samadhânâ et Shraddhâ.

N. D. T.

temps, exigera toute l'énergie de l'aspirant; aussi doit-il l'entreprendre dès la période préparatoire, et commencer ainsi insensiblement cet entraînement de la volonté qui, dans l'intérêt de son avancement, est d'une si grande importance.

La pensée est soumise à la volonté dans une proportion que la psychologie exotérique ne reconnaît pas toujours; et, pour bien des raisons, l'aspirant à l'initiation doit être parfaitement maître de ses pensées avant de solliciter son admission dans une communauté où sa pensée peut devenir aussi manifeste à ceux qui l'entourent que la couleur du vêtement d'un homme est visible à nos yeux.

En outre, le contrôle de la pensée chez l'aspirant est regardé, au point de vue occulte, comme le prélude à la seconde qualité de la série que nous étudions : *le contrôle de la conduite*. Quelques lecteurs trouveront peut-être que ces deux qualités sont énumérées en ordre inverse. Attendre, pour réformer ses actions, d'avoir modifié auparavant sa façon de penser pourrait s'appeler mettre la charrue devant les bœufs. En effet, s'il s'agissait, pour l'occultiste, de dominer les vices grossiers de la vie ordinaire, il devrait d'abord imposer un frein à ses actions avant de pouvoir sérieusement discipliner sa pensée à un degré suffisant pour éteindre en lui les passions qu'il faut réfréner. Mais l'aspirant déjà soumis à son Soi supérieur, déjà dévoué à l'idée du bien, tout éloigné qu'il soit de posséder à la perfection ces deux qualités, ne saurait cependant être classé dans la catégorie des hommes que dominent les passions grossières.

Le contrôle de la conduite concerne pour lui des problèmes de la vie et des tentations d'un ordre plus subtil. *Noblesse oblige*. Lorsqu'un homme aspire aux initiations qui le mettront en rapport avec les Êtres sublimes qui occupent le premier rang dans la hiérarchie occulte, sa conduite doit se montrer à la hauteur de ses aspirations. Il n'est plus ici question de déraciner des tendances vivaces; la nature intime de l'aspirant doit être soumise à des influences d'un tel ordre que sa conduite se trouve non pas négativement, mais positivement en harmonie avec son idéal. Après les éclaircissements donnés sur ce point, on comprendra combien il est rationnel de commencer par le contrôle de la pensée, et de placer en second lieu celui de la conduite.

La troisième qualité constitue une orientation nouvelle du sentiment envers les choses religieuses, et nous y trouvons différentes significations.

Des émotions si profondes s'attachent encore aux rites et aux dogmes de la religion, alors même que la pureté de l'enseignement primitif ait beaucoup dégénéré, qu'il est souvent douloureux, pour certaines natures, de séparer la vérité des incrustations mentales qui l'enveloppent.

Il faut bien admettre que l'étudiant qui aspire à la connaissance des vérités profondes de la science occulte ne saurait s'embarrasser, jusqu'au bout, du fardeau des superstitions populaires qui accompagnent toute religion exotérique. Mais, d'autre part, la religion, qui éveilla en lui les premiers instincts de la dévotion, sut peut-être lui inspirer des pensées d'affection, de tendresse, auxquelles l'enseignement occulte répond à son tour par une tendre et profonde sympathie. La vraie Théosophie s'attache bien davantage à rechercher les vérités qui existent, sous diverses figures, dans toutes les grandes religions du monde qu'à en relever les quelques erreurs. Jusqu'à ce qu'il ait trouvé la vérité fondamentale en s'inspirant de la symbologie qui lui est familière, chaque étudiant sera dirigé par un instructeur qui lui apprendra correctement dans quel esprit les Grands Maîtres de Sagesse envisagent eux-mêmes la dévotion religieuse, et il sera encouragé à choisir sa propre voie. Mais il est clair que, par une culture spirituelle étendue, l'initié en science occulte arrivera peu à peu à considérer toutes les formes extérieures de la foi religieuse avec la même impartialité large et tolérante; Le Soi supérieur qui dirige le néophyte appartient par sa nature à des régions où la conscience s'élève bien au-dessus de tous les systèmes ecclésiastiques, tant européens qu'asiatiques. Sa personnalité elle-même, s'élevant proportionnellement, arrivera bientôt à partager ses conceptions. L'acquisition de cette *tolérance* presque sublime, qui est plus que l'antithèse de la persécution, constitue la *troisième des qualités* que nous étudions. C'est l'attitude mentale de l'homme qui ne s'attache qu'à l'essence de la vérité spirituelle, et dont l'esprit n'est plus enchaîné par les liens d'un dogme rigide et absolu. Il se peut que quelques-uns de ceux qui recherchent l'initiation occulte possèdent déjà cette qualité à un degré presque parfait. L'agnosticisme le plus outrancier peut, en effet, se concilier avec une tendance à bien accueillir un enseignement spirituel entouré de garanties suffisantes; et, dans ce cas, le développement mental exigible au stage d'évolution en question ferait plutôt naître chez l'aspirant le respect des religions extérieures, en considération des vérités intérieures qu'elles expriment, mais ne l'inciterait pas à combattre une bigoterie dont il semble s'être affranchi. Par contre, certaines personnes demeurent attachées à la terminologie, aux vieilles formules religieuses, non seulement pour l'amour des vérités spirituelles qu'elles tâchent d'exprimer, mais aussi pour elles-mêmes et pour les mille liens d'associations qui s'y rattachent ; celles-là y trouveront plutôt un obstacle qu'une aide à leurs progrès. Aucun instructeur occultiste et autorisé n'a jamais sollicité un homme à l'esprit religieux d'abandonner la religion à laquelle il est attaché. Cet homme l'épurera lui-même en progressant, et se sentira de moins en moins l'esclave des formules extérieures du culte ou de la doctrine. Sa façon d'envisager cette conception plus haute de la religion donnera la mesure de ses progrès dans l'acquisition de cette troisième qualité que nous pourrions nommer la libération de la bigoterie — c'est-à-dire d'un attachement exagéré à une foi dogmatique quelconque, qu'elle soit originaire de l'Orient ou de l'Occident.

La quatrième condition requise est un état d'âme qui rend l'homme *incapable de tout ressentiment* pour les torts ou les affronts qu'on lui inflige ici-bas. Cette qualité à l'état parfait serait de nos jours une vertu sublime, et je crois inutile de répéter que cet attribut divin ne peut être exigé de l'aspirant qui commence à peine son travail de préparation. D'autre part, rien ne serait plus incompatible à toute idée d'initiation que la tendance contraire. Il est, en effet, très concevable que les guides de l'humanité, qui nous montrent avant tout l'exemple de la compassion et du dévouement, ne sauraient faire bon accueil à des élèves, si bien doués soient-ils sous d'autres rapports, qui seraient capables du pire des égoïsmes — de la vengeance. Avant de confier aux mains d'un initié les pouvoirs que lui conférera la science occulte, on veut être assuré qu'il n'en fera pas l'instrument de ses vengeances personnelles ici-bas.

Il s'étudiera donc, dès le commencement, à ne pas

même éprouver de ressentiment et, en tout cas, à ne jamais y céder. Ce travail lui sera plus facile s'il a déjà développé, dans une certaine mesure, la *première* des qualités nécessaires. Car plus nos désirs tendent vers les véritables intérêts du Soi supérieur, plus ils se détachent des objets qui excitent d'ordinaire la convoitise des hommes; et nous en devenons moins enclins à éprouver du ressentiment contre ceux qui nous ont supplantés sur ce terrain. Je ne m'arrêterais pas à développer cette idée comme thèse de morale, mais je crois pouvoir définir cette quatrième qualité d'une façon exacte et concise en l'appelant : l'*Endurance*.

La cinquième qualité, comme la troisième, existe presque d'instinct chez certaines natures, tandis qu'elle est, chez d'autres, très difficile à développer. On nous dit qu'elle empêche le néophyte de se laisser détourner, de sa voie, par la tentation. Pour les êtres qui ont choisi la voie occulte et qui sont doués d'un tempérament ferme et résolu, les motifs qui les déterminèrent, une fois bien appréciés, ne perdent plus leur valeur. D'autres, au caractère plus enthousiastes, plus impulsifs, se laisseraient peut-être plus facilement détourner, sans avoir été, pour cela, moins sincères au début. Mais, quant à ceux qui ont déjà réalisé de sérieux progrès dans les tendances que nous venons de décrire, on peut au moins supposer que leur fidélité à ce but sublime arrivera, en se fortifiant, à constituer une qualité caractéristique, qui doit former un trait prédominant dans la nature intime de l'aspirant avant la fin de son stade préparatoire. Le mot « *Constance* » caractériserait assez bien ce genre de tendance.

Passons maintenant à la dernière qualification de cette série — la *Confiance* dans le pouvoir que possède le Maître d'enseigner la vérité et aussi la confiance que le disciple doit avoir en lui-même, pour embrasser cette vérité dans toute sa complexité et accepter la responsabilité des pouvoirs que cette science peut lui conférer, ainsi que d'autres l'ont fait avant lui.

Cette dernière qualité, ainsi classée parmi les attributs préparatoires que doit acquérir le futur initié, est très significative. Comment, en effet, un « Maître » entre-t-il soudainement en scène? Jusqu'ici tous les efforts mentionnés concernaient la préparation individuelle, travail que, selon toute hypothèse, le néophyte doit entreprendre seul, et sans espoir d'entrer préalablement en relation consciente avec l'un quelconque des grands Instructeurs. Mais j'ai déjà expliqué que tout débutant est certain d'attirer, dès ses premiers pas, l'attention de l'un des grands Instructeurs, s'il s'efforce sérieusement d'entreprendre le développement intérieur qui doit précéder son introduction consciente à la haute science, et à l'association fraternelle. Peut-être restera-t-il longtemps inconscient de ce fait, mais en comprenant bien les deux importantes conditions primitives, en s'entraînant pour acquérir les premières qualités nécessaires, il arrivera à connaître le Maître vers lequel il s'achemine insensiblement, avant même que la sixième de ces qualités ne devienne pour lui d'une importance pratique.

De fait, il ne faut jamais oublier que rien, dans une telle œuvre, ne peut se précipiter. Les premières qualités mêmes ne sauraient s'acquérir, à un degré suffisant pour le débutant, sous l'impulsion seule d'une émotion nouvelle. Un pareil changement intérieur survient insensiblement à la suite de longues habitudes mentales; et si certaines personnes se trouvaient capables de soutenir une conviction acquise sous l'empire d'un enthousiasme subit, le Maître, dont elles attirent l'attention, laisserait un certain temps s'écouler, ne fût-ce que pour éprouver leur persévérance, avant de se résoudre à éclairer l'élève sur sa propre identité.

Un autre motif s'imposerait, en outre, pour ajourner cette révélation. Lorsque les habitudes mentales, le développement intérieur, observés par le Maître, auront amené l'épanouissement des premières qualités indispensables, un nouveau concours de circonstances interviendra et mettra l'aspirant en relations nouvelles et plus directes avec les grandes puissances qui guident invisiblement les événements terrestres, avec ces agents conscients chargés d'appliquer la loi karmique à tout être humain. L'intention bien définie de suivre le sentier de la Sainteté, autrement dit la voie de l'initiation, doit comporter le désir de régler, une fois pour toutes, le compte des mauvaises actions commises dans le passé, et qui pourraient par la suite devenir un obstacle. Ce désir est, en pratique, un appel aux Seigneurs de Karma pour hâter les procédés — assez lents, au cours ordinaire des choses — par lesquels l'aspirant expie les erreurs ou les fautes des vies antérieures. Cet appel pouvant être adressé sans connaissance de cause, il est présumable qu'on n'y répondra pas entièrement si le bilan du passé est tellement lourd qu'il soit difficile de l'épuiser dans une seule vie. Mais il n'en sera très probablement pas ainsi. L'homme qui recherche l'avancement spirituel peut être chargé d'un important karma, engendré durant ses vies passées ; mais il ne doit vraisemblablement pas compter parmi les plus coupables de sa race ; certaines modifications pourront être apportées à sa destinée pour lui permettre de subir sans retard les épreuves inévitables qui l'attendent, afin que rien n'entrave ses progrès dans la prochaine existence.

Voici donc quel sera, le plus souvent, le résultat d'un effort sérieux dans la direction du développement occulte. L'aspirant s'apercevra d'une manière ou d'une autre que cette voie est plus épineuse qu'il ne s'y attendait. Les épreuves qu'il y rencontrera ne paraîtront pas précisément la conséquence directe de ses efforts spirituels. Elles se présenteront probablement sous la forme d'un chagrin, d'une souffrance physique quelconque, la perte de sa fortune, de ses amis ou de sa santé, suivant le cas. Et ces douleurs représentent, en réalité, les épreuves inflexiblement établies pour déterminer la constance de l'aspirant. Certaines relations inexactes sur l'initiation, telle qu'elle se passait dans les temps anciens, rendent compte des épreuves, des tentations préparées à dessein pour faire obstacle au néophyte; il est possible, en effet, que de pareilles choses aient été organisées dans l'ancienne Égypte; mais, même alors, les souffrances et les épreuves karmiques naturelles durent être plus importantes encore. Quoi qu'il en soit, c'est à ce genre d'épreuves fort peu clémentes que doit s'attendre l'aspirant de nos jours. Si l'irritation, l'impatience causées par ces épreuves, avaient pour effet de détourner ses pensées et ses désirs de la voie qu'il commençait à suivre, il échouerait, pour cette vie du moins, dans l'acquisition de la cinquième vertu; mais sa responsabilité ne sera pas indûment augmentée par les révélations, par l'illumination intérieure que lui apporterait la sixième vertu.

D'après notre classification, qui est la plus généralement adoptée, l'acquisition des six vertus ou qualifications précédentes constitue la troisième qualité du Sentier de Probation. La quatrième (1) serait la résul-

---

(1) Appelée Moumoukshâ, est aussi le désir d'obtenir sa libé-

tante naturelle de ces qualités. Elle prend la forme d'une aspiration bien définie vers la vie spirituelle et vers l'union avec le plus haut idéal que puisse concevoir le candidat sur ce plan de la pensée. Et la cinquième est plutôt, à proprement parler, un stade de progrès qu'un résultat distinct à acquérir. On la décrit comme la parfaite aptitude à l'initiation ; c'est aussi la conséquence naturelle des qualités précédemment acquises.

Puis, avec le temps, l'aspirant — que nous ne désignerons plus seulement par ce nom — toujours conduit par le Maître qui guida et protégea ses premiers pas, atteint un grand résultat. Il franchit enfin le portail qui le séparait des membres de la grande Fraternité de Perfection et devient en quelque sorte un des leurs. Il est vrai, à un autre point de vue, que c'est alors seulement qu'il commence à gravir le véritable sentier du développement occulte. Pendant de nombreuses vies, il devra lutter encore pour acquérir les aptitudes qu'exige l'Adeptat. Les horizons que, de ce niveau, peut embrasser le disciple s'élargiront alors dans une proportion que nul ne saurait apprécier. En tout état de cause, l'aspirant qui franchit les limites de la première grande Initiation a gagné quelque chose qu'il ne perdra plus, quel que soit l'avenir qui lui est réservé et les difficultés qu'il pourra rencontrer par la suite. Il ne peut plus, dans l'ordre des choses, redevenir ce qu'il était avant le changement si important opéré en lui par la persistance de ses efforts, d'abord, et confirmé ensuite par son admission au sein de la hiérarchie qui gouverne le monde.

ration, la résolution décisive de se libérer de toutes les limitations.   N. D. T.

L'Initiation qui entraîne ainsi et pour toujours l'aspirant au-delà du gouffre séparant l'humanité ordinaire du monde occulte se nomme l'initiation « Sohan ». Elle ne dépend en aucune façon des dons psychiques. Il est même théoriquement possible (bien que le cas soit rare) de la recevoir sur les plans de conscience supérieurs sans que la personnalité incarnée se le rappelle ou en ait connaissance. Mais encore une fois il n'y a là qu'une question de développement moral ou d'éthique. En l'absence de ce développement, la possession des sens psychiques ne hâterait pas l'initiation d'un jour, car ceux-ci pourraient être le résultat karmique d'efforts entrepris autrefois (pendant des vies antérieures peut-être) pour pénétrer les mystères de la Nature, et avoir été inspirés par des motifs très différents de l'altruisme élevé qui caractérise le vrai, le pur disciple des Maîtres. Les facultés psychiques acquises par ces moyens nuisibles seraient plutôt propres à entraîner celui qui les possède à de dangereuses relations sur les plans occultes de la Nature qu'à l'aider dans le vrai sentier de l'évolution.

Après avoir reçu l'initiation Sohan, le principal objet de l'entraînement à venir ne consistera pas encore à développer, chez l'homme incarné à l'état de veille, ces facultés psychiques qui lui donneraient les clés de la connaissance conférée par son initiation. En ce qui concerne son propre entraînement, il s'appliquera surtout à perfectionner les qualités morales; de plus, en vertu d'une utilisation plus active de son Soi supérieur, il pourra, sous une direction convenable, accomplir bien d'autres travaux dont la nature échappe à nos facultés mentales. Maintenant qu'il est définitivement entré dans le sentier de l'initiation, il est nécessaire qu'il perfectionne, d'une façon absolue, les caractéristiques qu'il avait seulement ébauchées pendant la période de probation. Mais il arrive à ce résultat d'une façon un peu différente.

En décrivant les progrès du disciple, à travers les divers stades d'initiation conduisant à l'Adeptat, on ne dit pas que le disciple acquiert telle ou telle qualité, mais qu'il rompt certaines « entraves » qui l'attachent aux plans d'existence inférieurs. Dans quelques ouvrages orientaux, ces entraves sont énumérées dans un ordre déterminé ; mais je crois inutile, ici, d'en faire l'analyse ; envisagée au point de vue ordinaire, la signification réelle qu'on y attache dans le monde occulte ne serait probablement pas comprise. Nous pouvons parfaitement analyser et apprécier l'ensemble des qualités probationnaires. Mais, pour interpréter celles du Sentier supérieur, il nous faudrait une connaissance plus élevée encore. Il n'en est pas moins intéressant d'examiner les stades de ce sentier qui, même dans notre milieu, peuvent être fort bien compris par tous ceux qui étudient sérieusement l'occultisme.

Le professeur Max Müller énumère, dans une de ses traductions, les divers degrés de l'initiation. Dans une note annexée au chapitre XII de son *Dammapada*, il écrit : « ... Arhat étant le degré supérieur des quatre ordres d'Ariyas, savoir : « Srotaapanna, Sakadagamin, « Anagamin et Arhat ». Tels sont, en effet, les noms des quatre initiations conduisant à l'Adeptat, dont la première, synonyme du stade « Sohan », signifie, je crois, « celui qui est entré dans le courant ».

Le passage d'un stade à l'autre peut exiger de longs intervalles. Si le karma du passé est particulièrement favorable à un avancement rapide, et si le néophyte est bien préparé avant son entrée au stade Sohan, il est possible qu'il puisse atteindre le deuxième stade dans la même existence. Il est réellement difficile de parler avec exactitude du temps nécessaire au passage de l'un de ces stades au suivant ; cependant les ouvrages exotériques orientaux, en parlant des initiations, déclarent qu'il ne faudrait pas compter moins de *sept existences* entre la première et la deuxième grande initiation.

Je trouve cette affirmation un peu exagérée ; mais il est impossible de préciser dans une question de ce genre.

Néanmoins, avant de franchir le deuxième degré, il devient indispensable au disciple avancé de se préparer à posséder consciemment les facultés, les pouvoirs multiples qui caractérisent l'Adepte. Aussi, dans la nouvelle existence qui doit le conduire à la deuxième initiation, il est à peu près certain qu'il renaîtra dans une famille d'Adeptes, ou encore que son destin lui fournira les moyens de les fréquenter pendant sa vie physique.

Cependant, il reste encore au « Sakourtagami » quelques entraves à briser. — J'emploie, pour désigner ce stade, une orthographe qui m'est plus familière que celle de Max Müller. — Ce n'est qu'après avoir atteint le troisième stade que le disciple peut entreprendre la vie dans laquelle il lui sera possible de recevoir la grande initiation qui l'élèvera au rang d'Arhat.

Quelques-uns de mes lecteurs ont peut-être connaissance de certaines données, fréquemment répétées dans la littérature théosophique, au sujet de la durée des intervalles qui séparent deux incarnations consécutives. Pour éviter ici un malentendu qui nuirait à l'appréciation exacte de mon exposé, je rappellerai que ces données concernent l'avancement normal de l'humanité dans la majestueuse lenteur de son évolution. Lorsqu'on est « entré dans le courant », de nouvelles conditions interviennent et les vies physiques nécessaires à l'entraînement du disciple peuvent se succéder sans interruption. Il est encore utile d'expliquer ici, pour bien établir la situation dans son ensemble, que le processus d'initiation, décrit jusqu'ici, conduit directement l'aspirant à la grande « Loge Blanche », comme on l'appelle quelquefois, et le met en relation directe et intime avec des êtres spirituels d'une nature plus sublime encore que les Adeptes parfaits, et que nous pouvons, en quelque sorte, regarder comme la Hiérarchie dirigeante de notre planète.

Il est d'autres sentiers d'initiation occulte qui mèneraient le néophyte assez loin dans la voie des pouvoirs et de la connaissance. Le moins que nous en parlerons serait le mieux, s'il n'était nécessaire, pour comprendre le bien, de se rappeler l'existence du mal. L'aspirant doué d'un caractère résolu et de beaucoup d'audace pourra y acquérir la connaissance des forces occultes et la puissance de les dominer à un degré même assez considérable sans être forcé, pour cela, de développer sa moralité au profit de l'humanité entière. S'il est guidé uniquement par un mobile égoïste, et que, pour son malheur, il possède les moyens d'acheter les services de Maîtres semblables à lui, ce néophyte pourra parvenir à des stades de connaissance et à des pouvoirs analogues à quelques-uns de ceux que nous avons décrits comme étant les quatre échelons du vrai sentier. Le but de cet ouvrage n'est pas de retracer les conséquences spirituelles et finales de ce genre de développement, que l'on désigne techniquement sous le nom de Magie noire; mais le point à retenir, à ce sujet, c'est qu'il existe bien des genres de développements psychiques et astrals entrepris sous la direction de quelques écoles anciennes, ou même de sociétés relativement modernes, et qui ne se rattachent pas nécessairement à la Magie noire, bien que pouvant s'écarter du sentier d'initiation conduisant directement à la Loge Blanche. Il fut un temps où la Loge Blanche, elle-même, imposait au candidat le développement psychique comme première condition à son entrée dans le sentier. Ce système prévalut pendant la période atlantéenne. Mais, lors de la grande impulsion spirituelle imprimée à la cinquième race par l'Instructeur que la nature lui assigna en temps opportun, un changement s'introduisit dans les règles de l'initiation, sous la direction de ce Maître ; et les qualités éthiques ou morales furent exigées en premier lieu, suivant le système que j'ai exposé dans la première partie de ce chapitre. Mais, bien que la première et principale loge d'occultisme, celle qui relève de la hiérarchie spirituelle de la Nature — la grande Loge Blanche, en un mot — ait modifié depuis sa façon de procéder, divers groupes moins importants d'initiés demeurèrent fidèles à la première méthode. C'est pourquoi l'on rencontre parfois des individus remarquables sous le double rapport de la science psychique et des pouvoirs, mais ne pratiquant pas au même degré les hautes vertus morales qui distinguent le simple disciple en probation de la Loge Blanche.

Nous dirons seulement, à leur sujet, que, tant qu'ils n'auront pas acquis le développement moral en question, et brisé les « entraves » qui s'opposent au progrès du disciple pendant les derniers stades de l'initiation conduisant à l'état d'Arhat, ces individus ne pourront atteindre aux stades supérieurs ou parvenir assez haut pour n'être plus en danger de retomber dans les sentiers de la Magie noire, avec ses terribles conséquences finales.

Je l'ai déjà dit, il est impossible, avec le seul état de conscience du plan physique, de définir la nature exacte des qualités qui conduisent à l'Adeptat. Autant vaudrait essayer d'écrire un traité de métaphysique en monosyllabes.

Tout merveilleux que nous paraissent les progrès actuels de l'esprit humain dans les différentes branches de la science, lorsqu'on les compare à ceux des époques plus rudimentaires, ils n'embrassent qu'un aspect de la Nature, un seul plan de conscience, tandis que l'Adepte est en rapport avec plusieurs. Il serait impossible de décrire les tâches d'un plan déterminé en se servant des termes usités sur un autre plan.

Cette première difficulté nous arrête, avant même d'arriver à concevoir en imagination le niveau d'évolution de l'Arhat, et nous dissuaderait encore d'entreprendre la description des qualités qui distinguent ces grands Adeptes et des fonctions ultimes qu'ils finissent par exercer. Ils s'unissent par la suite, en quelque mystérieuse façon, avec les lois fondamentales du Cosmos, dont ils deviennent en quelque sorte l'expression — le foyer rayonnant d'où émane l'idée divine. On ne peut rien savoir de plus à leur sujet ; mais nous pouvons en déduire ce principe général, qu'il n'existe *aucune* limite à l'évolution de l'humanité vers la perfection et l'infinie sagesse. Arrêtons-nous donc au seuil de certains mystères ; il serait téméraire de vouloir les approfondir, à notre stade d'avancement et dans un traité destiné à la publication.

Il est cependant un rang spirituel supérieur encore à celui d'Arhat, et que nous pouvons définir clairement, parce qu'il représente un état d'évolution qui, si prodigieux qu'il soit, est pourtant le but théorique de toute la race humaine du présent Manvantara. Tous les hommes n'y arriveront certainement pas ; ceux qu'emporte le courant ordinaire de l'évolution n'y parviendront qu'après des millions d'années, et ont en perspective d'innombrables existences qui, distribuées suivant leurs mérites, ne justifieront que trop souvent la philosophie pessimiste. Mais, théoriquement, cette évolution est à la portée de tous ceux qui lisent ces lignes.

Nous allons donc essayer de comprendre un peu le rang qui, dans la hiérarchie supérieure, surpasse celui d'Arhat. Il s'acquiert après des périodes de lutte et d'attente dont nous ne pourrions actuellement nous rendre compte ; l'Arhat y atteint après avoir brisé la dernière « entrave » qui l'attachait encore à ce stade. Cette entrave n'est autre qu' « Avidya » — l'ignorance — et ce terme, appliqué à un pareil sujet, nous démontre combien il serait facile de se méprendre sur la terminologie du « Sentier » supérieur. La plupart d'entre nous entendent par « Ignorance » le résultat d'une comparaison établie entre certains états d'esprit et le niveau intellectuel du xixe siècle, considéré comme le nec plus ultra de la raison et de la science. Mais « l'Ignorance » de l'Adepte se mesure d'après la connaissance absolue de tout ce qui concerne la chaîne planétaire et le système d'évolution auquel il appartient. Lorsqu'il possède enfin — sans doute après de très nombreuses incarnations choisies et acceptées volontairement — toute la sagesse et la connaissance qu'il lui était possible d'acquérir dans ce système d'évolution, il peut alors passer outre. Mais il doit être capable d'observer le processus d'évolution où la grande famille humaine est engagée, depuis ses origines les plus reculées jusqu'à l'avenir presque illimité qui en marque le terme. Il faut encore qu'il comprenne à fond les lois naturelles et les forces qui régissent cette évolution, soit qu'elles opèrent sur le plan physique, dans la merveilleuse complexité de ses molécules et de ses forces, soit sur d'autres plans, invisibles à l'œil ordinaire, qui interpénètrent et entourent le plan physique, et dont la complexité est plus étonnante encore. Puis, lorsqu'il aura intimement réalisé la véritable signification des innombrables problèmes que présentent le bien et le mal, le péché, la douleur ou l'espérance; lorsque, enfin, la terre, l'immensité des cieux, la vie et la mort même n'auront plus de secrets pour lui, alors seulement l'Adepte sera digne d'occuper le rang suprême dans l'immense chaîne d'évolution que nous venons d'étudier. Il est alors connu par les initiés sous le nom d'Aseka. C'est cette appréciation, aussi exacte que possible, de la position occupée dans la Nature par les Adeptes Aseka qui inspire à leurs élèves, quel que soit leur degré d'avancement, une si grande confiance dans les enseignements secrets provenant d'une source aussi autorisée (1).

(1) La traduction du mot Avidya par ignorance est certainement défectueuse ; si le mot était français, il serait plus correct de l'appeler la « nescience ».

N. D. T.

CHAPITRE XVI

PROGRÈS PSYCHIQUES IRRÉGULIERS

Depuis fort longtemps, les facultés psychiques naturelles sont, sous une forme ou une autre, soumises à 'observation générale ; mais cette étude a été dirigée d'une façon intermittente, si irrégulière et si peu scientifique, qu'aucun des nombreux écrivains adonnés à ces recherches n'a pu aboutir à une conclusion satisfaisante. Ces facultés se rencontrent-elles, comme il arrive fréquemment, chez des individus atteints de maladies diverses ? On en conclut aussitôt, bien à tort, qu'elles sont liées, par leur nature, à un état maladif du corps humain. Le cas si remarquable de la voyante de Prévorst, relaté par le Dr Kerner, en est un exemple typique. Frédérique Hauffe, la voyante en question, naquit dans la première année de ce siècle, au village de Prévorst, en Wurtemberg. Sa merveilleuse clairvoyance, les visions remarquables qu'elle obtenait des autres plans de la Nature, s'associaient à de terribles souffrances physiques, auxquelles mit terme une mort prématurée. L'état nerveux étrange et mal compris, qu'on désigne vaguement sous le nom d'hystérie, s'allie aussi très souvent, chez certains êtres, à une sensitivité qui en fait de précieux sujets pour les expériences de magnétisme. Une trop grande hâte de généraliser les choses fit alors attribuer ce don à quelque maladie mal définie du système nerveux, et récemment, en France, des médecins vraiment observateurs, dont les recherches donnèrent lieu à ce qu'on appelle l'hypnotisme, ont vulgarisé à tel point ces expériences que presque tout le monde aujourd'hui adopte avec eux l'erreur que les sens psychiques sont le résultat d'un état pathologique déterminé. Au surplus, si l'on considère les choses sous un autre aspect, on remarquera que l'opinion accréditée provient en grande partie du peu d'estime accordée au médium spirite. Les plus ignorants se contentent de le regarder comme un imposteur, qui abuse de la crédulité humaine par des jongleries. Mais ceux qui approfondissent un peu mieux le sujet savent que, si l'imposture entre, pour une grande part, dans la médiumnité qui s'achète, puis-je dire, comme une marchandise, il existe pourtant, cachée sous cette fraude, quelque faculté ou influence anormale. Nombre de personnes ont observé, dans la vie privée, des cas de médiumnité sous des conditions qui excluaient tout soupçon de fraude, démontrant ainsi jusqu'à l'évidence qu'une communication est possible, dans certaines circonstances encore mal expliquées, entre les habitants de notre plan d'existence et ceux de certains plans invisibles et intangibles.

La médiumnité elle-même, lorsqu'elle est véridique, se manifeste par des aspects si variés qu'elle semble défier toute analyse scientifique. Si ces facultés psychiques se décèlent par la sensibilité à l'influence magnétique, elle revêt encore mille formes différentes, prouvant clairement aux expérimentateurs que la créature humaine possède un organisme physique beaucoup plus complexe que ne le ferait supposer sa contre-partie physique ; car rien n'a pu jusqu'ici nous éclairer sur les raisons qui font que tel sensitif peut lire dans un livre fermé qu'on appuie derrière sa tête, tandis qu'un autre, incapable de l'imiter, perçoit dans des visions d'autres états d'existence, ou se trouve capable d'observer à distance certains événements qui se produisent sur le plan physique. De plus, les facultés se montrent parfois chez ces sensitifs à l'état de veille, d'autres fois seulement sous l'influence de la transe magnétique, et cette alternative paraît être entièrement l'effet du hasard. Quelques-uns d'entre eux possèdent des facultés, appelées psychométriques, et tellement développées qu'ils semblent pouvoir acquérir, au contact d'un objet quelconque, la notion exacte du lieu, des êtres et des événements auxquels se rattachait autrefois cet objet ; par contre, ils se montrent souvent tout à fait rebelles à l'influence magnétique. En ce qui concerne cette influence magnétique, la plupart des expérimentateurs ont dû (ne pouvant faire plus) se borner à relater les faits résultant de leur observation personnelle qui, tout en démontrant clairement l'action d'une influence puissante, diffèrent tellement entre eux par leurs caractères qu'ils nous aident fort peu à interpréter scientifiquement cette influence magnétique.

Mais, si difficile que puisse être une enquête dans le dédale de la psychologie empirique, ces manifestations irrégulières et capricieuses des sens astrals sont assez compréhensibles pour l'étudiant qui, se plaçant pour ainsi dire au-dessus d'elles, les contemple d'un niveau plus élevé. Supposons un être placé au milieu d'un épais morceau de cristal ; il ne pourrait, dans cette situation, en distinguer les contours. Il devra, pour le faire, se placer en dehors du cristal, afin de le considérer dans son ensemble. Par la même raison, ce n'est qu'après avoir développé les facultés psychiques, au point de pouvoir fonctionner sur le plan dévakhanique, que l'on peut, de ce niveau, observer les phénomènes du monde astral. Il devient alors possible d'en découvrir les mystères, et l'on constate que la plupart, sinon la totalité des facultés inhérentes au psychique de naissance, concernent des phénomènes du plan astral.

Cependant les sens astrals, éveillés en partie chez l'être né psychique, ne diffèrent pas de ceux qui peuvent être développés chez l'occultiste régulièrement entraîné. Il serait peut-être permis d'affirmer que toute personne douée d'aptitudes spéciales pour les études occultes, aptitudes indépendantes du développement moral, doit avoir possédé, dès sa naissance, une nature psychique, même si ces facultés n'ont existé, à l'origine, qu'en potentialité. Pour que les sens du véhicule astral puissent se relier à la conscience du cerveau physique, il est nécessaire que le double éthérique présente certains caractères qui, pour la plus grande part, dépendent du karma des vies antérieures. En conséquence, si, pendant la vie précédente, l'homme n'a pas cherché à développer en lui les facultés psychiques, la simple compréhension intellectuelle de ce sujet, ou même une vraie inspiration spirituelle vers le développement supérieur, ne suffiront pas à éveiller ces facultés ou à les mettre en état de fonctionner librement dans la première des existences où cet homme en tentera l'essai. Les sens astrals, comme tout ce qui fait partie intégrante de l'homme, sont sa création propre, si inconscient qu'il en puisse être, et bien qu'il ne les ait pas créés intentionnellement. Les aspirations et les désirs d'une vie, comme nous l'expliquions à propos du problème du libre arbitre et de la nécessité, déterminent les capacités de la vie suivante. Si, à une période donnée de son évolution, un homme a éprouvé des désirs, des aspirations très ardentes vers la pénétration de ces mystères de la Nature que les sens psychiques permettent seuls d'observer, ces aspirations, agissant dans la vie suivante comme force karmique, éveilleront, dans le corps astral de cet homme, des aptitudes pour le développement astral, toujours en admettant qu'un karma d'autre nature ne vienne pas à l'encontre.

Or, je l'ai souvent expliqué au cours de cet exposé, le plus sûr moyen d'atteindre à un genre de développement spirituel très élevé consiste à se proposer, dès l'origine, en cherchant à approfondir les mystères de la Nature, des aspirations plus hautes, un but plus noble que le simple amour de la connaissance pour elle-même. J'ai dit aussi que les qualités morales naissant du désir de coopérer au service de l'Idée divine qui gouverne le monde produisaient, après un long intervalle, des capacités bien supérieures, sur le plan physique même, à celles qu'on pourrait acquérir rapidement par un effort spécialisé dans cette voie.

L'occultiste spiritualisé cherche à s'unir aux frères aînés de l'humanité pour mieux accomplir sa part de la grande œuvre, qui consiste à aider l'humanité tout entière. Au temps opportun, les êtres vers lesquels ses aspirations l'ont attiré guideront eux-mêmes ses premiers pas dans l'acquisition des facultés psychiques nécessaires à l'accomplissement des desseins formés par sa conscience supérieure. Mais les causes n'en produisent pas moins leurs résultats, toujours leurs résultats, qu'elles soient mises en action dans un but soit élevé, soit impur ; par conséquent, les hommes éprouvant une ardente curiosité pour les mystères de la Nature, et qui font sans cesse, pour les pénétrer, tous les efforts compatibles avec les circonstances; engendreront, comme résultat karmique, une aptitude spéciale pour y réussir dans la suite. Dans l'une ou l'autre de leurs existences, ils présenteront les caractéristiques anormales désignées sous le nom de facultés psychiques. L'homme ainsi doué commencera à avoir des visions imperceptibles pour ceux qui l'entourent, et sa connaissance pouvant, dans certaines limites, embrasser le plan astral, il obtiendra la perception de certains êtres appartenant à ce plan. Peut-être deviendra-t-il alors le médium par lequel ces êtres mettront en action, sur le plan physique, certaines forces visibles à tous les assistants sous la forme de phénomènes spirites.

Si ces dons naissants ne s'accompagnent chez lui d'aucun développement moral, et sont uniquement déterminés par la soif ardente d'acquérir la connaissance pour sa plus vive satisfaction personnelle, cet infortuné psychique pourra servir d'instrument à des entités malfaisantes fonctionnant sur le plan astral. Ce seront peut-être des individus semblables à lui-même, beaucoup plus avancés, ayant acquis le pouvoir non seulement de percevoir le plan astral au moyen des sens astrals, mais aussi de se dégager de leur corps et d'y fonctionner dans un véhicule approprié, pour y recueillir ce qu'ils pensent pouvoir leur être profitable. Ces individus, que la littérature occulte désigne généralement sous le nom de Magiciens noirs, sont toujours en quête d'êtres qu'ils puissent employer à leurs fins, et le psychique tout à fait ignorant, n'étant ni entraîné, ni protégé par son affinité avec les influences spirituelles d'en haut, devient pour eux une proie facile. La malheureuse victime ainsi accaparée générera des causes karmiques interminables, qui, pendant une longue suite d'existences, pourront lui attirer des infortunes d'une nature cruelle et complexe.

Mais les facultés du psychique proviennent aussi parfois d'un mélange de désirs et d'aspirations vraiment spirituels, quoique souvent peu développés. Il se trouve alors protégé, grâce à sa pureté native, contre les attaques du magicien noir, et, avec un peu d'aide, serait prêt à marcher dans le vrai sentier du développement occulte, lors même qu'il n'aurait pas jusqu'ici mérité cette aide. Il faut se garder autant de déprécier ces facultés naturelles que d'en exagérer l'importance. Elles peuvent être un bienfait ou une malédiction, suivant qu'elles se rapportent à l'un ou l'autre des cas cités plus haut. Quand ces deux influences s'équilibrent à peu près, on doit, pour se garantir, n'exercer ces facultés que pour ces fins élevées, et s'attacher surtout à comprendre intellectuellement le processus d'évolution qui conduit aux sommets sublimes du développement spirituel.

Je crois extrêmement rares les cas où l'être, doué, à sa naissance, de facultés psychiques, puisse être à même de fonctionner sur une région supérieure au plan astral. Le Soi supérieur de tout être humain appartient certainement par sa nature aux plans aroupiques du Dévakhan. Il peut donc se trouver des cas, dans la variété infinie des types que nous présente l'humanité, où le Soi supérieur, alimenté par l'essence de nombreuses existences vertueuses et spiritualisées, devient si individuellement conscient sur son propre plan, qu'il est capable de refléter, dans une certaine mesure, cette conscience sur sa manifestation physique pendant le sommeil, ou plutôt en reprenant possession de son corps au réveil. Par ce moyen, l'être dont il s'agit peut entrer en contact réel avec les plans de conscience dévakhaniques, et même, en certains cas, utiliser cette faculté pour acquérir certaines connaissances.

Ce genre spécial du développement expliquerait quelques-uns des plus remarquables rêves prophétiques qui, pour l'investigateur psychique, sont une curieuse énigme; mais il est rare que ce développement ne s'accompagne d'aucune connaissance occulte: car, lorsqu'un individu est capable de s'assimiler cette connaissance dans un but utile, le Karma ne tarde pas à lui envoyer certains avertissements qui lui indiquent la vraie voie. Ces occasions prendront une forme ou une autre, mais elles se présenteront, nous l'affirmons, à tout homme en mesure d'en profiter. Il ne saura pas toujours les apprécier nettement, faute d'en comprendre la véritable portée, et ne sera donc pas à blâmer; mais il est peu probable qu'elles se représentent dans plusieurs existences consécutives sans réussir à éclairer pleinement toute l'âme pensante. A l'exception de certains exemples possibles, quoique rarement constatés, les dons psychiques, les plus intéressants à étudier, sont le fruit d'essais précédemment tentés dans la voie du développement occulte.

Prenons l'exemple d'un homme qui, au cours de sa vie précédente, s'est trouvé à même de saisir une de ces occasions spéciales. Il en a profité dans les limites de son avancement, qui, peut-être, comportait des aspirations propices au développement des sens astrals. Il se trouve maintenant engagé par son Karma dans une existence qui favorise sans doute ses progrès ultérieurs, lors même qu'il n'en saisirait pas d'abord la portée. Ses facultés naissantes le remplissent d'intérêt. Les forces spirituelles de sa nature rendent les visions qu'il est susceptible d'avoir plutôt attrayantes qu'effrayantes. Il s'assimile, avec une prodigieuse facilité et par le côté intellectuel, tout enseignement de nature à lui indiquer la véritable voie du développement occulte.

Un homme de ce genre peut devenir, non plus un simple psychique, ou même un ardent promoteur de la philosophie théosophique, mais aussi un de ces disciples éclairés que leur conscience, spécialement entraînée, met en état de travailler librement sur des niveaux supérieurs au plan astral. Ces disciples, pour inaugurer la longue carrière de dévouement qu'ils poursuivront durant leurs vies ultérieures, ont l'inestimable privilège de constituer un lien entre les grands Maîtres et les aspirations naissantes de beaucoup d'étudiants habitant encore notre plan d'existence. Grâce à leur appui, ceux-ci pourront acquérir, avant l'époque que leur assignerait leur développement, une connaissance tout à fait spéciale du monde occulte, et seront assurés d'atteindre à leur tour, dans la vie suivante, le même stade d'évolution que ces disciples éclairés.

Dans l'intervalle, pour comprendre exactement le problème confus des facultés psychiques naturelles, il faut faire la part des nombreux cas intermédiaires existant entre l'explorateur curieux du plan astral qui tombe entre les serres du Magicien noir et l'aspirant aux idées élevées que ses facultés psychiques, bien développées, mettent en relation consciente avec ceux qui peuvent le guider vers les plus sublimes altitudes. Depuis que la race humaine a atteint l'âge adulte, c'est-à-dire (en partant de la période planétaire actuelle) depuis la période moyenne de la race Atlante, il y eut toujours des individus possédés du désir de la science et du développement occulte, et inspirés en cela par des mobiles très différents, dont la pureté variait à l'infini.

Il est à présumer que les plus élevés d'entre ces êtres ont été guidés par l'influence karmique vers le sentier conduisant directement à l'association sublime des Adeptes, et j'ai déjà entrepris d'expliquer, dans le chapitre du « Sentier de l'Initiation » comment cette association s'unit, par ses ramifications supérieures, à la hiérarchie qui gouverne notre merveilleux système, participant ainsi à l'ineffable grandeur spirituelle de la hiérarchie cosmique. Mais bien souvent, et à diverses reprises, des occultistes peuvent avoir fondé d'autres Loges ou associations, dont le caractère et le but pouvaient être admirables, et semblent avoir groupé autour d'eux un grand nombre de personnes autant pour leur avantage propre que pour celui de leurs semblables. Selon toute apparence, ces Loges secondaires d'occultisme finissent, tôt ou tard, par s'unir au courant principal; mais certaines personnalités, cédant à des tendances individuelles et caractéristiques, peuvent continuer longtemps leur progrès en compagnie de leurs premiers associés, et parvenir ainsi à un rang influent sur les plans hyper-physiques de la Nature. Éclairés alors par leurs propres convictions, ils font leur possible pour contribuer au progrès spirituel de l'humanité.

Or c'est précisément l'une de ces Loges indépendantes qui prit l'initiative pratique du mouvement connu sous le nom de spiritisme et l'alimenta en grande partie. Ce système prit, par la suite, une telle importance que si, d'un côté, il dépassait tout à fait le but proposé, de l'autre, il accomplissait très imparfaitement son œuvre, destinée à prouver à tous que des forces indépendantes du plan physique se manifestent autour de nous.

Les conditions actuelles de ce mouvement ne laissent guère supposer qu'il soit dirigé par des êtres bons, intelligents et hautement évolués. Mais les personnes bien au courant de ces développements du spiritisme se sentiront convaincues que, dans quelques cas bien définis, les pouvoirs dirigeants furent bons et intelligents, très avancés même dans la connaissance spirituelle. Les hautes influences occultes auxquelles j'ai fait allusion en étaient sans doute la cause.

Dans le système d'Allan Kardec, entre autres, l'enseignement qui s'y trouve donné nous amène forcément à cette conclusion. La réincarnation en est l'idée dominante. Or, comme je l'ai déjà expliqué, les révélations relatives à cette loi, l'une des plus importantes dans la Nature, ne peuvent jamais provenir spontanément des habitants du plan astral ; cela est impossible ; mais il serait assez naturel que quelques-uns des instructeurs occultes avancés, qui guident et contrôlent les entités astrales, aient essayé d'introduire cette doctrine dans les groupes occidentaux, pour savoir si les esprits seraient assez mûrs pour la comprendre.

Cette doctrine ne s'est propagée, dans la totalité du monde spirite, que d'une façon très restreinte, tendant ainsi à confirmer notre opinion, que cette méthode d'enseignement n'était pas des mieux choisies. Ainsi en est-il des phénomènes physiques. Il y a vingt ou trente ans, ces phénomènes étaient en pleine activité, dans des conditions médianimiques qui se prêtaient parfaitement à l'investigation scientifique.

Mais la science ne profita que très rarement de ces

occasions, et les conséquences à tirer des conditions actuelles du phénomène spirite démontrent bien que l'impulsion puissante et intelligente du début a cessé d'agir, sauf dans quelques cas particuliers ignorés du plus grand nombre. Les phénomènes spirites les plus récents semblent l'écho expirant de l'impulsion primitive.

La littérature américaine nous rend bien compte de nombreux cas de matérialisation d'esprits; mais ces expériences ne sont pas faites pour élargir notre connaissance des lois de la Nature, et, d'ailleurs, ce genre de manifestations est peut-être, entre tous, le plus susceptible de fraude.

L'ensemble de ces remarques nous induit à conclure qu'il ne faut pas chercher le véritable progrès spirituel dans ce qu'on appelle généralement le spiritisme. Tous ceux qui ont étudié les méthodes d'entraînement théosophique, s'ils s'adonnent aux expériences spirites, ne le feront qu'avec une grande réserve, tout intéressantes qu'elles soient le plus souvent. Mais, d'autre part, le spirite est un chercheur avec lequel, ce me semble, le vrai théosophe ne peut que sympathiser. Tous deux possèdent en commun des croyances qui les distinguent de la foule des matérialistes, comme du grand nombre de ceux que leur ignorance même empêche de comprendre les dogmes de leur propre religion. Ces deux écoles devraient être animées réciproquement de meilleurs sentiments, et elles y arriveraient insensiblement, si les malentendus se dissipaient de part et d'autre. Le théosophe serait vraiment bien avancé dans l'étude de l'occultisme, s'il ne trouvait, dans les expériences spirites, matière à de nombreuses réflexions. D'autre part, beaucoup d'admirables conceptions théosophiques, relatives aux conditions de l'évolution humaine après la mort, nous expliquent les phénomènes spirites qui se rapportent à la vie spirituelle et à ses complexités diverses.

En tous cas, le spirite comprendra, après l'explication que j'ai donnée de l'origine du spiritisme, que les véritables théosophes ne sauraient considérer avec hostilité ou mépris, comme on l'a parfois supposé, un mouvement appuyé par des initiés avancés — lors même que des expériences plus récentes nous en auraient démontré le danger. Car les êtres avancés qui prirent l'initiative de ce mouvement furent certainement inspirés par leur sincère dévouement au bonheur spirituel de l'humanité.

CHAPITRE XVII

L'INDIVIDUALITÉ

Certains problèmes de conscience, paraissant au premier abord toucher de très près à l'étude philosophique de la Nature et des destinées de l'homme, sont, en réalité, si complexes qu'on ne peut les examiner qu'à la lumière d'une science étendue. C'est précisément le cas de l'état de conscience que nous nommons Individualité. Il semblerait rationnel d'étudier ce sujet en retraçant d'abord le cours de l'évolution humaine ; mais on ne pourrait le traiter sans faire allusion à toutes les phases de l'évolution. Pour apprécier comme il convient la genèse et les destinées de l'individualité, il faut embrasser à la fois les nombreux plans de la Nature, les états de conscience inférieurs où ce phénomène de l'individualité n'est pas appréciable, et aussi l'ensemble du système auquel nous appartenons. La façon absurde dont la spéculation conventionnelle analyse ce sujet démontre combien il est impossible de le faire intelligemment, sans une compréhension assez complète de l'ensemble de la donnée théosophique.

La création d'une âme humaine serait un simple

acte de Volonté divine, exécutable aussitôt qu'il plaît à deux êtres humains de réaliser certaines conditions ; elle est l'opinion favorisée par l'ignorance, et une ignorance du type le plus primitif, si même elle se cache sous des dehors scientifiques ou érudits. Cette opinion n'est pas de nature à exalter la Puissance divine ; elle implique l'absence de toute perception des Méthodes divines, et méconnaît, de la façon la plus absurde, la grandeur de l'œuvre en question. La haute science nous démontre que la création des âmes humaines — le développement de l'individualité dans la conscience universelle — est l'un des buts essentiels du système auquel nous appartenons. Si l'organisation des systèmes et chaînes planétaires, avec tous leurs règnes naturels, n'était qu'un jeu pour l'Omnipotence, elle représenterait encore le plus déplorable gaspillage d'énergie que l'esprit pût concevoir. La Sagesse suprême ne saurait être prodigue à ce point — elle ne serait pas alors la Sagesse suprême. Mais lorsque, avec le temps, nous saurons avec quels soins l'individualité humaine est guidée, protégée dès les premiers stades de son développement ; lorsque nous ajouterons à la connaissance de cette individualité une certaine appréciation des destinées qui peuvent lui être réservées ultérieurement, nous comprendrons enfin que l'évolution d'une individualité est une œuvre prodigieuse, même pour l'Omnipotence divine.

Selon toute apparence, ce travail ne peut s'accomplir que par le processus, lentement élaboré et plein de longs détours, que nous appelons la descente de l'esprit dans la matière. Ce processus se divise lui-même en trois grands stades : la préparation des plans matériels, le développement de la conscience en individualité sur ces mêmes plans, puis l'entraînement de cette individualité jusqu'à la réalisation complète de ses potentialités, car, avant ce dernier stade, elle n'est, en somme, qu'un embryon d'individualité.

En un certain sens, plus facile à mentionner qu'à comprendre, les manifestations primitives de la matière représentent l'état de conscience (ou une partie de la conscience) de l'esprit qui les a engendrées. Toutefois, ni les aspects éthérés des règnes élémentals, ni les manifestations plus condensées du monde minéral émergeant de ses origines nébuleuses, ne présentent une trace de conscience d'ordre individualisé. Si, avançant d'un pas, nous observons, à l'origine du règne végétal, les premières pulsations qui décèlent la vie, nous trouvons encore l'énergie spirituelle à la base de cette manifestation. Nous pouvons alors définir l'essence monadique animant le monde végétal comme distincte de l'essence monadique qui anime le règne minéral ; mais le développement de l'individualité est encore loin de s'accomplir. Ce n'est qu'après une suite d'efforts prolongés que la manifestation animale de l'esprit émerge du règne végétal ; mais ce résultat n'est pas encore le but cherché. Le règne animal possède une conscience d'une nature infiniment plus élevée que celle du règne qui le précède immédiatement dans l'évolution ; cependant cette conscience n'est encore qu'une manifestation collective. L'essence monadique converge vers un foyer spécial, mais la convergence n'est pas établie encore.

Par quel procédé s'accomplit, à l'origine du système universel (dans les premiers manvantaras des premiers systèmes) cette concentration de la conscience dans l'unité individuelle ? Il est inutile de nous y arrêter. Pour parvenir à comprendre l'individualité, il suffit d'en retracer la genèse jusqu'à des périodes d'évolution que nous puissions concevoir plus aisément que les périodes d'activité initiales de la Nature. Lentement, très lentement, l'essence monadique animant les régions supérieures du règne animal recueille en sa conscience l'expérience qu'elle est susceptible d'acquérir dans le genre d'existence qu'elle anime. Puis, au cours de ses manifestations incarnées, elle devient sensible à l'influence d'un état de conscience plus élevé. Pour mieux comprendre cette idée, voyons comment elle s'exécute, lorsque le règne humain est déjà développé. Un animal, sur le plan physique, s'attache de son propre mouvement à un être qui lui est supérieur, c'est-à-dire à une créature humaine déjà individualisée. Cette conception, présentée d'abord sous un jour plutôt poétique que scientifique — et qui pour cela n'en est pas moins exact — nous montre comment cet attachement, premier éveil du grand principe d'amour, prend dans la conscience de l'animal l'aspect d'une aspiration élevée et, créant en cette conscience un foyer de force spirituelle, y engendre l'individualité.

Dès lors, il existera sur le plan spirituel quelque chose de bien défini — nuage, centre ou point, comme il nous plaira de le nommer — qui est l'individualité réincarnante. Sa subtilité est extrême, à peine peut-elle se concevoir, et ses contours sont très estompés ; néanmoins, c'est un quelque chose qui s'est séparé de la masse totale d'essence monadique qui animait l'animal au début de son existence. C'est une énergie spirituelle devenue indépendante et capable maintenant de s'exprimer dans une forme physique nouvelle. Pour la même raison elle ne peut plus s'exprimer dans une forme animale. Par cet acte d'individualisation elle est entrée dans un autre règne de la Nature, et appartient désormais à l'espèce humaine.

Une idée bien nette de ce point tournant de l'évolution est indispensable pour comprendre le développement de l'âme dès son origine; en outre, elle éclaire vivement tous les problèmes relatifs à l'instinct animal, sur lequel on raisonne, en général, d'une manière si fausse. A un moment donné de sa vie, l'animal, appartenant à une espèce quelconque, n'a ni plus ni moins de raisonnement que les autres animaux de sa classe. *La même* intelligence, la même âme, pourrais-je dire, les anime tous. Ils profitent tous également de l'expérience recueillie par ceux qui les ont précédés, dans leur classe, mais ils n'en peuvent faire d'autre : aucun animal de cette espèce n'a le cerveau conditionné pour acquérir de nouvelles expériences différant notablement de celles auxquelles il est accoutumé. Il assimile, dans une certaine mesure, celles qu'il rencontre sur son chemin et, par ce moyen, développe l'âme commune à toute l'espèce ; c'est l'essence monadique en voie de développement.

Le fait suivant, malheureusement bien connu, nous en donne un triste exemple. On sait que, dans les contrées nouvellement explorées, la présence de l'homme n'effarouche ni les animaux ni les oiseaux. Mais lorsque l'homme inculte, le sauvage, pénètre au milieu d'eux, armé d'une massue ou d'une carabine, ils le reconnaissent bien vite comme un terrible ennemi. Les malheureuses victimes de sa férocité ne sont pas les seules à s'en apercevoir : leur âme-groupe en prend connaissance, et elle tressaillera dans toutes ses manifestations subséquentes, sous l'empire de cette appréhension nouvelle.

Ne commettons pas l'erreur de croire que l'âme

collective du règne animal soit douée de sagesse spirituelle. Elle représente la conscience sur l'échelle ascendante, mais à l'un des stades primitifs de son évolution. Cette âme n'est ni plus élevée ni plus sage que les animaux qu'elle inspire, et elle est exactement représentée chez eux par le degré de leur évolution mentale. Mais chacun d'entre eux profite également du fonds de savoir et d'expérience commun ; chaque conscience a sa part de l'expérience acquise par toutes les autres. Par exemple, lorsqu'un animal souffre, l'âme commune à son espèce souffre aussi ; de même, lorsqu'un homme se blesse à la main droite, l'homme entier souffre, bien que sa main gauche ou son pied ne ressentent aucune douleur.

Le langage devient impuissant, car les conceptions de notre cerveau physique sont impuissantes elles-mêmes à interpréter les relations existant entre les diverses âmes collectives du règne animal. Le volume d'esprit (s'il est permis d'employer ce terme impropre) qui, pour un temps donné, anime un ordre inférieur de vie animale, doit indubitablement accomplir son évolution et animer ultérieurement un ordre supérieur ; mais il serait prématuré de vouloir définir exactement les changements par lesquels ce progrès se réalise. Il nous serait plus utile de comprendre comment l'animal différencié évolue ensuite vers la véritable individualité humaine, c'est-à-dire comment un animal quelconque, appartenant à une des espèces supérieures, engendre une individualité réincarnante et passe ainsi, après une longue et heureuse période de repos non physique, dans le règne humain.

Il faut établir ici une distinction importante entre l'entité réincarnante et l'Ego impérissable. Le simple développement partiel du principe manasique, qui est inséparable de l'individualité à son premier stade, n'implique pas l'acquisition de cet attribut, inhérent à l'humanité parfaitement développée, que l'on appelle souvent l'Étincelle divine. Cette étincelle résulte de l'union du principe Atma-Bouddhique, qui est, en quelque sorte, latent en toute forme de vie (et par conséquent dans la nouvelle entité réincarnante) avec l'océan d'Atma-Bouddhi qui plane, pour ainsi dire, sur la création entière. Cette union est provoquée par le développement de Manas, et, lorsqu'elle est accomplie, l'entité — qu'il faut dorénavant considérer comme un Ego impérissable — est définitivement représentée sur les niveaux aroupiques du Dévakhan par un véhicule de conscience approprié à cette condition — le Corps Causal, comme le nomment généralement les théosophes européens. Désormais ce véhicule de conscience permanent, qui demeure immuable à travers toutes ses incarnations successives, devient l'individualité de l'entité en question. Chaque fois qu'il redescend sur le plan matériel il s'enveloppe à nouveau dans un vêtement approprié, sans pour cela perdre aucune des qualités précédemment acquises.

Au début, l'Ego ainsi développé procède très lentement dans l'acquisition de qualités nouvelles. S'il est divin dans sa nature, il ne l'est pas par son développement.

En négligeant de faire cette distinction, on a quelquefois introduit une grande confusion dans certains points de la donnée occulte. Il existe une grande différence entre le savoir et la capacité d'apprendre. Sans l'Ego impérissable, l'être (bien que différencié et non plus simplement l'une des nombreuses expressions d'une même âme collective) serait incapable de tout contact avec la conscience manasique supérieure. Ce contact une fois établi, lorsque le Corps Causal est né, la capacité d'apprendre s'éveille. La nouvelle entité se trouve maintenant reliée à l'océan d'Atma-Bouddhi, par une espèce de fil ténu, mais indestructible ; ce n'est cependant pas à cet océan qu'elle puise directement sa connaissance. Elle la recueillera pendant bien longtemps encore, à dater du point que nous considérons, par les expériences et dans les enveloppes des plans inférieurs.

Beaucoup de ces incarnations ne produiront peut-être qu'un résultat très minime. Le courant normal de l'évolution est lent ; le plan qui servit à établir les manvantaras nous le prouve. Mais il n'en est pas moins vrai qu'arrivé à un certain stade, une évolution extrêmement rapide succède à cette lente croissance. Le point tournant qui sépare ces deux natures de progrès peut être regardé comme un stade évolutif, aussi défini en lui-même que l'union primitive avec Atma-Bouddhi, c'est-à-dire la première différenciation de l'âme collective du règne animal.

Ce point tournant, c'est l'instant où l'Ego, incarné dans l'une de ses enveloppes, comprend enfin mentalement sa propre nature et emploie la force de sa volonté à réaliser ses potentialités divines, c'est-à-dire à remplir le but pour lequel il fut créé. Cette résolution s'appelle généralement, en langage théosophique, entrer dans le Sentier. Dorénavant, l'avancement s'accomplira par bonds, contrastant ainsi avec sa lente impulsion première ; tout au plus, dans certains cas, se trouvera-t-il retardé par l'insuffisance de quelques qualités spéciales, si l'Ego ne les a pas toutes également développées.

Tant que notre pensée restera confinée aux limitations de l'incarnation physique, nous ne pourrons suivre ce progrès jusqu'au développement final qu'il est susceptible d'amener ; mais nous pourrons cependant nous convaincre que, quelle que soit l'expansion de conscience que réalise l'individualité indestructible, au cours de son ascension dans les diverses régions de la Nature, cette individualité demeurera impérissable. Elle ne se perdra jamais, malgré sa mystérieuse union spirituelle avec d'autres aspects de la conscience universelle. Cette union s'opère sur certains plans mêmes de la vie spirituelle, accessibles à quelques individualités avancées qui animent encore des corps physiques.

Rien ne contribue davantage à dérouter les esprits inexpérimentés que le langage emphatique employé pour décrire l'âme, s'immergeant finalement dans la Conscience divine — sa réunion à Dieu ou son absorption en Parabrahm — quels qu'en soient les termes. Cela peut impliquer, pour une intelligence limitée, l'extinction individuelle, et ceux qui désirent ardemment, non l'absence vague de souffrance, mais la vie, une vie toujours plus intense, considèrent cette union si vantée comme équivalant à l'annihilation personnelle.

C'est alors une illusion aussi déplorable que dénuée de fondement. L'union véritable n'est pas le sacrifice, mais, au contraire, l'épanouissement de la conscience individuelle, et, lorsque ceux qui sont encore peu avancés sur le grand sentier commencent à sentir la réalité de cette union, le sentiment de la conscience individuelle demeure en eux aussi fort et aussi profond, lors même que l'imagination s'élève à des altitudes qu'elle ne peut encore concevoir qu'obscurément.

Pour élucider cette pensée, reprenons sous sa plus

simple expression la question du développement de l'âme, et contemplons encore une fois notre système dans son ensemble et sous son aspect plutôt spirituel que scientifique.

Négligeons un instant l'organisation merveilleuse et complexe qui lui sert de base, et recherchons quelle a pu être l'intention du Logos, lorsqu'il exécuta cette grande œuvre. Puis, avant de conclure, nous aborderons la plus haute conception de notre thèse et nous tâcherons de comprendre, autant que le permet l'intelligence humaine dans ses limitations actuelles, le but spirituel du prodigieux système auquel nous appartenons. Nous chercherons l'Idée divine qui le soutient, et dont il est la manifestation visible, par la diversité infinie de sa vie animée, et la prodigieuse complexité de ses chaînes d'évolution correspondantes.

Nous parvenons quelquefois à comprendre, dans une certaine mesure, quelque œuvre magistrale de la Nature en son plan général, lors même que les puissantes ressources qui l'ont exécutée échappent à nos plus patientes observations. Rappelons-nous que le théosophe n'admet pas l'existence, dans le Cosmos, de forces aveugles dont le conflit accidentel pourrait provoquer la naissance de mondes et de systèmes nouveaux.

Tout ce qui est susceptible de se produire sur les niveaux où un système solaire prend naissance est toujours l'expression positive de la Volonté d'un Être possédant des attributs assez élevés pour rendre sa volonté objective — et pour *devenir* la manifestation de ce qu'il a préalablement créé par la pensée. Nous employons le terme de Logos du système, qui pour nous représente l'idée de la Divinité, dans nos allusions respectueuses à l'Être qui, par sa Volonté, engendre notre système et le pénètre de sa Vie.

Nous allons plus loin encore. Nous Le considérons comme émanant, par un mystère insondable, de la Suprême et Infinie Conscience, créant le système par un acte de dévouement sublime. Dans son Essence réside la potentialité d'une multiplication presque infinie de Sa propre individualité. S'Il n'accomplissait pas Lui-même l'effort nécessaire, ces innombrables possibilités dormiraient éternellement au sein de la Conscience suprême. En s'incorporant lui-même dans le système qu'il crée, Il accomplit le premier grand acte de ce que l'on appelle quelquefois Sacrifice. Son Sacrifice — consistant à se soumettre aux limitations pendant toute la durée du système — n'est pas fait, comme celui de quelques êtres moins augustes, au profit d'un autre ou de plusieurs autres êtres, mais pour ceux qui n'existent pas encore. Il fait don de Sa Vie aux êtres qui sont encore à naître — ceux qui sans Son dévouement ne posséderaient jamais la conscience individuelle, et Il le fait aussi pour que la totalité de la Conscience divine puisse s'enrichir d'innombrables centres de conscience intelligents.

C'est par amour pour *nous*, que ce grand acte s'est accompli; pour nous et pour d'autres êtres qui, comme nous, ou d'une manière différente, poursuivent leur évolution à travers les diverses régions spirituelles de la Nature. Nous tendons tous vers cette région, d'où descendit à l'origine la grande impulsion qui précipita, dans le Cosmos de la vie objective, chacun des globes visibles ou encore invisibles de notre chaîne planétaire.

Le premier grand souffle d'énergie du Logos, celui qui donna l'existence à notre système, se manifeste par une loi régissant tous les mondes qui nous sont connus — loi qui prescrit qu'à tous les stages d'existence la vie et l'énergie soient cédées au bénéfice d'une conscience autre que celle du dispensateur, quoique finalement identifiées à cette même loi qui est l'essence de tout le système. Cette loi de dévouement n'implique pas un sacrifice absolu et définitif ; mais elle peut seule effectuer le progrès de l'évolution dans la Nature.

Ce don de soi nous apparaît sous son aspect le plus sublime par la manifestation même du système ; dans quelques-uns de ses plus humbles effets, c'est, sur le plan physique, une loi d'amour et de bienfaisance. Dans les degrés intermédiaires, cette loi est consciemment appliquée par ceux qui, du haut des régions supérieures, travaillent à l'évolution et au bien de l'humanité.

Mieux nous connaissons le véritable occultisme et la manière intelligente dont s'exerce le pouvoir sur les plans supérieurs, plus nous sommes en mesure d'apprécier ce grand principe, qui inspire également, à différents degrés il est vrai, le dévouement incessant de l'Adepte et la charité désintéressée de certains êtres vertueux, hommes et femmes, obéissant plus ou moins inconsciemment aux impulsions de la nature spirituelle qui s'éveille en eux. Nous ne pouvons encore, au point où nous en sommes, distinguer parfaitement le but final ; mais remettons-nous-en avec certitude à cette assertion, que tous ceux qui, dans un élan de sympathie généreuse pour leurs frères, se dévouent à ce grand principe, concourent ainsi au perfectionnement de notre système. Et, s'ils persévèrent, le temps viendra où ils aideront à cette œuvre, guidés par une connaissance, une appréciation plus claires de son but. Ils répondront alors à la Sympathie divine, dont leur propre conscience, comme êtres vivants et individualisés, est un des innombrables fruits.

Quelques-uns d'entre eux, nous n'en savons pas le nombre (et il faut nous résigner à attendre encore des informations plus précises sur ce point), par l'identification complète de leur force vitale avec l'énergie du souffle qui pénètre tout le système, s'élèveront de stade en stade dans l'exaltation spirituelle, à travers les diverses chaînes d'évolution qui composent le système. Enfin, à l'heure du couronnement final, ils auront atteint l'Être divin par lequel et au travers duquel tout le système s'est développé.

Cet Être déversa, à l'origine, Son énergie dans d'innombrables limitations. A la fin de Son œuvre, cette force Lui reviendra par de nouveaux canaux d'énergie spirituelle, c'est-à-dire par les nouveaux Logoï constituant Sa propre réflexion sur les nombreux plans de la Nature où Son influence fut projetée. L'univers est incommensurable ; de sublimes activités analogues à la Sienne les attendent sans doute à leur tour. Mais lorsque le temps d'épreuves sera passé, lorsque la grande nuit du Pralaya sonnera l'heure du repos pour toutes les formes de conscience, les plus élémentaires comme les plus élevées, d'innombrables individualités n'auront pu réaliser toutes les possibilités d'évolution que leur offrait le système.

Comment se retireront-elles alors dans sa Conscience presque infinie ? Nous ne pouvons encore l'entrevoir. Nous ne pouvons même pas concevoir parfaitement les dernières phases de l'histoire de notre système, en ce qui concerne l'absorption des énergies vitales, de ces énergies si singulièrement diversifiées qui existeront évidemment, sur le plan de la manifestation, aussi longtemps que quelques planètes continueront à graviter autour du soleil, autour de ce centre de toute énergie vitale.

Mais on nous dit, et la connaissance déjà acquise des conditions spirituelles qu'on peut atteindre actuellement nous permet de le comprendre en partie, que l'individualité que nous appelons le Logos fut, de tous temps, une multitude d'individualités réunies en une seule, et qu'il représentera encore cette multitude accrue dans une proportion qu'on ne saurait approfondir, lorsque les fruits de l'œuvre auront été recueillis et que le but du grand Mahamanvantara sera accompli.

TABLE DES MATIÈRES

CHAPITRE PREMIER

Introduction.

Progrès de l'enseignement théosophique. — Investigations hyperphysiques. — Développement de la littérature théosophique. — Son appréciation des problèmes de la vie. — L'évolution peut être avancée dans certains cas. — Les preuves décisives en occultisme. — Preuves évidentes pouvant être présentées actuellement. — Témoins de la vérité parmi nous. — Premières preuves largement augmentées aujourd'hui. — La divinité latente dans l'homme. — Son développement au cours de l'évolution 1

CHAPITRE II

La Science occulte et la Religion.

La Théosophie est en harmonie avec les idées religieuses essentielles. — Incertitudes de la pensée moderne en dépit de l'enseignement religieux. — Exactitude de l'interprétation théosophique. — Méthodes d'investigation dans la science spirituelle. — Sens véritable des dogmes incompris . . 30

CHAPITRE III

Réincarnation.

L'idée mère de l'évolution. — Nature de la preuve offerte. — Seule théorie qui s'adapte aux faits. — La vraie doctrine dépouillée de toute fausse interprétation. — Loi du Karma. — Hérédité et assimilation. — Perte nécessaire de la mémoire ordinaire. — Certitudes logiques de la pré-existence. — Les inégalités de la vie expliquées. — Pas d'accidents de naissance. — Acceptation universelle de cette doctrine. — L'enseignement bouddhiste sur ce sujet. — Manière absurde dont l'ont compris bien des écrivains occidentaux. — Explication de quelques symboles bouddhistes. — La réincarnation reconnue par le Christianisme. — Références qui se trouvent dans les Évangiles. — Connaissance certaine de la Réincarnation possédée par les disciples de l'occultisme. 46

CHAPITRE IV

Le Soi supérieur.

Insuffisance des idées reçues concernant l'âme. — La partie spirituelle de l'homme hyperphysique. — Liaison graduelle de l'âme spirituelle avec le corps de l'enfant. — Le véritable but de la vie est le développement du Soi supérieur. — Action du Soi supérieur dans la conscience à l'état de veille. — Son identité à travers les incarnations successives. — Son dédain des expériences inférieures. — Champ de l'évolution. — Version erronée de l'enseignement. — Le plus haut état de conscience contient le plus bas. — Les récompenses méritées par le Soi inférieur. — Rapports entre le Soi supérieur et le Soi inférieur 78

CHAPITRE V

Libre arbitre et Karma.

Théories de la fatalité et du libre arbitre. — Leur éclaircissement par la Réincarnation et le Karma. — La pression du Karma sur l'action. — Liberté simultanée de la pensée. — Influence de ce fait sur le Karma de l'action. — Les forces de la pensée dans leur rapport avec les bonnes actions. — Danger d'une demi-compréhension de la loi. — Progrès de l'émancipation par la nécessité. — Complexité du Karma. — Son réajustement. — Les Seigneurs du Karma. — Répartition de la conscience. — L'idée de prédestination. 107

CHAPITRE VI

Les Sept Principes.

Des différents véhicules de conscience. — Énumération des principes. — La matière éthérique. — Jiva et Prana. — Le véritable corps astral. — La réflexion de la conscience dans les véhicules supérieurs. — La vraie individualité humaine. — Le Kharana Sharira. — L'Aura. — Ses divers éléments. — La coquille magnétique. — Coloration de l'Aura. 137

CHAPITRE VII

Le Plan astral.

Ce qui est hyperphysique n'est pas nécessairement spirituel. — Termes européens et sanscrits. — Différents aspects du plan astral. — Les « décédés » depuis peu. — Matière astrale. — Les pensées sont visibles. — Habitants du plan astral. — L'action que l'on peut exercer sur eux. — Subdivision du plan astral. — L'impression que le plan astral nous fait après la mort. — La matière de ses sous-plans. — Conditions correspondantes du quatrième principe. — La conscience sur les sous-plans du plan astral 156

CHAPITRE VIII

Les Élémentals.

Terminologie du moyen-âge à leur sujet. — Forces physiques sous leur aspect élémental. — Les forces élémentales sont soumises à la volonté. — Débuts de l'évolution élémentale. — Les trois règnes élémentals. — Classification complexe. — Formes élémentales. — Élémentals agissant pour le bien et pour le mal. 175

CHAPITRE IX

Le Plan spirituel.

Conceptions diverses du Ciel. — Ressources infinies des plans spirituels. — Leur correspondance avec le degré de développement de l'âme. — Le Paradis des âmes peu avancées réside en elles-mêmes. — Nécessité de la vision subjective. — La réponse du Dévakhan à celui qui a soif de savoir. — Limitation du ciel de notre monde. — Progrès dans le ciel. — Son plus sublime aspect. — Les espérances religieuses, leur réalisation subjective. — Conscience spirituelle pendant la vie terrestre. — Les ressources du Dévakhan pour l'initié. — Les forces des différents plans. — L'œuvre à accomplir sur le plan spirituel. — L'influence qu'on peut exercer sur les

Âmes désincarnées. — Les sous-plans du Dévakhan. — « Apparence » du Dévakhan. — Lumière et couleur. — Plans sans forme (aroupiques).................. 193

CHAPITRE X

Le Système auquel nous appartenons.

Chaînes planétaires, rondes et Manvantaras. — Perspective de la seconde moitié du Manvantara. — Systèmes solaires autres que le nôtre. — Le système cosmique dans son ensemble. — Confirmation de la théorie des nébuleuses. — L'origine de notre nébuleuse. — Condensation de l'éther atomique. — Systèmes variés. — Reconstructions planétaires. — Influences réciproques des systèmes les uns sur les autres. — Le dernier Manvantara de notre système. — Classes différentes de Pitris. — Divisions correspondantes de notre humanité. — Evolution des Dévas.................. 230

CHAPITRE XI

Les Frères aînés de l'Humanité.

Ceux qui devancent l'évolution normale. — Pourquoi il est nécessaire que certains êtres le fassent. — Grandeur de cette entreprise. — Possibilité d'un avancement égoïste. — Le champ du sentier du dévouement. — Ses premiers disciples. — Impulsion du développement de la 5ᵉ race. — Les motifs de l'effort vers le développement. — La souffrance humaine et la compassion des Adeptes. — Le gouvernement divin de l'univers et ses ministres 267

CHAPITRE XII

Les anciens Mystères.

Initiations grecques et égyptiennes. — Autorités compétentes sur ce sujet. — Évidence incontestable de leur but. — Explication du secret. — Autres motifs de discrétion au moyen-âge................... 294

CHAPITRE XIII

La Théosophie au Moyen-Age.

Le travestissement alchimique. — Le but spirituel de l'Alchimie. — Les motifs qui poussaient les vrais Alchimistes à écrire. — Leurs grossiers imitateurs. — Les vrais Alchimistes aspirant à l'Adeptat. — Les pouvoirs qu'ils ont éventuellement acquis. — Leur chimie symbologique. — Son origine hermétique. — Exemples tirés d'écrivains alchimistes.   311

CHAPITRE XIV

L'Initiation au temps actuel.

Les chemins de l'Initiation sont toujours ouverts. — Les Temples visibles ne sont pas indispensables. — Les anciens secrets révélés. — Motifs d'être aujourd'hui moins mystérieux. — Dangers de la connaissance non accompagnée du développement spirituel. — Ceux qui sont prêts. — L'intelligence est nécessaire autant que les qualités morales. — Pouvoirs mentals et dons psychiques. — Conservation de l'énergie sur le plan moral. — Réincarnation morale et anormale. — Réincarnation immédiate. — Ses sacrifices et ses avantages.   332

CHAPITRE XV

Le Sentier de probation.

La porte s'ouvre à celui qui frappe. — Il faut se préparer soi-même ; l'appel est demandé. — Qualités à développer. — Les grandes initiations   363

CHAPITRE XVI

Progrès psychiques irréguliers.

Facultés naturelles. — Médiumnité. — Facultés psychiques non accompagnées de développement spirituel. — Leurs dangers. — Bénédiction ou malédiction. — Facultés psy-

chiques légitimement acquises. — Développement spirite. —
Ses vrais promoteurs............................ 391

CHAPITRE XVII

Individualité.

Origine et destinée de l'individualité. — Son évolution est une
tâche immense. — Préparation de l'essence monadique. —
Instinct animal. — Focalisation de la conscience. — Contact
avec Atma-Bouddhi. — But spirituel de l'Univers. — Le
« Sacrifice » du Logos. 404

ÉTUDE GRADUÉE D'ENSEIGNEMENT THÉOSOPHIQUE

OUVRAGES ÉLÉMENTAIRES

ANNIE BESANT. — *Introduction à la Théosophie* (va paraître)...........................	0 50
D^r TH. PASCAL. — *A. B. C. de la Théosophie*.........	0 50
— *La Théosophie en quelques chapitres*............	0 50
— *La Sagesse antique à travers les âges*............	1 »
D. A. COURMES. — *Questionnaire théosophique*.....	1 »
ARNOULD. — *Les Croyances fondamentales du Bouddhisme*...............................	1 »
AIMÉE BLECH. — *A ceux qui souffrent*..............	1 »

OUVRAGES D'INSTRUCTION GÉNÉRALE

J.-C. CHATTERJI. — *La Philosophie ésotérique de l'Inde*	2 »
ANNIE BESANT. — *La Sagesse antique*, 2 vol.........	5 »
D^r TH. PASCAL. — *Essai sur l'Évolution humaine*.....	3 50
A.-P. SINNETT. — *Le Bouddhisme ésotérique*.........	3 50
— *Le Développement de l'âme*.......................	5 »

OUVRAGES D'INSTRUCTION SPÉCIALE

ANNIE BESANT. — *Karma*...........................	1 »
— *Évolution de la Vie et de la Forme*................	2 50
— *Dharma*..	1 »
— *Le Christianisme ésotérique* (sous presse).........	
C.-W. LEADBEATER. — *Le Plan astral*..............	1 50
— *Les Aides invisibles*.............................	2 »

OUVRAGES D'ORDRE ÉTHIQUE

La Théosophie pratiquée journellement..............	0 50
Annie Besant. — Vers le Temple..................	2 »
— Le Sentier du Disciple........................	2 »
— Les trois Sentiers............................	1 »
La Doctrine du cœur, relié......................	1 50
H.-P. Blavatsky. — La Voix du Silence............	1 »
La Lumière sur le Sentier, transcrit par M. C., relié.	1 50
La Bhagavad Gîta...............................	2 50

REVUE THÉOSOPHIQUE FRANÇAISE

LE LOTUS BLEU

Prix du n° : 1 fr. — Abonn' : France, 10 fr.; — Etranger, 12 fr.

PUBLICATIONS THÉOSOPHIQUES

PARIS, 10, *rue Saint-Lazare*

SOCIÉTÉ THÉOSOPHIQUE

Siège de la Section française, 59, avenue de La Bourdonnais,

PARIS

BUT DE LA SOCIÉTÉ

1° Former le noyau d'une fraternité universelle de l'humanité, sans distinction de sexe, de race, de rang ou de croyance ;

2° Encourager l'étude des religions comparées, de la philosophie et de la science ;

3º Etudier les lois inexpliquées de la nature et les pouvoirs latents dans l'homme.

Pour tous renseignements, s'adresser à l'un ou à l'autre des Secrétaires généraux.

Section française. — 59, avenue de La Bourdonnais, Paris.
— britannique. — 28, Albemarle Street, Londres, W.
— néerlandaise. — 76. Amsteldjik, Amsterdam.
— italienne. — 70, Via di Pietra, Rome.
— scandinave. — 7, Engelbrektsgatan, Stockholm.
— américaine. — 46, Fifth Avenue, New-York.
— indienne. — Theosophical Society, Benarès N. W. P.
— australienne. — 42, Margaret Street, Sydney N. S. W.
— zélandaise. — Mutual Life Buildings, Lower Queen Street, Auckland.

EN VENTE A LA MÊME LIBRAIRIE

La Doctrine secrète, par H.-P. BLAVATSKY, (traduction française)..................
— 1ᵉʳ volume (épuisé)..............
— 2ᵉ volume...................... 6 »
— 3ᵉ volume (en préparation).....
L'Homme et ses Corps (2ᵉ édition), par ANNIE BESANT. 1 50
La Mort et l'Au-delà,   »   »   »   1 50
Conférence de 1900,   »   »   »   1 »
Le Credo Chrétien (sous presse), par C.-W. LEADBEATER
Les Sept Principes de l'Homme, par le Dʳ TH. PASCAL. 2 »
Conférences de Genève,   »   »   »   0 75
Le Monde occulte, par A.-P. SINNETT.............. 3 »
L'Histoire de l'Atlantide, par W. SCOTT-ELLIOT...... 3 »
Qu'est-ce que la Théosophie, par LÉON CLÉRY......... 0 60
La Souffrance d'après la Théosophie, par LÉON CLÉRY 0 60
La Vision des Sages de l'Inde, par J.-C. CHATTERJI... 0 30
Les Grands Initiés, par ED. SCHURÉ................ 3 50
Lumière d'Asie, par EDWIN ARNOLD (Traduction de M. SONG)...................................... 5 »
Le Secret de l'Absolu, par C.-J. COULOMB........... 3 50
Le Son dans la Nature, par EDMOND BAILLY.......... 1 50

15-5-02. — Tours, Imp. E. Arrault et Cⁱᵉ

TOURS. — IMPRIMERIE E. ARRAULT ET Cⁱᵉ

www.ingramcontent.com/pod-product-compliance
Lightning Source LLC
Chambersburg PA
CBHW070610230426
43670CB00010B/1479